日銀と政治
暗闘の20年史

朝日新聞記者
鯨岡 仁

朝日新聞出版

まえがき

「失われた二〇年」

長期低迷が続いている日本経済について語るとき、私たちは何げなくこういう言葉を使う。だが、いつを起点として考えるのか、という点については、さまざまな議論がある。

一つは、バブル崩壊が鮮明になった一九九一年ごろを起点とする考え方である。確かに、約二〇年後の二〇一〇年ごろには、この言葉を用いた書物が数多く出版されている。

もう一つは、物価の下落が始まった一九九八年ごろを起点とする考え方である。日本経済が「デフレーション（デフレ）」に陥り、それが長期低迷を招いているという立場だ。

いずれの定義でも、日本経済をめぐる認識に大差はない。日本経済はこの二〇年ほど、長期の停滞が続いており、世界経済における存在感を徐々に低下させているというものだ。

デフレの原因についてはさまざまな見解があるが、そのうち、この二〇年間、政治家の間でくすぶり続け、徐々に支持者を増やしてきたのが「金融政策主犯論」であった。

そのおおまかな主張はこうだ。日本銀行がバブル退治を過剰にやりすぎたために、日本経済はデフレに陥った。デフレになっても、日銀が市中に出回るお金を増やすことをせず、適切な処方箋《せん》を実行できていないので、デフレから抜け出すことができないというものである。

これに対し、日銀は「金融政策主犯論」を否定し続けた。金融政策だけがデフレの原因ではないとし、少子高齢化や人口減少などの構造問題の方を重く見ていた。

「金融政策主犯論」を唱える政治家と日銀は長年、論争を繰り広げてきた。

最初は「異端」視されていた「金融政策主犯論」は、一〇年以上かけて政界に浸透し、やがて与野党を超えて席巻するようになる。

二〇一二年一二月一六日の総選挙では、当時野党だった自由民主党の安倍晋三総裁が、日銀の長年の無策を訴え、金融政策の転換を政権公約の「一丁目一番地」に掲げることで圧勝した。

政権に返り咲いた安倍首相は「デフレ脱却」を最大の課題と位置づけた。首相が日銀に導入を求めたのが、目標とする物価上昇率を数字で示し、マイルドなインフレを目指す「インフレーション・ターゲティング（インフレ目標）政策」と、目標を実現するための「異次元の金融緩和」であった。「金融政策主犯論」に基づく経済政策「アベノミクス」が、政治主導で本格的に実行に移されたのである。

この試みは、当初はうまくいっているように見えた。だが、五年目を迎えた二〇一七年四月、物価上昇率は〇・三％ほどにとどまっている。目標とした二％にはほど遠い状況だ。安倍首相は「デフレ脱却には至っていないが、デフレではない状況をつくることができた」と胸を張る。だが、首相が掲げた「デフレ脱却」がいつごろできるのか、見通しは立っていない。

本書は「日本銀行と政治」という切り口から、この「失われた二〇年」の金融政策決定の迷走をドキュメントでたどってみようという試みである。

記述は、一九九八年四月に施行された新日銀法の制定過程から始めた。日銀が政府から「独立」して、主体的に金融政策を決定できる法的な枠組みができあがり、かつ日本経済がデフレに陥った年でもあるからだ。

日銀の政策決定プロセスについては、日銀の金融政策決定会合の議論だけを見るのではなく、「金融政策」「国内政治・政局」「通貨外交」を三位一体で描くことを目指した。政治家や官僚、さらには外国の政府や中央銀行の首脳の言動にまで広げて、関係者の証言を集め、事実を淡々と記録するよう心がけた。

新日銀法の理想は、専門家集団である政策委員会が政府から独立して、透明性の高い議論のなかで適切な金融政策を決定していくというものだった。だが、実際には、本書で描く通り、国民に選挙で選ばれた政治家の言動、政府と日銀の水面下の交渉、あるいは外国政府との交渉が、日銀の政策決定に大きな影響を与えていた。

日銀と政治の関係は、いくつかの段階を経て、今日に至っている。

第一期は、速水優総裁初期の新日銀法を強く意識した「独立」の時期である。肩に力が入りすぎて、ゼロ金利解除という判断ミスをしてしまう。

第二期は、ゼロ金利解除の失敗から、量的緩和政策導入までの時期である。政府・与党から判断ミスを責められ、「名誉挽回《ばんかい》」につとめた時期である。

第三期は、福井俊彦総裁時代の「安定」期である。量的緩和拡大で先手を打って政治の信頼を得つつ、政治との微妙な距離感を保ち、最後は量的緩和の解除に踏み切った。

第四期は、政財界や国民の間に「日銀批判のマグマ」がたまった時期である。リーマン・ショックや東日本大震災で定着した超円高に有効な手を打てなかったことが原因だった。

第五期は、「アベノミクス」期である。二〇一二年末の総選挙で金融政策が争点となり、安倍晋三首相率いる自民党が圧勝した。政府・与党は日銀に物価上昇率二％という目標を与え、人事を掌握。日銀は政府が与えた目標を実現する「子会社」のような存在になった。

第六期は、「ポスト・アベノミクス」期である。金融政策だけでは二％という目標の達成が難しくなっており、政界では、次の経済政策を模索する動きが始まっている。首相のブレーンたちは、二％の達成のために「金融緩和と合わせて財政出動を」と提案をしている。

こう見ていくと、一九九八年の新日銀法によって、高い「独立性」を獲得したはずの日銀は、皮肉なことに、二〇年かけて政府との「統合」が進んでいるように見える。

政府と日銀の「統合」は、政策決定プロセスだけではなく、財務面でも進んでいる。

「デフレ脱却」を目的に二〇一三年四月から始まった異次元緩和では、日銀が大量の日本国債を購入し続けている。その規模は国債残高の約半分に当たり、名目国内総生産（ＧＤＰ）に迫る四〇〇兆円を超えた。しかも、丸五年が過ぎようとしているいまも、政府が設定した物価上昇率二％という目標にはほど遠く、年八〇兆円の国債を買い続ける方針を維持している。異次元緩和が長期化すればするほど、金融政策と財政政策の一体化が進んでいく。

実は、この日銀の「独立」と「統合」をめぐる問題意識は、私の学生時代の経験や、記者として歩んできた道のりと深く関係している。

私が中央銀行という存在を最初に意識したのは、大学時代のアルバイトのときだった。大学四年間（一九九五〜九九年）、米投資銀行のリーマン・ブラザーズ東京支店で働いていた。

一九九六年一月に発足した橋本龍太郎内閣は「金融ビッグバン」を掲げ、「東京をニューヨークやロンドンにならぶ世界の一大金融センターにしよう」とさまざまな改革を進めていた。この動きを受けて、海外の金融機関が次々に東京に進出したり、態勢を強化したりしていた。

リーマン・ブラザーズ東京支店は当時、東京・赤坂のアークヒルズの三五、三六階にあった。私の勤務先は三五階の外国株式部で、トレーダーを補助する担当だった。当番の日は、ニューヨークの業務を引き継ぐ午前六時ごろに出勤し、トレーダーごとに、発注書やアナリストの分析レポートなどの書類を整理し、机に並べる。そのあとは、お昼ごろまで、為替の発注書などの作成や、ひっきりなしにかかってくる電話をさばく役割だった。

同じフロアには日本株や内外の債券などを取引する部署もひしめいていた。米連邦準備制度理事会（FRB）などの政策変更、あるいは為替介入などのニュースが飛び込むと、ディーリング・ルームが騒がしくなる。そんな熱気を目の当たりにした。

当時は経済情報端末が普及し始めたばかり。私は、バイト先でこの端末が自由に使えることもあり、経済ニュースに夢中になった。中央銀行や財務省の政策変更、首脳の発言が市場を動かす。そんなダイナミズムに触れる機会を得られたことは、とても貴重な経験だった。

数年後、私は政治部記者（首相官邸担当）になり、小泉純一郎首相の番記者になった。今度は取材する立場で、日銀などの政策変更を追う立場になった。私は上司の指示を受け、あまり中身を理解しないまま、小泉首相や、官邸スタッフ、首相官邸を訪れる日銀総裁などにたくさんの質問をぶつけた。竹中平蔵、与謝野馨両氏など経済閣僚の番記者も経験した。

その後、二〇〇七年には日銀総裁人事の取材班に入り、白川方明総裁の誕生を見届け、当時の根本清樹政治部長（現論説主幹）のはからいで、そのまま日銀担当にしてもらった。翌二〇〇八年秋にはリーマン・ブラザーズが破綻《はたん》し、それをきっかけに始まる金融危機取材の渦中に放り込まれた。かつてのバイト先の消滅という事態を取材することになるとは、思ってもいなかった。何とも言えない運命を感じていた。

このころから、日銀についての報道や言説に違和感を持っていた。

日銀があたかも、政府や政治家の影響を受けずに、純粋に景気や市場の状況だけを見て「独立」して政策決定しているという「描き方」が支配していたからだ。

従来の新聞報道は、新日銀法の「自主性尊重」という制度的な枠組みにとらわれ、日銀の金融政策決定会合の議論ばかりに着目してきた。だが、実際の金融政策は、新日銀法下でも、日銀と政府（内閣や国会）、あるいは外国政府との間で、水面下の交渉や駆け引きが行われ、そのなかで決まっている。

新聞社の組織は縦割りだ。政治部は政治家を取材し、経済部は経済官庁や日銀、民間企業などを取材する。だが、政治記者は政策取材を軽視しているし、経済記者は政治家を取材しない。政策報道という分野は、日本のジャーナリズムにおいて、大きな穴となっている。また、アカデミズムの世界でも、日銀の政策決定を描くとき、日銀が主体的な判断で決めているという描き方が多い。

政治部と経済部の双方で記者をしてきた私は、どうも日銀の本当の政策決定プロセスや論理とはかけ離れた議論をしている、と感じていた。

そのモヤモヤした違和感が確信に変わったのが、二〇一二年冬の総選挙である。

野党・自民党の安倍晋三総裁は金融政策を最大の争点にして衆院選を戦った。過去の選挙では見たことのない光景だった。金融政策ほど複雑で、一般の人が理解するのが大変な政策はないからだ。しかも、選挙戦で、野党党首と日銀総裁が論争を繰り広げるという異例の展開をたどった。

私はこのとき、日銀が日本の統治機構全体のなかで、どのように位置づけられているのか、あるいは、日銀が政府（内閣や国会）と、どのように意思疎通し、政策決定をしてきたのか、もっと深く掘り下げてみたい、と思うようになった。

これが本書を著そうと思った経緯である。

なぜ日銀は二〇一二年一二月の総選挙で、「インフレ目標政策」と「異次元の金融緩和」の導入に追い込まれることになったのか。政治家たちの日銀に対する非難は本当に正しかったのか。そして、本当にこのまま「異次元の金融緩和」を続けて大丈夫なのか——。

中央銀行がこれほどバランスシートを膨らませ、これほどの規模の金融緩和を試した先進国はない。いまは、さほどの副作用はないように見える。だが、この先、どのような結末が待っているのか、誰にも分からない。日本経済の実情を踏まえたとき、いまの目標設定は本当に適切なのか、この政策を今後も続けていくべきなのか。政策のコスト（費用）とベネフィット（利益）を客観的なデータや評価をもとに見きわめ、冷静に議論することが求められよう。

政策決定プロセスを検証するという作業は、その政策の責任の所在を明らかにすることでもある。仮に、いまの金融政策が将来、重大な問題を引き起こしたとき、その責任は誰にあるのか？

本書が、その歴史的な視座を提供できれば、幸いだと思っている。

まえがき　1

序章　「独立」した日本銀行　17

大蔵不祥事きっかけ　18
中央銀行とは何か　20
六〇年越し　24
首相直轄の検討　27
「開かれた独立性」　31
「独立性」は「自主性」に　35

第1章　ゼロ金利解除の失敗　43

デフレの足音　44
「調整インフレ」論争　47
デフレの定義　52
ゼロ金利導入　56
「強い円」に固執　60

ゼロ金利解除を模索 64
小競り合い 68
初の議決延期請求 72
うずまく反発 75
「日銀批判」二つの源流 80
速水責任論 84
「デフレ宣言」 86

第2章 量的緩和の実験 89

「量的緩和」導入 90
銀行券ルール 95
速水の辞意 98
小泉構造改革 100
日銀法再改正のうごめき 104
外債購入論争 107
デフレ対策か、不良債権処理か 109
竹中プラン 112
「アコード」を提案 117

福井総裁へ 121
量的緩和拡大 124
非不胎化介入 127
地ならし 131
量的緩和解除へ 137
「物価安定の理解」 141
デフレ脱却の定義 145
村上ファンド問題 148
ゼロ金利解除 150
幻の「デフレ脱却宣言」 152
追加利上げ 155
それぞれの総括 159

第3章 リーマン・ショックと白川日銀 161

ねじれ国会 162
財金分離 167
戦後初の総裁空席 171
リーマン・ショック 175

遅れた初動 177
日米金利の逆転 181
民主党政権の誕生 185
デフレ宣言前夜 188
二度目のデフレ宣言 192
民主党の変節 194
首相の圧力 197
包括緩和 202

第4章 日銀批判のマグマ 205

マグマの源流 206
復興増税 210
異端児起動 212
議長公邸の「謀略」 215
菅おろし 220
デフレと消費増税 225
FRBの「インフレ目標」 230
燃えさかる日銀法再改正論 234

安倍復活 241
金融緩和、自民党公約に 246
外債購入論争ふたたび 249
「共同文書」 252
「安倍相場」出現 257
金融政策が争点に 260
安倍の勝利 263

第5章 レジーム・チェンジ 269

白川の選択 270
デフレ克服内閣 273
安倍・白川の隔たり 276
雪の日の氷川寮 279
リフレ派の反撃 283
「共同声明」 286
白川が辞意 291
野党の「人事案」 293
首相ブレーンの「候補者」 294

絞り込み 296
為替誘導批判 299
事前聴取 301
バラバラの野党 303
環境整う 305
首相私邸の密会 307
リフレ派の高揚 310
レジーム・チェンジへ 312
「達成できなければ辞職」 314
同意 316
進駐軍 318

第6章 異次元緩和の衝撃 321

ボルカーの背中 322
量的・質的金融緩和（QQE） 325
ねじれ国会解消 329
黒田「増税」促す 334
「どえらいリスク」 337

増税を決断 340
楽観論 344
景気悪化 346
「消費税緩和」 349
解散 352
黒田の苦言 356
ピーターパン黒田 360
世界同時株安 363

第7章 金融と財政、「合体」へ 367

新「三本の矢」 368
マイナス金利 372
混乱 376
国際金融経済分析会合 379
さまざまな「転向」 383
伊勢志摩サミット 385
宰相か、ポピュリストか 388
ヘリコプター・マネー 392

総括的な検証　394
イールドカーブ・コントロール　397
首相ブレーンらの変節　402
与党内の異変　405
債務超過論争　409

あとがき　415

参考文献　417
本書関連年表　423
人名索引　445

文中に登場する人物の肩書は当時のもの。敬称は原則として略した。

ブックデザイン◉遠藤陽一（デザインワークショップジン）
図表作成◉朝日新聞メディアプロダクション
写真◉朝日新聞社

序章

「独立」した日本銀行

東京・日本橋本石町の日本銀行本店

「日銀の独立性を向上させ、二一世紀の国際金融の世界で役割を果たせるような法律に改正する必要がある」

一九九六年四月五日、日本銀行本店。視察に訪れた自民、社民、さきがけ三党の連立与党大蔵省改革問題プロジェクトチーム（PT）座長の伊藤茂社民党副党首は、松下康雄日銀総裁にこう言った。

与党幹部が日銀本店を訪れ、総裁と会談するのは、異例のことであった。

伊藤によれば、松下は「これまでも運用で誤りなくやってきた」と強調する一方、「時代に合わせて変化することも望ましい」と述べた。後ろ向きとも、前向きともとれる発言だが、伊藤は「この会談が半世紀ぶりの日本銀行法の全面見直しの流れをつくった」と振り返る。

与党PTは一九九六年二月に発足した。座長の伊藤のほか、自民党政務調査会長の山崎拓、新党さきがけ政調会長の渡海紀三朗（現自民党）が中心メンバーである。

大蔵不祥事きっかけ

与党PTがつくられたきっかけは、大蔵不祥事であった。

一九九五年三月、大蔵省の幹部二人が、前年一二月に経営破綻《はたん》した東京協和信用組合の高橋治則理事長から常軌を逸した接待を受けていたことが発覚した。うち一人は副業で多額の副収入を得ていたことが分かり、辞職に追い込まれた。

さらに、大蔵省の主導でつくられた住宅金融専門会社の経営危機が明るみに出る。バブルの崩壊で、巨額の不良債権を抱えたのである。この年の八月には大蔵省の住専立ち入り調査が行われ、全体で総資産の半分に達する六・四兆円の損失があることが判明。一二月にはその破綻処理のために、六八五〇億円もの公的資金をつぎ込むことを決めた。

住専はふつうのノンバンクと違って、大蔵省の直接の監督下にあり、歴代社長の多くは大蔵省の天下り官僚であった。そこに巨額の血税を投入することになり、国民の怒りは頂点に達していた。

大蔵省解体――。こんな世論が高まるなか、PTが発足し、伊藤が座長になった。長年、政権の座にいた自民党の人間が座長につくと、過去のしがらみで改革できないのではないか、という声があった。それで、旧日本社会党時代の野党暮らしが長い社民党の伊藤に白羽の矢が立ったという。

伊藤によると、三人は当初、大蔵省の銀行局や証券局を廃止し、金融監督行政を別組織にしようと試みた。

だが、大蔵省の抵抗はすさまじかった。当時、窓口になっていたのは、大臣官房の総務審議官だった武藤敏郎（のちに日銀副総裁）である。武藤は「目を血走らせながら」（伊藤）大蔵省の組織を変えようとする改革に立ちはだかった。

自民党の反発もすごかった。大蔵省出身の自民党衆院議員、伊吹文明らが「抵抗勢力」の中核となり、大蔵省の根回しを受けた議員らが加わった。政権与党の自民党内から猛反発を受け、PTの検討は行き詰まった。

「目先を変えて日銀法改正を先にやりましょうか」

日銀法改正を提案したのは山崎だった。当時、日銀は組織こそ別ではあったが、日銀の立地をもじって「大蔵省日本橋本石町出張所」などと揶揄《やゆ》されるほど、大蔵省の影響力が強かった。抵抗が強い大蔵省本体の分割は後回しにして、表だって反対しにくいところから手を付けよう——。山崎はこんな戦略だったという。

一国の中央銀行の設置根拠となる法律。その改正のきっかけは、大蔵不祥事という「偶然」から始まった。

中央銀行とは何か

中央銀行は何をやっている組織なのか——。この問いに、平易な言葉で答えることは難しい。私たちが普段、日々の生活に使っている千円札や一万円札をよく見ると、「日本銀行券」と書いてある。その国や地域において、通貨を独占的に発行する権利が与えられている組織を、私たちは中央銀行と呼んでいる。日本国においては「日本銀行」である。

通貨(銀行券や硬貨など)は、私たちの生活になくてはならないものだ。私たちは通貨を通じて、労働の対価を受け取るとともに、日々、さまざまなモノやサービスを購入している。通貨は「究極の生活インフラ」と言ってもいいだろう。

経済学の教科書的に言えば、通貨には三つの役割がある。

一つ目は、「価値尺度」である。通貨は、モノやサービスの価値、あるいは労働の対価を、同じ単位の数字で表す。モノやサービスなどが「高い」あるいは「安い」という共通理解をつくっている。

二つ目は、「交換手段」である。もし、通貨がない世界であれば、人々は互いに必要とするモノやサービスを物々交換でやりとりしなければならない。通貨はそうした手間を省き、効率的な社会をつくる役割を果たしている。

三つ目は、「価値貯蔵手段」である。人々は通貨を財産として持つことができる。通貨があることで、財産を簡単に保持し続け、必要なときにモノやサービスを手に入れられる。

通貨はもともと、人々が生活するうえで、必要に迫られ、それぞれの地域で、自然発生的に生まれたものであった。

日本では、古代からコメや絹、布が、モノとモノを交換する媒介手段（物品貨幣）として用いられた。七世紀末からは金属製のお金（銭貨）が登場した。江戸時代には、幕府の発行するお金のほかに、それぞれの藩ごとに、「藩札」と呼ばれる紙幣が発行され、商人たちがモノとの交換（売買）に用いていた。

日本において、独占的に通貨を発行する近代的な中央銀行「日本銀行」が誕生したのは一八八二年、明治維新から一五年後のことである。

日本銀行は当初は株式会社として設立されたが、いまは政府が五五％で民間が四五％を出資する半官半民の認可法人となっている。政府の税収入を原資とした予算の投入はなく、独立採算で運営されている。

中央銀行には「通貨発行益」という収益源が存在する。

この「通貨発行益」にはいくつかの考え方があるが、一つの定義はこうだ。

中央銀行が通貨を発行するとき、民間金融機関から国債などの金融資産を購入し、その代金として銀行券を民間金融機関に引き渡す。中央銀行のバランスシートには、通貨は「負債」（右側）として計上されるが、銀行券となる部分などはふつうの負債とは違って、利子を払う必要はない。一方、中央銀行が購入した金融資産（左側）は利子などの収入を生む。

つまり、中央銀行は銀行券発行残高と見合っている分の保有金融資産から得られる、「金利収入」をそのまま利益として得ることができる。これを中心とした収益を「通貨発行益」と呼んでいる。

日本銀行は、民間企業ではないから、利益を上げる必要はない。このため、こうした利益を毎年「国庫納付金」として政府に納めている。政府はこれを「税外収入」として処理している。時期によって変動するが、平均すると年数千億円程度となる。

このシステムがうまく機能する前提は、人々が通貨を「信用」することである。人々が日々の生活でモノやサービスの対価として、通貨を持ち、あるいは使う――。この状況を維持するには「通貨価値の安定」がもっとも重要な条件と言える。

モノの値段の上昇は、通貨価値の低下を意味する。これを「インフレーション（インフレ）」と呼ぶ。あまりに急激に値段が上がれば、人々が生活にかかる費用の予想を立てにくくなるだけではなく、手元の通貨（＝財産）の価値が急落し、生活そのものを破壊してしまう。

「通貨の番人」――。中央銀行がそう呼ばれるのは、通貨価値の安定こそが、最も重要な役割だという共通理解があるからだ。

それゆえ、中央銀行の政策目的は「公的」な性格を持つ。しかし、その目的を達成するための手段は、「銀行業務」という私的な形態をとる。ここが、「公権力の行使」を行う一般的な省庁とは違い、行政と民間の中間的な存在となっている理由でもある。

中央銀行はふだん、その役割を果たすために、三つの銀行業務を行っている。

一つ目は、その国・地域で通貨として利用される銀行券を発行する業務（発券銀行）。

二つ目は、民間の銀行から余剰資金を預金として受け入れ、また、非常時には金融安定化のために「最後の貸し手」として資金を貸し出す業務（銀行の銀行）。

図表0-1 通貨発行益の考え方の一例

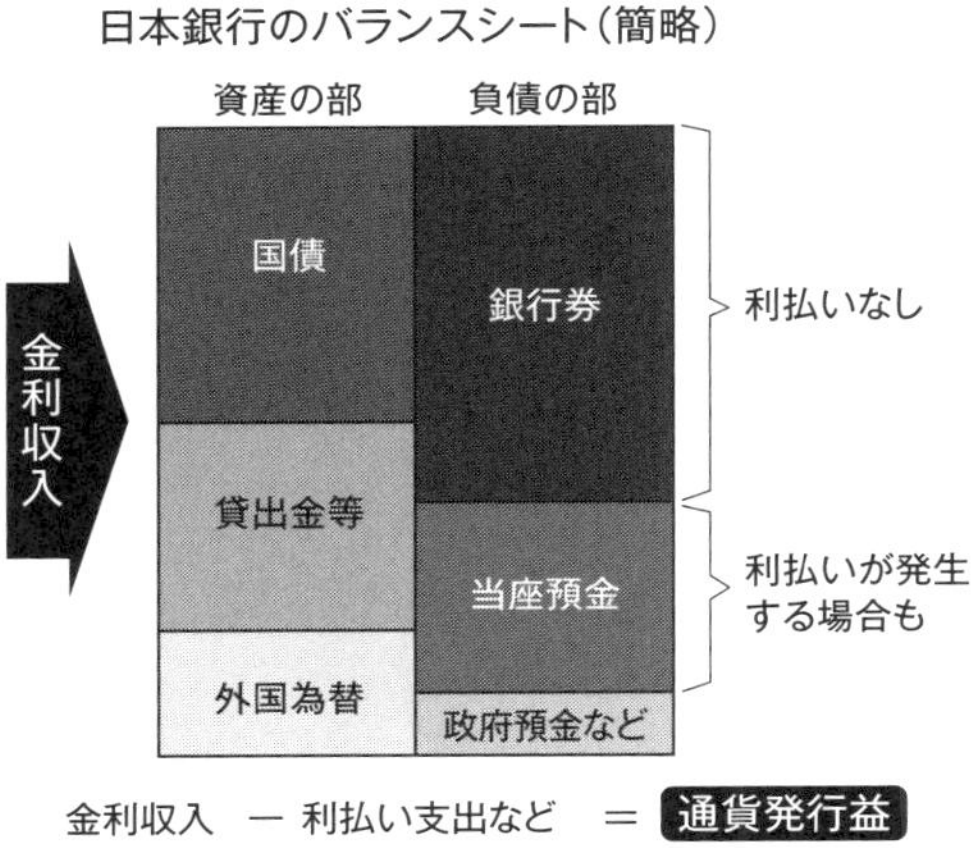

三つ目は、政府の資金を管理する業務（政府の銀行）。

中央銀行はこの三つの銀行業務を通じて、通貨価値が大きく変動しないようにしている。だが、歴史を振り返ると、その役割を十分に果たしてきたとは言えない。その代表例が、戦中から戦後にかけての日本銀行であった。

齊藤誠一橋大教授（マクロ経済学）によると、日本政府は太平洋戦争の四年間で、戦争遂行のために、一国が一年間に生み出す付加価値の総体である名目国内総生産（GDP）の約二倍、一六〇〇億円まで借金を増やした。これらのお金は、日本銀行からの借金（日銀に政府の国債を買い取らせ、その分、通貨を増発する）でまかなわれた。

そのツケは終戦間際から戦後にかけて、猛烈な物価高騰（インフレ）となって現れた。戦時統制経済のたがが外れ、モノが不足しているのに、日銀が戦争中にばらまいた通貨がジャブジャブと流通していたからだ。東京の小売物価は、一九四五年から一九五一年で一〇〇倍になった。この物価高騰は、国民生活を苦しめる一方、政府の借金を大幅に減らすことになった。借金の額面は変わらなくても、実質的な価値が減ったからだ。物価上昇が「インフレ税」とかあるいは「静かな泥棒(silent thief)」などと呼ばれるのは、このためである。

つまり、政府は国民の生活を犠牲にして、借金を返済したのである。

むちゃな政府の借金を可能にしたのが、太平洋戦争中につくられた旧日本銀行法であった。

六〇年越し

大蔵省改革をミッションとしていた与党PTにとって、日銀法改正は取り組みやすいテーマだった。

一つは、抜本的な改正がなされずに約六〇年間放置され、制度疲労を起こしており、改正の時期に来ているというコンセンサスがあったからだ。

旧日銀法は、真珠湾攻撃から三カ月後の一九四二年二月、制定された。ナチス・ドイツのライヒスバンク法を参考にしている。戦費調達を主眼としており、国家統制色が強く、こんな条文から始まる。

第一条「日本銀行ハ国家経済総力ノ適切ナル発揮ヲ図ル為国家ノ政策ニ即シ通貨ノ調節、金融ノ調整及信用制度ノ保持育成ニ任ズルヲ以テ目的トス」

第二条「日本銀行ハ専ラ国家目的ノ達成ヲ使命トシテ運営セラルベシ」

第一五条「総裁ハ日本銀行ヲ代表シ其ノ業務ヲ総理ス」

日銀の監督権は蔵相（現財務相）が握り、政策について意見が違えば、蔵相が日銀総裁を解任することもできた。蔵相の業務命令権など、大蔵省に幅広い権限を与えていた。

これらは、戦中から戦後にかけて、戦費調達のために、日銀を政府の「打ち出の小槌《こづち》」とするための規定であった。それが、戦後の急激な物価高騰を招いたのである。

戦後の一九四九年六月、前年の連合国軍総司令部（ＧＨＱ）の要請を受けて日銀法が一部改正され、日銀総裁一人が意思決定機関（業務ヲ総理ス）であった体制から、日銀政策委員会を設置し、これが最高意思決定機関となる体制に改められた。総裁一人、政府から大蔵省、経済企画庁（現内閣府）の代表、民間から大手都市銀行、地方銀行、商工業、農業代表の七人がメンバーであった。

しかし、根本的な変化とはならなかった。政策委員会のメンバーは「名誉職」的にあてがわれ、専門的な議論は行われず、形式的な機関になり下がってしまったためだ。

実質的な決定機関は、正副総裁や理事で構成される役員会（通称「マル卓」）であった。日銀官僚の幹部が水曜日を除く毎日、夕方に丸いテーブルを囲み、さまざまな議題を話し合ってきた。政策委員会はその結果を追認するだけの「スリーピングボード（休眠委員会）」と呼ばれていた。マル卓も政策委員会もまともな議事録はつくられず、非公開であった。

政策決定は事実上、大蔵省銀行局と日銀総務部（企画局の前身）の間で、水面下で調整されていた。とはいえ、大蔵省の権限があまりにも強く、政府と日銀は主従関係に近かった。

それを象徴する慣習があった。それが、毎年一月から春にかけて、国会で政府予算案が審議されている間は、政策金利を変更しないというものだ。「予算案の前提となる金利が変わると、野党から審議のやり直しを要求されるから」というのが理由であった。日銀は冬から春にかけて、三カ月もの間、経済状況に応じた金利の上げ下げができなかったのである。

戦後、包括的な改正のチャンスは一九六〇年と一九六四年の二回あった。

一回目は、八年間日銀総裁をつとめた一万田尚登が蔵相に就任したときである。日銀総裁時代に「一万田法王」と呼ばれるほど権勢を振るった一万田は「監督官庁」のトップになると、金融制度調査会（蔵相の諮問機関）に「日本銀行制度の全面的検討」を指示。三年にわたって議論がなされ、一九六〇年に「日本銀行制度に関する答申」が出された。だが、政府と日銀の関係については結論を出せず、法案化は見送られてしまう。

もう一回は、一九六四年三月九日の参院予算委員会のやりとりがきっかけだった。日本社会党の戸叶武議員がインフレの問題を追及したとき、田中角栄蔵相が「新しい時代に対処して日銀法も改正の時期に至っておる」と答弁したのだ。だが、このときも、日銀と大蔵省の調整がつかず、法案がつくられずに終わっている。

こうして六〇年近く放置された法律は、片仮名、文語体のまま。当時、戦前戦後を通じて抜本改正されずにいる法律には「カタカナ法」という愛称がついていた。一九九五年にはカタカナ法だった保険業法が改正され、民法も口語化を検討されていた。主要な法律でカタカナなのは、日銀法だけになりそうだった。抜本改正を検討するのは自然の成り行きであった。

もう一つは、バブルの反省である。

戦後の日本経済は戦争直後ほどではないにせよ、一貫してインフレに悩まされており、日銀はいかにインフレを抑えるか、苦心してきた。一方、政治家は多少のインフレが進んでも、景気にプラスになる低金利を好んだ。特に選挙前には、利上げで冷や水を浴びせてもらいたくない、という意識が強かった。

一九八〇年後半にはバブルが発生した。一九八五年九月のプラザ合意後の急激な円高で、不況になる可能性があった。財政出動を嫌った大蔵省の圧力で公定歩合を下げ続け、その後超低金利を二年三カ月も続けたことに大きな原因がある、とも指摘されている。

一九八九年一二月一九日には、平均株価は三万八千円台をつけ、「年明けには四万円か」とも言われる状況になり、三重野康総裁は公定歩合を「〇・五％引き上げ、年四・二五％にする」調整に入った。ところが、橋本龍太郎蔵相は記者団に「(利上げを）白紙撤回させる」と発言、利上げが遅れてしまう。

この一〇日後の大納会の日、株価は終値で三万八九一五円と、バブルのピークをつけたが、翌一九九〇年に入ると、株価は下がり続け、バブルは崩壊へと向かった。

旧日銀法下では、こうした出来事が日常茶飯事だったのである。

国民の間には、住専問題などを通じて、政治や霞が関にゆがめられた判断がバブルを生み、うまく対処できなかったという世論が生まれつつあった。伊藤らは「大蔵省の改革の目玉として、日銀法改正に取り組むことは、国民の支持が得られる」と踏んでいた。

与党PTは一九九六年六月、日銀法改正をふくむ大蔵省改革案を橋本龍太郎首相に提出した。

首相直轄の検討

橋本龍太郎首相は七月、私的諮問機関「中央銀行研究会」を設置した。

与党PTの提言をそのまま議員立法にしたら良いのでは、という意見もあったが、橋本は「日銀は中立的な機関なので、政党が中心となって法改正を進めるのは好ましくない」とし、首相直轄で日銀法改正の骨格を固めて、流れをつくろうと考えたのである。

　この背景には、橋本首相の金融制度改革に対する熱意があった。

日本の金融機関は、大蔵省の大きな影響力の下にあった。大蔵省が競争力のない金融機関も落伍《らくご》することなく存続していけるよう、業界全体をコントロールする一方、金融機関は、自らの生存保証と引き換えに、大蔵省の指導監督に服す。こうした行政と業界のもたれ合いと横並び体質を生み出した仕組みを「護送船団方式」と呼んでいた。

　橋本首相はこうした業界秩序を変革しようと考えていた。四カ月後には、東京をニューヨークやロンドンに並ぶ世界の金融センターにすることを目指す「金融ビッグバン」と呼ばれる改革を打ち出す。この後、次々に規制緩和などの改革が始まったのである。

日銀法改正は、そうした金融制度改革の象徴と位置づけられることになった。

中央銀行研究会の座長には橋本の母校、慶應義塾塾長の鳥居泰彦を選んだ。法律の専門家からは、佐藤幸治京大教授（憲法）と神田秀樹東大教授（商法）が、経済の専門家からは須田美矢子学習院大教授（国際金融）と吉野直行慶應大教授（財政学）が入った。

　霞が関を代表して元通商産業省事務次官の福川伸次、財界からは今井敬経団連副会長もメンバーになった。さらに、この研究会の結果を受けて、法案化の作業を担う蔵相の諮問機関、金融制度調査会会長の館龍一郎も入った。

　一九九六年七月三一日、旧首相官邸の大客間で、第一回の研究会が始まった。

松下康雄日銀総裁は「いまの日銀法制定以来、すでに五〇年以上が経過しており、経済や金融の変化に即して、現行制度を見直すべき時期に来ている」と挨拶《あいさつ》し、五つの論点を提示した。

一つは中央銀行の目的である。旧日銀法は「専ラ国家目的ノ達成ヲ使命」と規定していたが、「物価の安定」や「金融システムの安定」などの基本的なことが記されていなかった。

二つ目は、どこまで独立性を持たせるのかである。

三つ目は、政策委員会の機能強化だった。日銀が独立して金融政策を判断する主体として、合議制の政策委員会をどのように設計するのかが論点となっていた。

四つ目は、金融システムの安定確保のための中央銀行の機能をどう位置づけるかである。非常時の日銀特融や、金融機関をモニターする考査のあり方などが検討課題であった。

五つ目は、国際金融の分野における中央銀行の役割である。通貨政策を所管する大蔵省との関係などが焦点となった。

このうち、最大の論点が「独立性」であった。

歴史を振り返れば、中央銀行の最大の使命とされる「物価の安定」を貫こうとするとき、最大の敵は為政者や政治家となりがちだ。為政者はインフレの誘惑にまどわされやすいためだ。

例えば、物価が一〇％上がっていても、給料がある程度上がっていれば、人々は生活が良くなっていると錯覚してしまうことがある。本当は貨幣の購買力によって判断しなければならないはずなのに、名目の数字の伸びをみて状況判断してしまうためだ。これを「貨幣錯覚」と言う。

だが、もし、賃上げが物価上昇に見合っていなければ、結局、人々の生活は困窮していく一方、政府の借金は軽くなり、政府が利益を得ていることになる。為政者の立場では、経済が成長しているように錯覚してもらえる状況は心地よい。さらに、額面の税収が増えれば、政府・与党が配分できる予算も増え、それを利権とすることもできる。

このため、為政者は金融引き締めよりも、金融緩和の方を好む傾向にある。

為政者の「インフレへの誘惑」と、中央銀行の「通貨価値の安定」という使命はぶつかり合う。中央銀行の独立性は、こうした為政者たちの圧力を避け、専門家による金融政策の運営によって、「通貨価値の安定」を図ろうという知恵でもあった。

ただ、そう簡単ではなかった。日本国憲法のなかで、日本銀行をどのように位置づけるかという難問があったためだ。

憲法は、行政権、司法権、立法権という三権が牽制《けんせい》し合う「三権分立」の仕組みを採る。憲法六五条は「行政権は、内閣に属する」と定めている。この「行政権」は、閣僚の合議体である内閣が独占し、国会・国民に責任を負っているという解釈が、通説だった。

中央銀行は「行政機関」なのか、金融政策は「行政権の作用」なのか、そして内閣にどの程度、コントロールされなければならないのか——。こうした論点を整理したうえで、制度設計を進めなければならなかった。

出席者によれば、研究会では、元通商産業省事務次官の福川伸次と憲法学者の佐藤幸治京大教授との間で、激しい論争になった。

佐藤は憲法学者として、憲法第六五条の従来解釈に疑問を呈した。「行政権」を、全ての国家作用のうち、立法作用と司法作用を除いた残り全ての作用である、と考える学説を「控除説」と言う。これに基づき、中央銀行を「行政権」をつかさどる組織であると位置づけ、行政権の範囲をかなり広く捉える、これまでの政府解釈を批判した。

佐藤は、日銀がどの程度内閣のコントロールから自由でありうるか、ということは、立法政策の問題であって、憲法上の制約を持ち出すべきではないという立場だった。

一方、福川は「中央銀行をまるで、行政権、司法権、立法権という三権に並ぶような、第四権力のように位置づけるのは、憲法とは適合しない」という論を展開した。人事や予算面で、政府によるコントロールを、ある程度残さなければならない、という主張だ。

福川には、経験に根ざした信念があった。大平正芳首相（一九七八〜八〇年）の秘書官だったとき、大平と森永貞一郎日銀総裁がつきあう姿を見てきた。二人は、大蔵省の先輩・後輩という関係だったが、オイルショックで物価が高騰していたときに、マスコミにばれないように面会し、水面下で重要な政策について話し合うことも多かった。

福川は「中央銀行にとって、政府との『距離感』や、政府からの『独立性』も重要だが、首相と日銀総裁が理解しあえる信頼関係、連係プレーというのは、もっと大事だ」と考えていた。

憲法論争は、平行線のまま、報告書のとりまとめのときが来た。

「開かれた独立性」

中央銀行研究会は一一月一二日、七月末以来約二カ月半、一〇回にわたる検討の結果を報告書にまとめ、橋本首相に提出した。

報告書は「中央銀行の独立性と政策運営の透明性の確保という観点から、日銀の政策決定の枠組み全般について、抜本的な改革を行う」とうたい、「開かれた独立性を求めて」という副題がついていた。

まず、日銀の金融政策の最重要の目的を「物価の安定」とし、「物価の安定を図ることを通じて、『国民経済の健全な発展』に資する」と定めた。旧日銀法の「専ラ国家目的ノ達成」という使命からは解放されることとなった。また、バブル経済の反省を踏まえ「インフレ的な経済運営を求める外部からの圧力を排して、物価の安定を達成するために、中央銀行に独立性を付与する必要がある」と指摘した。

金融政策の目的については、ほかに二つの論点があった。

一つは、「雇用」である。米連邦準備制度理事会（FRB）は「雇用の最大化」と「物価安定」という二つの使命を負う。一九四六年の雇用法をベースに一九七七年の連邦準備改革法によって定められており、これを「デュアル・マンデート（dual mandate）」と呼ぶ。日本でもこの考え方を採用すべきかどうか、議論になった。

米国は雇用の流動性が高いため、景気の状況が失業率にあらわれやすい。それゆえ、中央銀行に「雇用の最大化」の役割を求めるのは自然の成り行きであった。日本は終身雇用慣行が根強く、企業は景気変動に応じて賃金やボーナスを調整し、解雇に踏み切るケースはまれだ。研究会は、日本ではあえて雇用を目的として書き込むことに意味がなく、「国民経済の健全な発展」のなかに含めれば良い、という結論に達したという。

もう一つは、「為替」である。為替は国内物価に大きく影響する。円高になれば、外国製品が安く買えるし、円安になれば高くなる。著しい為替変動を防ぐ「為替介入」は政府（大蔵省）が行っているが、日銀の主体的な業務とすべきか否かが議論になった。

報告書は「為替介入については、現在の国際金融システムの下では、政府が一元的に責任を持つべきである」と結論づけた。吉野直行慶大教授によると、「為替政策は国際会議（G7）などで話し合われることが多い。きわめて政治的な駆け引きの面が強いので、大蔵省に引き続きやってもらった方がいい、という結論になった」と振り返る。

研究会のなかで、佐藤と福川が論争を繰り広げた憲法第六五条と「日銀の独立性」との関係について、報告書はこう記している。

「人事権等を通じた政府のコントロールが留保されていれば、日銀に内閣から独立した行政的色彩を有する機能を付与したとしても、憲法六五条との関係では違憲とは言えない」

この表現は非常に曖昧《あいまい》であった。委員の間でも、日銀の憲法上の位置づけ、とりわけ金融政策が「行政権の作用」なのかどうか、一致した結論を出せなかったからだ。

さらに報告書は「国会が主権者たる国民を代表し、その国会の信認を得て内閣が存在するという我が国の制度の下では、日銀は国会や内閣から完全に独立した存在ではあり得ない」とも指摘。「透明な政策運営を通じ、国民・国会に対して説明責任を負って（いる）」とし、日銀に求められるのは「開かれた独立性」だと位置づけた。

金融政策の憲法上の位置づけを整理できないまま、「独立性」という言葉が盛り込まれていた。

報告書はこの「開かれた独立性」を実現するためにさまざまな仕組みを求めた。

政策委員会が最高意思決定機関であることを明確化し、金融政策全般の決定権を政策委に一元化することにした。透明性を確保するため、これまで残されていなかった議事録を「相当期間経過後に公開」するよう要求。その前に、議事要旨を「速やかに公開する」とした。

委員の構成は、日銀総裁などの執行部と外部からの有識者とし、執行部が「過半数を占めるべきではない」と指摘。外部の有識者については、それまでの業界代表や政府代表という考え方を改め、「経済・金融に高い識見を有する者」とした。

委員の任命権は「憲法上の要請を踏まえ」政府に与えることとした。ただ、旧日銀法が定めている広範な業務命令権を廃止するとともに、政策委員について「政府と意見が異なることを理由とした解任を認めるべきではない」とした。

政府と日銀との関係については、「政府と日本銀行が対立した存在と捉える議論は現実的ではない。（中略）今後とも協力関係をより緊密にしていくことが望ましい」とした。

その一つの方法が、政府委員の出席である。報告書は「政府との連絡を密にし政策の整合性を確保する」ため、必要に応じて政府代表が政策委員会に出席できるとした。政府代表には「議決権を認めない」としたが、日銀は出席自体に強く反対しており、不満が残る結果となった。

いくつかの論点も残された。

一つは、「物価の安定」の定義である。当時の委員の証言では、「物価の安定」の具体的な定義について議論はなかった。「物価の安定」が物価上昇率ゼロを指すのか、あるいは、マイルドなインフレを指すのか、という議論もなかった。

委員には、バブルの記憶が強く、政府や政治家の「インフレへの誘惑」を抑えようという意識はあった。しかし、その後、日本経済がデフレに陥ることを想定した議論はなかった。

政策委員会が「金融調節の方針決定」の権限を持つ。ということは、「物価の安定」の定義や、目標とする物価水準の設定は日銀にゆだねられている、と解釈できる。

この部分は大蔵省の金融制度調査会（蔵相の諮問機関）でも議論されることなく、新日銀法案がつくられ、国会で成立することになった。だが、のちに「物価の安定」の解釈や、その実現手段をめぐり、日銀と政府・与党の間で激しい軋轢《あつれき》を生むことになるのである。

もう一つは、政府と日銀が金融政策についての意見で違った場合の対応である。報告書は「政府の経済政策との整合性を確保するための明確な仕組みを用意する必要がある」と指摘。意見が対立した場合、政府が政策委員会に対し、「その判断を一定期間留保するよう求めること」などの仕組みの整備を求めた。ただ、その留保をするのか否かを誰が最終的に決めるのか、その表現が曖昧で、具体的な制度設計は残されたままとなった。

三つ目は、旧日銀法にあった蔵相の一般的な監督権や予算の認可権についてである。報告書はこの点についてはー切触れておらず、廃止を求めていなかった。法案化を進める大蔵省の金融制度調査会（蔵相の諮問機関）へと結論は持ち越された。

「独立性」は「自主性」に

中央銀行研究会の最終報告書は、多くの制度設計の論点について結論を出していた。このため、法案に仕上げる作業で「それほど時間はかからないだろう」と誰もが思っていた。

だが、一九九六年一一月に始まった大蔵省の金融制度調査会（蔵相の諮問機関）の日銀法改正小委員会は、大蔵省の激しい抵抗にあう。

「歴史的な改革をやろうとしている時に、憲法を盾にダメだと言われた。これはなかなか大変だと思った」

小委員会のメンバーだった中西真彦元東京商工会議所副会頭はこう振り返る。

小委員会のなかに、旧日銀法にある内閣の総裁解任権や蔵相の業務命令権をなくすことに反対の人はいなかった。

だが、憲法上の日銀や金融政策の位置づけをめぐり、ふたたび議論が蒸し返されたのだ。

それは日銀の予算についての議論のときである。

中西は「政府に予算や人事を握られては、独立して金融政策を決定できない」として、予算と組織の独立が不可欠だと主張。大蔵省が持つ日銀予算の認可権をなくし、日銀が自ら予算を決めて「届け出」る仕組みにするよう提案した。

だが、オブザーバーとして参加した大蔵省出身で内閣法制局第三部長の阪田雅裕（のちに内閣法制局長官）はこう反論した。

「行政責任は内閣が連帯して国会に対して負っている。行政が内閣の手を完全に離れることはできない」

阪田は「行政権は、内閣に属する」と定めた憲法第六五条を持ち出し、日銀は通貨の独占発行権など「行政」をつかさどる公的存在であるとして、内閣が予算や人事などをコントロールするのは当然、と主張した。

中央銀行研究会の答申には「人事権等を通じた政府のコントロールが留保されていれば、日本銀行に内閣から独立した行政的色彩を有する権能を付与したとしても、憲法第六五条との関係では違憲とは言えない」としていた。「等」のなかには予算も含まれる、というのだ。

内閣法制局は、政府提出の法案の審査や、政府内で憲法や法律の解釈を担っている組織で、「(行政府における）法の番人」と呼ばれる。内閣法制局長官は官僚全体のトップである官房副長官（事務）とともに、閣議にも陪席するなど、霞が関における地位は高い。

本来、憲法や法律の有権解釈権は裁判所にある。だが、日本国憲法は、具体的な行政訴訟などに「付随」したときにだけ憲法解釈を行うという「付随的違憲立法審査制度」を採っている。憲法裁判所も存在しない。このため、内閣法制局の憲法解釈には重みがあり、強い影響力を持っている。

阪田の発言は大きな力を持った。議論はもっとも根本的な論点にも波及していった。それが「独立性」という言葉を新法に盛り込むのかどうかであった。

中央銀行研究会の答申は「日本銀行の独立性の確保が最も重要」「開かれた独立性」など、「独立性」という言葉を使っていた。

だが、大蔵省や法制局は「日銀が内閣から完全に独立するという表現は憲法六五条の趣旨になじまない」と、法律に「独立性」という言葉を書き込むことは「憲法違反」になる恐れがあると主張した。

複数の委員は「独立」と明記すべきと主張したが、阪田の「憲法違反」という主張を前に、あきらめざるを得なくなった。

法案の要綱に当たる答申では「独立性」という言葉は用いられたものの、法律案では「自主性」に置き換えられた。また、答申には「日本銀行は、その行う通貨及び金融の調節と政府の経済政策との整合性が確保されるよう、常に政府と連絡を密にし、十分な意思疎通を図るものとする」という言葉も入れられ、政府の経済政策との整合性が強調された。

大蔵省の予算認可権も残った。ただし、蔵相が日銀予算案を認可しない場合には、その理由を公表しなければならない仕組みにした。これで大蔵省による理不尽な介入を避けられると考えたのである。

もう一つの論点、政府と日銀の意見が対立したときに、どのような調整を行うのか、その仕組みについては意見が紛糾した。

日銀法改正を担当していた元日本銀行理事、三谷隆博によれば、大蔵省銀行局は当初、政府側が求めれば一度は必ず決定を延期できる「議決延期権」を求めていた。「政府と逆方向のことが決められそうになったとき、『待ってくれ』と言えるようにしたい」。そういう趣旨だったという。

三谷らはこう反論した。

「政府が利下げや利上げの決定を延期できるなら、監督権と同じじゃないか」

経済政策の決定はタイミングが重要であり、政府にタイミングをずらす権限を与えてしまえば、実質的な権限の剝奪《はくだつ》に等しい。「独立性」ある中央銀行とは言えない、と訴えたのだ。

結局、答申は政府に「次回まで委員会の議決を延期することを求めることができる」権限、いわゆる議決延期請求権を与えた。あくまで、政府の提案の是非を決めるのは、日銀の政策委員会の権限となった。日銀の主張が通ったのである。

あと二つ、当時はあまりクローズアップされなかったが、のちに大きな意味を持つことになる改正があった。

一つは、政策委員会の人事である。

政策委員は、総裁一名、副総裁二名、審議委員六名の計九人という構成になった。この人事は、内閣が任命し、国会が同意して決めることにした。この「国会同意」には、衆院の優越の規定がなく、衆参両院が同意をしないと、人事が認められない仕組みとなった。

これがのちに、二〇〇八年の「総裁空白」という事態を招くことになった。

もう一つは、旧法に残されていた「損失補塡《ほてん》条項」である。

旧日銀法には「(利益や積立金などが)毎事業年度に生じた損失を補塡するに不足する場合には、政府は、その不足額に相当する金額を補給しなければならない」(附則第七八条⑨)という規定があった。これを残すのかどうか、日銀と大蔵省の間で協議が行われた。

削除を申し出たのは日銀側だった。三谷によれば、この決定は副総裁で、のちに総裁になる福井俊彦の判断だった。福井は相談にやってきた三谷にこう言ったという。

「政府の損失補塡があると、政府が金融政策に介入する口実を与えることになるし、一方で、日銀には政府に補塡してもらえる、という甘えが残る。どちらから見ても良くない」

このときの福井は二〇年後に、日銀が名目国内総生産（ＧＤＰ）に匹敵するような国債を保有し、巨額の損失リスクにさらされることになるとは、想像もしていなかった。

政府は一九九七年三月、日銀法改正案を国会に提出。六月一一日に成立した。

参考資料❶＝日銀法改正のポイント

【目的・理念】

旧法＝「国家経済総力ノ適切ナル発揮ヲ図ル為」（第一条）

↓

新法＝「物価の安定を図ることを通じて国民経済の健全な発展に資する」（第二条）

【政策委員会】

・政策委員会を改革。金融や商工業、農業などからの業界代表方式を廃止し、総裁一名、副総裁二名、審議委員六名の計九名に。最高決定機関と明記。
・政府委員は二名とし、政策委員会で議決権は与えない。ただし「議案提出権」と「議決延期請求権」を持つ。

【政府との関係】
旧法＝「日本銀行ハ専ラ国家目的ノ達成ヲ使命トシテ運営セラルベシ」（第二条）
↓
新法＝「日本銀行の通貨及び金融の調節における自主性は、尊重されなければならない」（第三条）
新法＝「日本銀行は、その行う通貨及び金融の調節が経済政策の一環をなすものであることを踏まえ、それが政府の経済政策の基本方針と整合的なものとなるよう、常に政府と連絡を密にし、十分な意思疎通を図らなければならない」（第四条）

【政策委員の人事】
旧法＝総裁と副総裁は内閣が任命する。業界代表は内閣が任命し、国会（衆参両院）の同意を得る。
↓
新法＝正副総裁や審議委員の人事は、内閣が任命し、国会（衆参両院）の同意を得る。

【日銀と政府の意見が異なるときの調整】

旧法＝主務大臣（蔵相）に広範な業務命令権、政策上の意見相違を理由とする政策委員や役員の罷免権あり。

←

新法＝「（蔵相又は経済企画庁長官は）必要に応じ、金融調節事項を議事とする会議に出席して意見を述べ、又はそれぞれの指名するその職員を当該会議に出席させて意見を述べさせることができる」（第一九条）

新法＝「（政府代表は）金融調節事項に関する議案を提出し、又は当該会議で議事とされた金融調節事項についての委員会の議決を次回の金融調節事項を議事とする会議まで延期することを求めることができる」（第一九条二項）

【日銀の予算】

旧法＝運営予算は蔵相が認可。

←

新法＝運営予算は財務相が認可。否認の際は理由を公表し、日銀が財務相に反論もできる。

【透明性の確保】

旧法＝規定なし

新法＝金融政策決定会合後、速やかに議事要旨を公表。一定期間の経過後に議事録を公表。

第1章

ゼロ金利解除の失敗

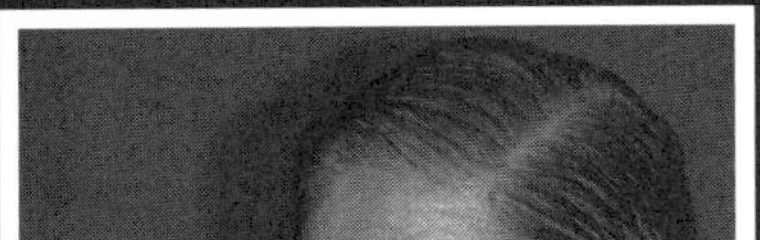

2000年8月11日、ゼロ金利解除について会見する
速水優日銀総裁

デフレの足音

一九九八年三月二〇日、速水優が日本銀行総裁に就任した。

速水は日銀出身。国際金融を中心に理事までつとめた後、一九八一年に日商岩井（現双日）に専務取締役として招かれ、社長や会長をつとめた。一七年ぶりに日銀に呼び戻され、このときにはすでに七二歳になっていた。

速水に託されたのは、不祥事に揺れる日銀の立て直しと、経済難局の舵《かじ》取りである。

この九日前、日銀には激震が走っていた。営業局証券課長が、民間銀行から接待攻勢を受けた収賄容疑で逮捕され、一一六年の歴史のなかで初めて家宅捜索を受けたからだ。

松下康雄総裁はこの日、橋本龍太郎首相に電話をかけ、「監督責任をとる」として辞意を伝えた。このとき、将来の総裁候補と目されていた副総裁の福井俊彦も、この問題で責任をとり、日銀を去った。

後任の人選は難航した。橋本首相周辺によれば、橋本は「民間人出身で、クリーンなイメージで、組織をまとめられる人」という条件を出していたという。

速水は敬虔《けいけん》なクリスチャンで、毎週日曜日の礼拝を欠かさないことでも知られる。日銀を辞めて一七年たっており、民間人とも言えなくもない。金融政策の知識もある。年齢を重ねている分だけ、人心掌握にも長けているはず――。橋本は速水に白羽の矢を立てた。

速水は悩んだようだったが、最後は引き受けた。

副総裁には、時事通信社出身の経済記者、藤原作弥を選んだ。藤原によれば、村岡兼造官房長官から電話で「日銀ではさまざまな不祥事があった。新日銀法になるのだから、新しい血を入れたい。コンプライアンスなどを担当して欲しい」と頼まれた。藤原は「私は数字が得意ではない」と何度も断った。だが「もう一人の副総裁は日銀出身の理論家、山口泰にするので、その心配はない」などと度重なる説得を受け、引き受けた。

四月一日、新日銀法は施行された。

新法が日銀に与えた「独立性」には、相応の「責任」や「倫理観」が伴わなければならないはずだ。だが、皮肉なことに、速水の初仕事は、職員の大量処分であった。四月一〇日、過去に例を見ない総勢九八人に対する行内処分を決め、発表した。速水や二人の副総裁ら幹部も役員報酬の二〇%を自主的に一カ月返上することを決めた。

もう一つの仕事、「経済難局の舵取り」についても、難題が押し寄せていた。

いつか米国を抜いて世界一の経済大国になるのではないか、日本経済の成長はいつまでも続くのではないか——。バブルの時代にはそんなことが言われていた。

その時代は今でも伝説として語られる。二〇一六年にブレイクしたお笑いタレントの平野ノラは、ボディコンと呼ばれる赤い派手な服を着て、肩から提げた大型の携帯電話を持ち、一万円札をちらつかせながら、こう言う。

「ヘイ、タクシー、OK、バブリー」

ふつうに手を挙げただけでは、タクシーが止まってくれず、通常の運賃に一万円を上乗せしないといけなかった。真実は定かではないが、多くの国民が抱くイメージである。

だが、日本経済はその後、予想もしない展開を歩んでいった。

日経平均株価は一九八九年一二月二九日の三万八九五七円四四銭をピークに、下落へと向かう。バブル時代の強気の投資は不良債権となり、銀行は一転、経営危機に陥った。一九九七年には大手都市銀行の一角、北海道拓殖銀行が破綻《はたん》し、大手四大証券の山一證券が自主廃業した。多くの国民も、株価下落や、高値づかみの住宅ローンなどに苦しんだ。

いわゆる「バブル崩壊」である。

ただ、それでも、当時の専門家や政策当局者は「景気はいずれ回復するだろう」と考えていた。バブルが大きすぎたから、時間はかかるだろうが、数年すれば、景気は力強く上昇に転じるはずだ。これまでもそうだったじゃないか――。そう楽観していた。

だが、違った。一九九八年、それまでとは異なる変調が起きていた。それは、モノやサービスの値段、すなわち物価の下落である。

モノやサービスの値段を調べて指数化したものを消費者物価指数（ＣＰＩ）と言う。すべての物価を含む「総合指数」のほか、日々の天候によって値段が変動しやすい生鮮食料品を除いた総合指数（別名「コアＣＰＩ」）、さらに中東情勢などに左右されやすいエネルギー価格も除いた総合指数（別名「コアコアＣＰＩ」）という計三つの総合指数がある。

このうち、もっとも一般的に用いられる「消費者物価指数（生鮮品を除く）」は一九九八年夏からマイナスになり始めていた。戦後の混乱期を除き、日本のモノやサービスの値段は上がるものだった。その物価がなぜか下がり始めたのである。

デフレの作用は物価下落にとどまらない。一国の経済規模を示す「名目国内総生産（ＧＤＰ）」が増えないか、あるいは縮んでいくことにもなる。経済規模が拡大しないなら、当然ながら税収も増えない。財政再建もおぼつかなくなる。

日本は世界第二の経済大国である。だが、このまま放置すれば、世界経済のなかで日本の存在感が薄れていくことになりかねない。

日本経済にいままでに経験したことのない地殻変動が起きている――。政府や日本銀行は二〇世紀末になって、やっとそのことに気づき始めた。

「調整インフレ」論争

「日本経済はデフレなのではないか」

速水が就任したころ、新聞や雑誌などでは、こんな記事があふれるようになっていた。

一九九八年二、三月、消費者物価指数（生鮮品を除く）は一・八％だった。これは、一九九七年四月の消費税率二％引き上げを除くと、マイナスである可能性があった。

「物価の安定」は日本銀行の仕事である。否応なしにその質問は日銀へと向けられた。

速水は就任直後の報道各社のインタビューで、デフレについてこう答えている。

「どういう状況をデフレと言うのかはっきりしないで、デフレであるとかないとか言ってみてもしょうがない。だが、景気が停滞していることは事実である」

デフレなのか、デフレではないのか――。回答を避けた。

物価が上がることをインフレーション（インフレ）と言う。一九七〇年代のオイルショックに代表されるように、日本が戦後、苦しんできたのはインフレであった。過度にインフレが進めば、人々の財産の価値を知らないうちに目減りさせてしまう。物価の上昇に目を光らせるのが、これまでの政府・日銀の役割であった。

その反対語はデフレーション（デフレ）である。

それは英国の児童小説の主人公、少女アリスの迷い込んだ「不思議の国」のようなものであった。

物価の下落は、同じ金額の現金が時間の経過とともに「購買力」を増していくということを意味する。例えば、ある年に一〇〇〇円でリンゴ一〇個を購入できたとして、一年後には一〇〇〇円でリンゴ一一個を買えるようになっている、という事態が起こりうる。

つまり、現金を手元に置いておけば置いておくほど、価値が上昇していく。銀行預金やタンス預金、あるいは現金を冷凍庫に入れておいたとしても、価値は増すのである。

逆に、たとえ無利子であっても、借金をしている人々や企業にとっては、時間の経過とともに、借金の実質的な負担はどんどんふくれていき、「借金地獄」に陥ってしまう。企業や個人はお金を借りてまで、設備投資や大きな買い物をしようとは思わなくなるのである。

物価が下がる状況は、バブル崩壊の後遺症をより深刻にした。バブル期に過剰な投資をして焦げ付き、借金を抱えている企業の負担が重くなるからである。そうした企業に貸し出しをしていた銀行には不良債権の山が積み上がり、それがどんどん増えていた。

速水は「デフレ」と言い切ることを避けていた。ひとたび「デフレ」を認めてしまえば、日銀はすぐにでも何らかの対応をしなければならなくなるからだ。

「金融政策は紐《ひも》のようなものであり、引くことはできるが押すことはできない」――。金融政策について語るとき、こんな比喩をよく使う。インフレのときには金利を上げて引き締めれば良い（紐を引く）が、デフレのときに物価を金融政策で押し上げる（紐を押す）のは難しい、という意味である。

ふつう、金利はゼロが下限である。「インフレ・ファイター」として仕事をしてきた日銀だが、「デフレ・ファイター」として何ができるのか、分からなかったのである。

経済学者の世界では、デフレの処方箋《せん》、すなわち「紐を押す」議論が盛り上がっていた。

「インフレ政策も選択肢　〝劇薬〟デフレ退治　『最適物価』へ貨幣増発も」

六月二五日付け日本経済新聞の経済教室には、新進気鋭の若手経済学者、伊藤元重東大教授（のちに第二次安倍政権の経済財政諮問会議の民間議員）が「インフレを起こすような金融政策の可能性が検討されなくてはならない」という論考を寄せた。

伊藤は「インフレを起こさないことを最大の目標としてきた戦後の金融政策運営の立場から言えば、インフレを起こしたり、あるいは人々にインフレ期待を起こさせるような政策手法は考えにくいのかもしれない」としつつ、「過度なインフレを避けるのが金融政策であるなら、デフレの危機をくい止めるのも金融政策である」と論じたのである。

伊藤の提案は海外の議論を反映したものだった。米国の著名な経済学者、ポール・クルーグマン（二〇〇八年にノーベル経済学賞受賞）はこの年、「復活だぁっ！　日本の不況と流動性の罠の逆襲（原題：It's Baaack! Japan's Slump and the Return of the Liquidity Trap）」という論文を発表した。

この論文は、日本はデフレに陥って金利がゼロになる状況（「流動性の罠」と呼ぶ）では、従来の金利の上げ下げを中心とした金融政策や財政出動は効果がなくなる。インフレへの期待をつくり出し、実質的な金利を下げることを目指すべきで、そのための金融政策の手段を考えるべき、と提案していた。

これをきっかけに、政府や日銀の政策によって、意図的に物価上昇を引き起こす「調整インフレ」をめぐる論争が巻き起こる。

六月二六日、経済企画事務次官の塩谷隆英は定例の会見で、こう言った。

「(日銀は) 量的な金融緩和措置に向けて、さらにいっそう知恵を絞って、通貨価値の維持に自主性を発揮するよう期待している」

塩谷は、前日付けの伊藤の経済教室に触発されていた。政府はこの直前に事業規模一六兆円の経済対策をまとめており、金融政策も歩調を合わせて欲しいという意味だった。経済企画庁 (現内閣府) 内にも、新保生二調査局長を筆頭に、市中に出回るお金の量を増やす金融政策でデフレを防ぐべきだとの主張が多くなっていた。そうした役所内の意見を踏まえた発言だった。

塩谷は金融政策決定会合で金融政策の転換を求める議案を出すことも検討した。次官室に林正和官房長を呼び、「政府の発議権を行使したらどうだろうか」と相談した。発議権とは、新日銀法第一九条に基づき、政府が金融政策の中身について議案を出す権利である。

林は大蔵省出身である。塩谷は林の反応を見て、大蔵省の考え方を探ろうとしていた。塩谷によれば、林はしばらく考え込んで「どうでしょうか、しばらく様子を見た方が良いんじゃないでしょうか」と言ったという。塩谷は「政府で一致して提出できないなら意味はない」と提出をあきらめた。

六月二九日、東大の学者出身の日銀審議委員植田和男は日本経済研究センターにおける講演で、デフレ進行を回避する政策として、市場に出回るお金の量を増やす「量的金融」政策と、目標とする物価上昇率を掲げる「インフレーション・ターゲティング (インフレ目標)」政策の二つを挙げた。「デフレに入ろうとする局面においては、実験例が非常に少ない」ため、実現可能かどうか自信はないと指摘しつつ、「インフレーションを抑制することが責務であると同時に、デフレに陥る状況を避けることもおそらく中央銀行の責務であろう」と締めくくった。

「量的金融」政策とは、ノーベル賞経済学者ミルトン・フリードマンの「貨幣数量説（マネタリズム）」を源流とする。中央銀行の金融調節で、金利操作よりも、貨幣供給のコントロールに力点を置く。市場に出回るお金の量を増やせば、お金の価値が下がり、物価が上がるという考え方だ。

一方、「インフレーション・ターゲティング（インフレ目標）」政策とは、政府や中央銀行が、適切と考える物価目標を公表し、それに向かって政策を推進する意思を示す、という政策手法だ。政策当局の意思が人々の物価に対する予想をつくり出し、それが実現していくことを狙っている。英国やニュージーランドやカナダなどで導入されていた。ただ、これらはすべて、過度のインフレを抑えるという目的のためであり、物価を押し上げる手段ではなかった。

第二次大戦後、本格的な物価下落を経験した主要先進国はない。先例となる症例も処方箋も見当たらなかった。植田が例として挙げた政策はいずれも、デフレ下においては、当局が認可する前の「未承認薬」のようなものであった。

論争は政治家にも飛び火した。参院選のさなか、自民党で政策をとりしきる政務調査会長の山崎拓が、「（景気対策では）『調整インフレ』などさまざまな案がある」と言い出したのだ。

七月一六日の金融政策決定会合は、「調整インフレ」論争となった。

植田は「金融政策として最適の中長期的なインフレ率はゼロというよりはプラス一か一・五％程度」と主張。さらに、「できればその水準まで修正したいという種類の政策がインフレーション・ターゲティングだと思う。それをインフレーション・ターゲティングで行うか、量的な目標をアナウンスして行うかの選択はある」と述べた。

これに対し、異論が相次いだ。日本興業銀行出身の武富将審議委員は「インフレーション・ターゲティングや量的に本当に意図している効果が上がるのか否かは不確実」と発言。労働経済学者の篠塚英子審議委員も「具体的にいかなる方法で行い、いかなる成果が得られるかイメージが湧かないので、現時点でそうしたインフレ論を起こすことには反対」と述べた。

速水はこの場で意見を述べなかったが、七月二一日の定例会見で、こう語っている。

「『物価の安定』というのはインフレでもデフレでもない状態のことで、そういう状態を一貫して目指していきたい。その意味で局面によっては、ある程度インフレにすることを目標にする方がいいという議論にくみすることはできない」

「物価の安定」は理論的に物価上昇率ゼロのこと——。速水はそう言っていた。

デフレの定義

「物価の安定」

これは新日銀法第二条にある表現であり、日銀の政策運営の「目的」である。新日銀法は「物価の安定」を通じて「国民経済の健全な発展に資する」ことを掲げている。

速水は「物価の安定」を「インフレでもデフレでもない状態」と説明した。これは理論的には物価上昇率が「ゼロ」を意味している、と受け止められた。

だが、足元の物価は「ゼロ」を割り込もうとしていた。一九九八年七月には、消費者物価指数（生鮮品を除く）が前年比〇・一％のマイナスに陥っており、その後、マイナス幅はジリジリと拡大しつつあった。

速水はそれでも、「デフレ」という言葉を使うことを避けた。その理由は、一つはデフレに効果的な政策を打ち出せないことであったが、もう一つあった。日銀がひとたび「デフレ」を認定してしまったときのアナウンスメント効果である。

個人や企業がモノやサービスを買うときには、そのモノやサービスの将来の価格を予測し、いま、この価格で買った方が良いのかどうかを見きわめている。政府や日銀が何らかの「見解」を示すと、それが人々の物価予想にも影響を与えてしまう。つまり、日銀が「デフレ」と言ってしまうと、それが自己実現してしまうのではないかと、懸念していた。

ただ、記者会見などでは、下落局面に入った物価について、質問が相次いでいた。これにどう答えるべきか。応答要領はつくらなければならなかった。

その作業を担ったのは日銀の調査統計局である。当時の担当者によれば、ポイントは二つあったという。一つは物価下落の期間である。物価は原油価格など、さまざまな要因によって上下する。一時的なものであれば、日本経済が抱える構造的な現象とは言えない。

それゆえ、「デフレ」を「物価の持続的かつ全般的な下落」と整理し、速水も公式の場で、この言い方をするようになった。この定義なら、デフレか否かの最終判断までには、かなりの時間がかかることになる。

もう一つは、「デフレ」と「デフレ・スパイラル」の使い分けである。

日銀の言う「デフレ・スパイラル」とは、物価の下落が企業の売上を減らし、それが企業の収益を引き下げて設備投資などを減らし、国内需給をさらに悪化させる状況を言う。物価下落がさらなる下落を呼ぶことによって、消費や生産がどんどん減っていく悪循環を指す。

速水は「いまの状態はデフレ・スパイラルだとは思っていない」と繰り返した。問題なのは「デフレ」ではなく、「デフレ・スパイラル」だと整理した。

一方、政府も検討を始めていた。

経済企画庁の物価局は一九九八年一〇月、「ゼロインフレ下の物価問題検討委員会」（座長は貝塚啓明中央大教授）を設置した。「ゼロインフレ下」と表現したのは、この時点では、政府がデフレの定義を持ち合わせておらず、認定できないからである。デフレの定義や、日本経済をデフレと認定して良いのかどうか、などの論点を整理した。

経企庁は官庁エコノミストを抱えている組織で、政府の公式な景気認識を決めている。毎月、個人消費や設備投資、生産、在庫などの数値を見ながら景気判断を「月例経済報告」にまとめ、経済閣僚が集まる会議に報告している。毎月の景気判断の上げ下げは、「緩やかに持ち直し」「足踏み状態」などといった表現の変化で分かるようになっている。

検討委員会はまず、デフレの定義について、以下のように類型化した。

①不況、景気後退を指す場合
②物価下落を伴った景気の低迷を指す場合
③景気の状況にかかわらず物価の下落を指す場合
④物価下落のうち需給緩和による部分のみを指す場合

当時、座長代理をつとめていた岩田一政東大教授（のちの日銀副総裁）は、「③物価の下落」というシンプルな定義にするよう主張した。デフレとは、物価下落という「現象」を指す表現であって、現状はそれに当てはまるという主張だった。

だが、岩田によれば、残り一一人の委員のうち、この考えに賛同する者は、一人もいなかった。検討委員会の議論は終始、経済企画庁物価局のペースで進んだという。

委員会は一九九九年六月、報告書を出した。岩田の見解を退け、「②物価下落を伴った景気の低迷」を選んだ。すなわち、物価の下落だけではデフレとは呼ばず、「実体経済の悪化」→「物価下落」→「実体経済の悪化」という「スパイラル」が生じた場合、と定義をしたのである。足元の日本経済については「デフレ的状況」とし、デフレ一歩手前と整理した。

政府がこうした定義にこだわった背景には、有効な処方箋が見当たらなかったことがある。もし、デフレと認定すれば、政府や日銀は、何らかの政策を打ち立てないといけない。しかし、政府がやれる処方箋として思いつくのは、公共事業などの財政出動ばかりであった。バブル崩壊後の度重なる財政出動で、財政状況は悪化していた。委員の一人は「自民党内の族議員を勢いづかせるような認定をしたくなかったのではないか」と分析する。

報告書は「物価の安定」の定義についても触れている。物価の下落は、消費者の購買力を高めるなどの利点から「経済厚生を高める」としつつ、マイナスになった場合は「経済全体として必ずしもプラスの効果が生ずるとは限らない」と指摘。「物価政策は、実質的にゼロ・インフレを目指すことでよいのではないか」と結論づけた。

この時点では、政府と日銀は歩調を合わせていた。

ゼロ金利導入

「デフレ」をめぐる論争が煮え切らないなか、日本銀行は対応を余儀なくされる。

きっかけは、いわゆる「資金運用部ショック」だった。

一九九九年度の予算編成が大詰めを迎えていた一九九八年一二月二二日。「第二の予算」と呼ばれていた財政投融資計画の発表資料が波紋を呼んでいた。

当時、大蔵省の資金運用部は郵便貯金や公的年金の資金を受け入れ、特殊法人などへの融資や、国債の買い入れに使っていた。資金運用部は一九九八年度までは毎月二千億円ずつを国債の買い入れに回していたが、一九九九年度からの計画ではゼロとなっていた。

つまり、資金運用部が国債買い入れを停止すると発表したのである。

この発表をきっかけに、長期金利が急騰を始めた。長期金利の指標となる満期一〇年国債は前日比〇・一八五%上昇の一・五〇五%に一気に跳ね上がった。翌二二日には、一・九%になり、年末には二%台に乗った。年が明けても上昇を続けていた。

これには伏線があった。

一九九七年四月、財政再建を最優先に考えていた橋本龍太郎首相は、消費税率を三%から五%へと引き上げた。一九七五年度の予算編成で、三木武夫内閣(蔵相は大平正芳)が二兆円の赤字国債を発行して以来、国の借金である長期国債の発行残高は増え続け、三〇〇兆円に迫ろうとしていた。これは、国の経済規模(名目国内総生産)の半分に当たる。

橋本は、一一月には財政構造改革法を制定。二〇〇三年度までに国と地方を合わせた財政赤字を国内総生産（GDP）比三％（一九九七年度は五・四％）以下に抑え、赤字国債の発行をゼロにし、公共事業などの主要経費の削減目標を決めた。

ところが同じ月、大手証券の山一證券や、都市銀行の北海道拓殖銀行が破綻し、これをきっかけに、景気が急速に冷え込んだ。そのてこ入れのために財政出動が避けられなくなり、翌年五月には財政構造改革法の赤字国債の発行規制を一時停止する一部改正を行った。

一九九八年七月、参院選敗北の責任をとって橋本が首相を辞任。その後継に小渕恵三が就任すると、財政再建から景気最優先へと政策を大きく転換した。一一月七日には、視察先の栃木県高根沢町で、カブの束二つを高々と掲げ「カブ（株）、上がれー」というパフォーマンスを行っている。さらに景気対策として公共事業などを行うために、一二月一一日、財政構造改革法の凍結法を成立させた。

のちに小渕は、自らを「世界一の借金王」と自嘲気味に呼ぶようになる。国債発行残高を一年八カ月の在任中に大幅に増やしたからだ。大規模な財政出動を公言しており、市場は大幅な財政悪化を予想していた。それが金利の急騰の背景にあった。

焦ったのは政府・大蔵省だった。

小渕内閣の官房長官、野中広務は二月八日の記者会見で「市場の国債を買い取るとかいろんな方途を講じて、現在の深刻な状態を打開する責任が、中央銀行にある」と述べた。日銀が国債を買い支えて金利を安定化させろ、という「要求」だった。

速水はこの要求を受け入れることはできなかった。政府の要請に応じて国債を買い取るということは、日銀が政府の借金を手助けすることにほかならない。中央銀行が通貨の増刷で政府の借金をまかなう「財政ファイナンス」と受け取られかねないためだ。

財政ファイナンスは「禁じ手」とされる。その理由は、このやり方で、政府がいくらでも借金できるようになり、止められなくなるからだ。いったん「財政が破綻した」と市場に受け取られると、国債の金利は急上昇（＝国債の価値は暴落）してしまう。もし、それでも政府が国債を発行して借金を続け、日銀がそれを「資産」として購入し、どんどん通貨を発行すると、こんどは通貨の価値が暴落し、とてつもない物価上昇が起きる。実際、太平洋戦争で財政ファイナンスを続けた日本は、戦後、ハイパーインフレに見舞われた。

一九九九年二月一二日、日銀は、金融機関同士の日々のお金の貸し借りに適用される無担保コール翌日物の誘導金利目標（短期金利）を年〇・二五％から年〇・一五％に引き下げた。そして「短期金融市場の機能維持に十分配慮しつつ、当初〇・一五％前後を目指し、その後市場の状況を踏まえながら、徐々に一層の低下を促す」と説明した。

その後、速水優総裁は一六日の定例会見で、短期金利について「ゼロになっても良い」「ゼロでやっていけるならばゼロでもいいと思うが、できるだけ低めに推移するよう促して欲しい」と発言。三月三日には短期金利は年〇・〇二％まで低下してしまう。

これは、取引するときの仲介業者の手数料を除くと、ほぼゼロ金利を意味する。この一連の過程を「ゼロ金利政策の導入」と呼んでいる。

速水には三つの意図があった。

一つは、不安定な銀行システムを安定させる「安定化機能」である。大きな借金を抱える企業や個人にとって、物価が下がり続ける状況は、実質的な借金が増え続けることを意味する。こうした企業が不良債権化し、金融機関を苦しめていた。

短期金利がゼロになると、銀行同士がコストをかけずに資金を調達できるようになる。銀行の経営が安定化すれば、「貸し渋り」や「貸しはがし」を減らすことも期待できる。

もう一つは、企業の貸し出しなどにおける実質金利を引き下げることだ。

日銀は景気が悪いとき、金利を下げて企業がお金を借りやすくしようとする。しかし、物価の下落が続いていると、いくら金利を下げても、「金利－物価上昇率」、すなわち実質金利はプラスになってしまう。

中央銀行の伝統的な政策手段である「金利の上げ下げ」にとって、「金利ゼロ」は最後の手段である。ふつうは、これ以下に引き下げて景気を刺激することができなくなる。これを「ゼロバウンド（ゼロ金利制約）」と呼んでいる。つまり金利ゼロは「背水の陣」であった。

最後に、長期金利の安定である。日銀が誘導目標としている短期金利は、償還までの期限がそれよりも長い長期の国債などの利回り曲線（イールドカーブ）の起点となる。短期金利をゼロにすれば、長期金利の低下へと波及するはずだと考えた。

つまり、速水は「金利ゼロ」を言うことで、「国債の買い入れ」という政府の要求をかわすことを画策していた。速水は会見で、こう言っている。

「国債が内外の人達に消化され、売れていくことが一番望ましいということであるから、これは市場にお任せするということだと思う」

政治の圧力に屈して、国債の買い入れを増やす考えはない、と強調した。

さらに、速水はもう一つの手を打つ。四月九日の金融政策決定会合を受けて、一四日に開かれた定例記者会見で「デフレ懸念の払拭《ふっしょく》ということが展望できるような情勢になるまで」ゼロ金利を続けると表明したのだ。

これはのちに「時間軸」政策と呼ばれるようになる。長期的なコミットメントを明確にすることで、人々の期待を高め、政策の効果を最大化しようという試みであった。

「強い円」に固執

一九九九年九月二五日夜、米ワシントン市内のホテル。主要七カ国(G7)蔵相・中央銀行総裁会議を終え、仕事をしていた宮澤喜一蔵相の秘書官、渡邊博史(のちに国際協力銀行総裁)のもとに、一本の電話がかかってきた。米財務長官のローレンス・サマーズ(のちに米ハーバード大学学長)からだった。

「宮澤蔵相はいるか?」

サマーズはいきなり、渡辺に宮澤へ取り次ぐよう求めた。渡辺が「もう寝ている」と答えると、サマーズは「じゃあ、おまえに言おう」と話し始めた。

「速水が会見で言ったことは、G7の合意事項とはまったく違う。G7の合意がまもられているとは思わないから、もう一回、G7をやり直したい」

サマーズが怒ったのは、速水の記者会見での発言であった。

このときのG7の最大のテーマは円高是正であった。円高は輸入品の値段を引き下げ、国内物価を押し下げる効果を持つ。つまり、デフレを悪化させてしまう。

宮澤は日本のデフレ突入を防ぐために、過度な円高是正をG7のテーマにするよう、米国を含め、さまざまな根回しをしていた。その成果はG7の「声明」に結晶していた。

「我々（G7）は、日本経済及び世界経済に対する円高の潜在的な影響についての日本の懸念を共有した。我々は、この潜在的な影響を考慮しつつ政策が適切に運営されるという日本当局によるインディケーションを歓迎した。我々は引き続き為替市場の動向を注視し、適切に協力していく」

G7の声明に、特定国の為替水準について記されることはきわめて異例だ。しかも、日本企業の輸出に有利になる円高是正を、米国を含むG7各国が認めた。宮澤や黒田東彦財務官（のちの日銀総裁）ら大蔵省の通貨外交の勝利とも言える内容だった。

ところが、速水はG7後の会見で、円高是正に寄り添う態度を示さなかった。当時の朝日新聞によると、速水は二五日の会見で「為替変動の影響も含め、金融情勢に応じて適時、適切に対処していく」と述べたものの、「（日銀の）政策に変化はない」とも繰り返した。日銀が円高是正やデフレ防止、そのための金融緩和に否定的な印象を与え、それが見出しとなり、ニュースになっていた。

サマーズの立場に立てば、米国は、同盟国・日本のデフレ防止という観点から、日本企業の米国向け輸出に有利になる円高是正に協力することを約束した。にもかかわらず、日銀総裁がそれを打ち消すような発言をしていることに腹を立てたのである。

速水が円高是正に消極的だった背景には、速水自身が歩んできた時代と、新日銀法制定時の議論の二つの要因があった。

速水は一九四五年八月、軍隊にいたときに終戦となり、東京商科大学（現一橋大）に復学し、一九四七年に日銀に入行した。その後の仕事は国際金融が中心であった。

当初は一ドル＝三六〇円の固定相場であった。ところが、米国は一九六〇年代後半から七〇年代にかけて、財政と貿易の「双子の赤字」が生じて、ドルは次第に弱くなっていく。結局、一九七一年にはリチャード・ニクソン米大統領が米ドルの切り下げを決め、変動相場制へと道を開いた。

速水にとって、自国通貨の切り下げは、国力の低下を意味していた。速水は著書『強い円　強い経済』（東洋経済新報社、二〇〇五年）でこんな考えを披露している。

「通貨は強くて安定し、使い勝手の良いことが信認を得る条件である。為替の市場、各国との競争、通貨の信認において勝てるのは『強い通貨』であり、それによって『強い経済』も生まれてくる」

日銀理事（国際担当）であった松島正之もこう証言する。松島は速水に「円を強くすることが中央銀行の目的ではなく、日本経済が強くなって、その結果として円が強くなることが望ましい。やみくもに円が強いことが良いとは限らない」と繰り返し説明した。だが、速水は「君の言うことは分かる。でも、長期的には、自国通貨が安くていいとは思わない」と毎度のように反論したという。

速水はこうした持論から、会見でもついつい本音が出ていた。速水にとって、自国の通貨の価値を切り下げる「円高是正」を自ら言い出すことは、ナンセンスだったのである。

もう一つは、新日銀法制定時の議論である。通貨政策は「政府（大蔵省）の仕事」と整理されていた。その理由は、バブル発生時の金融政策の反省にある。一九八五年九月の「プラザ合意」で主要五カ国の間でドル安誘導が決まると、プラザ合意前に一ドル＝二四〇円台だった円相場は、一九八七年の年末に一二一円台になった。円の価値はわずか二年半で二倍になった。

猛烈な円高は、輸出産業に大きな打撃を与えた。円高不況を食い止めようと、日銀はプラザ合意前に五％だった公定歩合を一九八七年に二・五％にまで下げ、八九年春まで続けた。だが、こんどは長期間の低金利政策がバブルを生み出してしまった、とされている。

このときの教訓は、為替政策と金融政策をリンクさせるべきではない、というものだ。為替政策を意識して金融操作をすると、バブルなどの金融面の不均衡（ゆがみ）が生じる。だから、金融政策はもっぱら国内物価の安定を目指して行われるべき――。新日銀法を制定するときに、こう整理されたのである。速水はこの立法趣旨を忠実に守ろうとしていた。

だが、サマーズの怒りは収まらなかった。為替政策と金融政策は区別されるべきだが、互いに影響し合い、密接に関係しているのも事実だからだ。しかも、米国が日本のデフレ阻止のために、日本円の切り下げ（米ドルの切り上げ）に協力してやろうと言っているのに、速水がそれを自ら否定しようとする。そんな速水の行動が許せない、というわけだ。わずか二カ月前に財務長官に着任したサマーズは、肩に力が入っていた。

サマーズからの電話を受けた二五日深夜、速水と宮澤、松島、黒田は、翌日の対応を協議した。サマーズは「朝のうちに、会見をやり直すべきだ」などと具体的な手順まで言ってきた。速水は「本当に申し訳ない。僕のせいで、こんなことになって」と言うが、日銀総裁がＧ７の会見をやり直すというのは、屈辱以外の何物でもない。妙案が浮かばなかった。

翌二六日午後、速水は米連邦準備制度理事会（ＦＲＢ）議長のアラン・グリーンスパンと会談した。サマーズはそこにまで乗り込んできて、速水に「あなたの会見のおかげで、市場はＧ７の声明の（円高是正の）意図を捉えていない」と責め立てた。グリーンスパンもサマーズに同調したという。

速水はこの後、緊急記者会見を開く。朝日新聞によれば、「為替変動の影響も含め、適時、適切に対処していく」という前日のＧ７の「声明」について、「これまでもそうした方針を採ってきたが、正確に理解してもらっていない面があったので、Ｇ７で説明したものだ」と説明。そのうえで、「為替相場のコントロールに、直接、金融政策を割り当てることはしないが、金融政策と為替政策は関係ないとか、金融政策を運営するうえで為替相場が重要でないということではない」と述べた。

このとき速水は七四歳で、サマーズは四四歳。速水は三〇歳も年下のサマーズに叱責され、その怒りを収めるために改めて会見を開き、釈明させられたのである。速水のプライドは粉々になっていた。

ゼロ金利解除を模索

速水は二〇〇〇年に入ったころから、「ゼロ金利政策」の解除を模索し始めていた。

副総裁の藤原は、速水がこのころ、行内で何度もつぶやいていたフレーズを覚えている。

「同窓会に行ったら『ゼロ金利をいつまでやるのか』と言われた」

速水の同年代はすでに定年退職し、年金生活に入っている人々ばかりである。年金生活者にとって預金に金利がつかない状況はつらい。正月休みに、同年代のそんな愚痴を聞いて、速水は「正常化」への気持ちを募らせているようだった。

速水は「梅の花も咲き始めた」「やれるときにやっておかないと」などと、さまざまな表現をつかって、周辺に気持ちを吐露するようになっていた。

確かに、国内景気は回復しているように見えた。

ちょうどこのころ、米国は一九九〇年代末からのインターネットバブルの最中だった。インターネット関連の新興企業がどんどん設立され、株価を押し上げていた。

日本も好調な米国経済の恩恵を受け、一九九九年一月から二〇〇〇年一一月の間、景気拡張期に入っていた。これは「IT（情報技術）景気」とも呼ばれている。

速水は、金融政策「正常化」の好機と捉えていた。

速水は理論武装も始めていた。それが「良い物価下落」と「悪い物価下落」という論法である。「良い物価下落」とは、企業がIT技術の発達など、さまざまな努力によって同じ製品を安く作れるようになる「生産性の向上」によるものだ。特に、IT技術の発達によって、パソコンなどの値段が下がったり、サービス業の効率化が進んだりして、物価が下がるという。

一方、「悪い物価下落」とは、実体経済や需要の弱さによって引き起こされるものだ。需要が弱いなかで、企業が過当競争に陥り、売り上げ確保のために、コスト度外視で値段を下げてくるようなケースである。

二〇〇〇年三月二一日、速水は内外情勢調査会の講演で、こう発言している。

「IT革命や流通革命などの変革を背景に、多くの製品の値段が下がっていますが、これらは、必ずしも『悪い物価下落』とは言えない」

「『デフレ懸念の払拭』を判断する際、もっとも大事なことは、需要の低下や需給バランスの失調に起因するような『悪い物価下落圧力』がどうなっているか、という点だ」

つまり、「良い物価下落」であれば問題ない、実際に物価が下がっていたとしても「悪い物価下落」でなければ、ゼロ金利政策の解除をする可能性がある、と言っていた。

だが、日銀内の事務方には「ゼロ金利」解除に迷いがあった。

ゼロ金利の状態では、日銀は「金利の上げ下げ」という伝統的な政策手段を失い、手足をもぎ取られた状態だ。だから、経済状況が少しでも好転したなら、ゼロ金利をやめたい。そうすれば、景気が悪化したとき、ふたたび金利を下げる余地を確保できる。これが日銀の典型的な思考パターンである。「のりしろ論」と呼ばれていた。

一方、行内では景気を心配する声も強かった。中小企業の業績が芳しくなかったのである。加えて、米国の「IT景気」にも、ややかげりが見え始めており、「バブルではないか」との指摘も出始めていた。

速水が自信を持ったのが四月三日発表の日銀短観である。企業の景況感が前回調査に比べて大幅に改善した。企業が増収増益を見込むなど前向きな内容だった。

地ならしも始まった。時事通信のジャーナリスト出身の副総裁、藤原作弥が六月一日発売の『諸君！』七月号（文藝春秋）に「さらばゼロ金利」と題した論考を寄せた。「(政策委員の中に)『(解除の条件を満たす状況に）もうすぐ達するかもしれない』という意見の人も出てきている」とゼロ金利解除をにおわせた。

六月一四日、速水は金融政策決定会合後の記者会見で、こう踏み込んだ。

「非常事態として決めたゼロ金利というものは、先程の『デフレ懸念の払拭が展望できるよう（な情勢）』になりさえすれば、その時点で解除して、金融政策の自由度を増やしていく、増やしていきたい、という気持ちはいつでも持っている」

だが、政府・与党にとっては、きわめてタイミングが悪かった。

四月一日、小渕首相は連立与党を組んでいた小沢一郎率いる自由党との協議が決裂、連立離脱が決定的となった。翌二日には、小渕が疲労から脳梗塞《こうそく》で倒れ、昏睡《こんすい》状態に陥ってしまう。小渕内閣は五日に総辞職した（小渕は五月一四日に帰らぬ人となった）。

小渕から首相の座を引き継いだのは、小渕政権で自民党ナンバー2の幹事長だった森喜朗である。首相交代から二カ月後の六月二日、森は衆院を解散し、選挙戦に打って出た。一二日、東京・内幸町の日本記者クラブで開かれた与野党党首による党首討論で、森は金融政策についても言及した。

「まだゼロ金利の解除にもっていけるような状況ではない。景気に影響を与えるような政策変更をいまは行うべきではない」

森はゼロ金利の解除に明確に反対した。森政権の官房長官であった中川秀直は「我々は、ゼロ金利の解除が景気に悪影響を与え、さらには選挙の結果を左右しかねないと懸念していた。政府の意思は明確だった」と振り返る。

日本銀行の政策委員にも、ゼロ金利解除に反対するメンバーがいた。元東亜燃料工業（新日本石油などと統合し、現在はＪＸＴＧエネルギー）社長、中原伸之審議委員である。中原は民間企業出身ながら、一九五九年にハーバード大大学院で経済学を修めた人物である。

中原はこのころ、日銀はデフレ脱却に向けて、もっと金融緩和をするべきだという自説に自信を深めていた。米国のノーベル賞経済学者でマネタリズムの主唱者でもあるミルトン・フリードマンに手紙を送り、自説の正否を問うた。六月初旬に、その返事が届いた。その手紙にはこう書かれていた。

「中央銀行の独立性は業績によって支えられなければならない」

当時は、ゼロ金利の解除を批判する政治家らを、「日銀の独立性を害している」と批判する風潮が強かった。だが、フリードマンはその批判に対し、「十分な景気上昇などの実績を上げてこそ、その主張が生きる」と反論したのだった。中原はその意を強くした。

さらに、中原は旧知の首相補佐官、町村信孝に連絡をとり、森首相への伝言を託した。そこにはこう書いた。

「ゼロ金利を解除して、しばらくしてからまたゼロに戻すようなことになるなら、日銀の信頼性・独立性は失われるだろう」

小競り合い

日銀と政府の対立が決定的になるなか、両者を一時、「休戦」させるきっかけとなる出来事が起きる。七月一二日、大手デパートのそごうが民事再生法の適用を申請したのだ。そごうは当初、銀行に借金の一部を棒引きしてもらう「債権放棄」による経営再建を目指していた。ところが、そごうが自ら裁判所に民事再生法の適用を申し出てしまった。

これには、一九九八年の日本長期信用銀行（現新生銀行）の破綻処理が関係していた。長銀は国有化の後、「リップルウッド」などの外資系ファンドの手に渡り、二〇〇〇年六月に新生銀行に名前を変えた。この破綻処理の過程で、不良債権に二割以上の損失が生じた場合、預金保険機構が補塡するという「瑕疵《かし》担保特約」がついた。

新生銀行は、約二千億円のそごう向け債権を抱え、このうち九七〇億円の債権放棄を求められた。新生銀行は瑕疵担保特約に基づき、預金保険機構に、そごう債権の全額買い取りを求めた。預保機構はいったん、九七〇億円の債権放棄に応じる決定をした。

だが、このままだと、そごうを「生かす（自主再建させる）」ために、公的資金を用いることになる。住宅金融専門会社問題のときのような激しい批判を浴びかねない。このため、政府・与党がそごうの自主再建に「待った」をかけた。そごうは破綻を選ぶしかなくなったのである。

困ったのは、そごう向けに融資している各行である。そごう向けの貸し出しがすべて不良債権となってしまい、銀行はほとんどを失うことになる。銀行にとっては大きな損失となるのは確実であり、このため、金融不安が再燃したのである。

政府や市場には、日銀が七月一七日の金融政策決定会合で、ゼロ金利の解除に踏み切るのではないか、との臆測が流れていた。だが、そごう倒産によって、日銀が当初、描いていたシナリオは崩れ、ゼロ金利解除の機運は急速にしぼんだ。

「解除を先送りする良い言い訳ができた」

藤原はホッと胸をなで下ろしたのを覚えている。

速水は一九日の金融政策決定会合後の会見で、こう述べた。

「いわゆる『そごう問題』について、市場心理などに与える影響をもう少し見きわめる必要があるということなどを総合的に検討した結果である」

だが、速水が早期のゼロ金利解除をあきらめたわけではなかった。

中原は「なんどもゼロ金利解除を見送らされ、速水さんは逆に、こんどは絶対に解除してやろうという決意を固めたようだった」と振り返る。

速水はその意思を、隠さなくなっていた。

速水は八月七日の参院予算委員会で「実体経済のいろいろな数字を見ております限りでは、デフレ懸念の払拭が展望できたというふうに私は見ております」と答弁した。

もともと、ゼロ金利は「デフレ懸念の払拭が展望できるような情勢になるまで」という期限付きであった。つまり、ゼロ金利解除の条件が整った、という意味が込められていた。

さらに、速水は翌八日の参院予算委員会でも、自説を繰り返した。

「信用リスクを持ちながら金利がつかないというのは、これは市場経済にとっては非常におかしなこと。貸す方も借りる方もおかしいし、これによって市場というものが小さくなってもいくでしょうし、金融というものが成り立たなくなってくる。そういうことを先々考えながら、やはりゼロではなくて、もう少し微調整をして、ゼロにする前のところぐらいまで金利を上げておくことは決して金融を引き締めることにはならない」

ゼロ金利政策は、異常な経済状態に対応する異常な金融政策であるから、早く正常化しなければならない――。そう訴えていた。

速水は「頑固」者だった。一度決めてしまうと、意見を変えることはほとんどなく、突進していく。行内でも「そうなったら、手が付けられない」ともっぱらの評判だった。だが、言い方を変えれば、裏も表もなく、信念に向かって突き進んでいく。そんな純粋な国士のような姿勢を見て「老骨漢」と評価する人もいた。

だが、速水のこうした強い意思表示は、政治と大きな軋轢《あつれき》を生んだ。

八日の月例経済報告関係閣僚会議。政府・与党の幹部からは、速水に翻意を促す発言が相次いだ。出席者によると、経済企画庁長官の堺屋太一は「ゼロ金利解除は慎重であるべき」と速水に釘を刺した。速水は反論したが、自民党政務調査会長の亀井静香が会議の最後にこう言ったという。

「それ（ゼロ金利解除）はあなた（速水）の個人的な意見でしょう。（政策委員会内には）ほかにも意見があったでしょう。まったく承服できない」

官房長官だった中川秀直はこの前後、箱根ホテル小涌園で夏休みをとっていたときに、速水から電話がかかってきたのを覚えている。速水は中川にこう言った。

「ゼロ金利の解除をやらせていただきます」

これに対し、中川は強い口調で、反論した。

「いや、それはいけませんよ。森喜朗首相も主要な閣僚もすべてが反対している」

ゼロ金利解除に賛成する政治家は皆無であった。森首相や中川長官のみならず、宮澤喜一蔵相、堺屋太一経済企画庁長官など、ほぼ全員が「ゼロ金利解除」は時期尚早と考えていた。

ただ、中川は速水とのやりとりから、電話は「相談」ではなく、「通告」だと理解した。新日銀法の下では、日銀が主体的に金融政策を決定する。反論のしようがなかった。

副総裁の藤原も、軽井沢で静養中の宮澤蔵相から自宅に電話をもらった。

「速水さんはどうですかねぇ。議決延期請求を出した場合、笑いものになるのはこちらでしょうか？」

議決延期請求権とは、新日銀法において定められた政府の異議申し立ての手段の一つである。日銀の最高決定機関である「政策決定会合」に出席した蔵相と経済企画庁長官（もしくはその代理）が金融政策の変更の決定を、次の会議に延期するよう求める権利だ。

宮澤は議決延期請求権の行使をほのめかし、翻意を促したのである。ただ、自宅の電話にかけたことで、あくまで仕事ではなく、プライベートな会話という形式がとられていた。

藤原は宮澤に「杓子《しゃくし》定規で申し訳ないが、そちらの方向（ゼロ金利解除）に向かっています」とだけ返事をした。

堺屋も動いていた。少なくとも、中原ら審議委員数人に個別に電話をかけ、「議決延期請求権を行使する」と伝えた。

あくまでゼロ金利の解除を進めようとする日銀と、それに反対する政府・与党。両者の見解が大きく食い違うまま、政策決定会合の当日を迎えることになった。

初の議決延期請求

速水の決意は揺るがなかった。

八月一一日、日銀の金融政策決定会合。副総裁や審議委員の議論を一通り聞いた速水は、こう切り出した。

「経済指標からは民間部門に自律回復力が備わってきたことを確認できた。少なくとも日本経済はデフレ懸念の払拭が展望できるような情勢には至った」

「ゼロ金利を解除して、コールレート（短期金利）を〇・二五％前後で推移させるようにすることが可能かつ適当な段階に至った」

ゼロ金利解除の提案であった。

これに対し、政府側は徹底抗戦の構えを見せた。会合に政府代表として出席した村田吉隆大蔵総括政務次官は口火を切った。

「デフレ懸念の払拭が展望できるような情勢になり、民需中心の本格的な景気回復を実現するかについては、なお見きわめが必要な段階にある」

そして、村田は大蔵省と経済企画庁の間で協議をするため、「私どもが協議を終えるまで会議を一時中断していただきたい」と要請。そのまま会議は休憩に入った。

一〇分後、会議に戻ってきた村田は、こう言った。

「我が国の経済の現状や動向等に鑑みれば、現時点におけるゼロ金利解除は時期尚早と思われる。(日銀が提出した）議案の採決を次回の金融政策決定会合まで延期していただくよう求めたい」

政府側は日銀にゼロ金利解除の決定を延期するよう求めた。「議決延期請求権」の行使であった。

だが、この権利は議決延期を「求める」だけ。延期をするかどうかは、あくまで日銀の政策委員会が多数決で決める仕組みであった。

つまり、最初から政府側の勝算はなかったのである。

村田と経済企画庁の河出英治調整局長は議決延期請求権の行使を宣言した後、会議の部屋を退出した。政府側の出席者には、議決に加わる権利はないためだ。

村田は日本銀行の廊下から、軽井沢で静養中の宮澤蔵相に電話をかけた。

「私から議決延期請求権を提出しました。いま、議決が行われていると思いますが、延期請求は否決されると思う。ゼロ金利解除が決定されてしまうでしょう」

村田がこう報告すると、宮澤はしばらく沈黙して、こう言った。

「村田くんなぁ、要するに、最近の世の中は、政府がいくらがんばっても、日銀が政府の意向通りにならない。そういう事態があるということを、国民によく知ってもらうことだなぁ」

一九九八年四月の新日銀法施行によって、政府は日銀の政策決定に影響力を行使できない。そのことを国民にアピールしろ、と言っていた。

このころ、政策委員会では、粛々と議決が進んだ。

政府の議決延期請求に賛成したのは、かねて量的な金融緩和を主張していた中原伸之だけであった。賛成一人、反対八人。政府の請求は、あっさり棄却された。

続いてゼロ金利解除の提案について審議に入った。「ゼロ金利解除」に反対したのは、中原伸之と、元東大教授の植田和男の両審議委員だけであった。

中原は、ゼロ金利の解除によって市場に出回るお金の量が減り、「株式市場等に好影響のあった量的緩和の実質的な終焉を意味する。良い影響は与えない」と反対した。さらに、海外の経済学者の議論に触れつつ、「日本異質論ではなく、日銀異質論と言われかねない」と皮肉った。

植田は解除のタイミングを問題にした。「(ゼロ金利解除の決定を) 待つことのコストがそれほど大きくないと思われる」と述べ、もう少し景気の様子を見るよう求めた。

日銀はこの日、七対二の大差で「ゼロ金利解除」を決めた。

速水総裁は直後の記者会見で、こう力を込めた。

「デフレ懸念の払拭が展望できる情勢に至った、という結論が得られた。デフレ懸念の払拭が展望できたということは、これは、予《かね》てからの私どものゼロ金利政策解除の要件になっていたことが満たされた (ということ) と。これに基づいて、みんなで決断した」

一方、村田は大蔵省に戻り、記者会見を開いた。「議決延期請求が否決されたことは残念」という感想を述べた後、議決延期請求の意義について、こう語った。

「(議決延期請求で) ゼロ金利解除は時期尚早という政府の立場を国民や市場に対して示した。政府側の態度が明らかになったことで、市場に良いメッセージになった」

官房長官の中川秀直は報告を受けた後、部下の官房副長官、安倍晋三に電話をかけた。

「日銀は間違っている」

中川は安倍に力説した。安倍にとって、ゼロ金利解除は、初めて日銀の金融政策に触れる機会となった。

「独立」した日本銀行によるゼロ金利解除。政府の反対を振り切った決断は、政府・与党内に強い反発を巻き起こした。

うずまく反発

このころ、自民党内には、金融政策に強いこだわりを持つ政治家が増えていた。のちに第一次安倍政権の閣僚となる渡辺喜美や、アベノミクスの生みの親と呼ばれるようになる山本幸三らが、その代表であった。

渡辺は父・美智雄の死去に伴って、一九九六年に立候補し初当選。「政策新人類」の一人とされ、一九九〇年代後半の金融危機では、金融再生法の成立に力を尽くした。金融政策についても、不良債権処理を支えるためには、金融緩和が必要だという立場であった。

一方、山本幸三は東大経済学部時代、小宮隆太郎教授のゼミで経済理論を学んだ。このゼミは、のちに日本銀行の総裁になる白川方明、副総裁になる中曽宏、岩田規久男など、多くの学者や政治家を輩出している名門ゼミである。

小宮は戦後のさまざまな経済論争にかかわり、経済学の発展に貢献してきた。その一つが一九七三～七四年の狂乱物価のときの論争である。小宮は物価上昇を抑える手段について、金利操作にだけ執着していた日銀に対し、「マネーサプライを適正な伸びに抑えるべきだ」と主張した。

山本と岩田は小宮の議論を応用した。小宮の理論を延長していけば「マネーサプライを増やすことができれば、物価を引き上げることができ、デフレから脱却できる」という結論に行き着くと考えたのだ。

この話には続きがある。のちに小宮本人は、山本や岩田の議論を否定したのだ。小宮はマネーサプライの抑制がインフレ退治には効果を発揮するが、逆に無理に増やしても、ゼロ以下となった物価指数を押し上げる効果はないと考えた。小宮の側についたのは、白川らであった。

やや下世話な言い方をすれば、東大の名門ゼミの内輪もめが、国を揺るがす論争を巻き起こし、国の政策を動かしていた、とも言える。

山本の話に戻そう。山本は大蔵官僚を辞めて衆院選に出馬し、一九九三年に初当選した。山本は当選直後から、バブル崩壊後の日本経済について積極的な発信をした。たくさんの借金を抱えている企業を見て、「金融機関は一斉に債権放棄すべきだ」と訴え、その金融機関を支えるために「日本銀行は金利をゼロにしろ」と主張した。

山本と渡辺は当時、自民党の金融政策小委員会のメンバーであった。自民党内には、日銀のゼロ金利解除に憤る議員がたくさんいた。山本はこの怒りを学者やエコノミストらと連名で「反対声明」にしようと考えた。山本は「政治家が日銀に圧力をかけているという構図にしないためにも、エコノミストを巻き込むことが必要だと考えた」と振り返る。

山本は声明文の原案作成を旧知のエコノミストに頼んだ。それが、三和総合研究所の投資調査部長の嶋中雄二である。

嶋中は、ケインズ経済学やマルクス主義経済学が幅を利かせていた冷戦下の日本では珍しく、マネタリズムの理論を身につけたエコノミストだった。ミルトン・フリードマンの弟子で、『選択の自由』(ミルトン・フリードマンとローズ・フリードマンの共著、日本経済新聞社、一九八〇年)を翻訳した経済学者、西山千明の門下生となり、フリードマンやフリードリヒ・ハイエクと親交を深めた。一九八四年に米国のフーバー研究所に滞在したときは、フリードマンと研究室が隣同士になり、自宅に訪問してすき焼きを囲んだこともある。

嶋中はバブル崩壊後の政府・日銀の景気認識や政策対応を鋭く批判してきた。バブル崩壊後の不況は、日本銀行が十分に市場にお金を供給していないことにある、というのがその主張であった。

嶋中はそうした持論を盛り込んだ手書きの原案を山本にファクスした。さらに、声明に賛成しそうな複数の学者のリストもつけた。

山本はこの原案をもとに、提言を練り、八月九日、渡辺とともに、記者会見で公表した。山本、渡辺という自民党議員二人とともに、嶋中や日銀出身の深尾光洋慶大教授ら、エコノミスト五人の署名がついていた。

提言は、株価の低迷や地価の下落が続く中で「ゼロ金利解除の強行は百害あって一利なし」と強調。①株価が低迷し、地価も下がっている　②物価水準がマイナスのため実質金利が高止まりしている　③速水優日銀総裁がゼロ金利解除の条件としている「デフレ懸念の払拭」の定義が明確でない――の三点を挙げ、ゼロ金利解除を鋭く批判した。

二人は提言を森喜朗首相、宮澤喜一蔵相、堺屋太一経企庁長官、山口泰日銀副総裁にそれぞれ提出した。「声明」は無視されて終わる。だが、この後、政界には日銀への不信感が蓄積していくことになった。

参考資料❷＝緊急提言

日銀は、ゼロ金利解除を急ぐべきでない！

平成一二年八月九日

一．日本経済は、森総理大臣が指摘されるごとく、「必ずしも完全に回復軌道に乗っている訳でなく、非常に微妙な段階であり、まだ、景気を本格的に回復させるという基本的スタンスを採るべき」状況にある。株価も四月のピーク二万八百円台から一万六千円割れにまで下落、地価も依然下がり続けている。

このような状況下で、ゼロ金利解除を強行することは、百害あって一利なく、また、政府の指針と整合性を保つべきとする日銀第四条の趣旨にも反する。

二．日本経済の最大の問題は、経済の血液たるお金が必要な所へ十分に行き渡ってないということである。これは、名目金利がゼロであっても、物価水準がマイナスであるために、経済活動の真のコストである実質金利が高止まりしているからである。お金の量（マネーサプライ＝M2＋CD）の対前年伸び率は七月で二・〇％と異常な低水準にある。その元となる日銀がコントロールできるマネタリー・ベース（流通現金＋日銀当座預金）の対前年伸び率も七月五・八％と三ヶ月連続して低下しており、我々の試算では、必要な伸び率の半分以下でしかない。

ゼロ金利解除は、お金の量をいよいよ減らすという政策であり、現状では到底受け入れがたい。日銀は、むしろ、あらゆる手段を講じて、お金の量を増やす手立てを考えるべきである。

三．速水日銀総裁は「デフレ懸念の払拭が展望できた」と主張しておられるが、そもそも「デフレ懸念の払拭」とは何をいみするのか、明確に定義された試しはなく、このような曖昧な概念を根拠として政策決定が行われるのは問題がある。

ゼロ金利政策は、景気が本格的に回復してくる中で期待物価上昇率が正常化し、金利先高感が起こってくる流れの中で、解除される条件が整ってくるはずである。

以上、緊急提言する。

衆議院議員　山本幸三
衆議院議員　渡辺喜美
慶応大学教授　深尾光洋
メリルリンチ証券・チーフエコノミスト　イエスパー・コール
住友生命総合研究所・主任研究員　霧島和孝
三井海上基礎研究所・国際金融研究センター所長　櫻井眞
三和総合研究所・投資調査部長　嶋中雄二

「日銀批判」二つの源流

一九九〇年代、経済学者やエコノミストの間では、デフレが日本経済停滞のすべての元凶となっているという危機感を持ち、金融政策などによって意図的にインフレを作り出して克服しようという考え方の人たちが、グループ（学派）をつくるようになっていた。

おおまかに分けて、二つの源流をたどることができる。

一つは、のちに日銀副総裁になる上智大教授の岩田規久男を中核としたグループである。このグループは「リフレーション派（リフレ派）」と呼ばれていた。

リフレーションという用語は一九三〇年代の英国の経済誌「エコノミスト」で使われたのが最初と言われている。米国発の世界恐慌が始まり、世界デフレが深刻になっていたころである。進行中のデフレを阻止し、デフレ以前の適切な物価水準になるまでインフレを推し進める政策を指す言葉であった。日本でも東洋経済新報社の石橋湛山がこれを紹介した。

岩田規久男を「リフレ派」のリーダーへと引き上げたのは、バブル崩壊直後の日銀の金融政策に関する政策論争であった。

岩田は一九九二年九月、伝統ある経済誌「週刊東洋経済」に論考を寄せた。

『日銀理論』を放棄せよ」（九月一二日号）

過激な見出しのついた論考は、当時の日銀の政策を全面否定する内容だった。

日銀はバブルのときに公定歩合を引き上げ、バブル崩壊後には公定歩合を引き下げて対応した。それぞれの判断のタイミングが遅く、傷を深くしたという批判はあった。

しかし、岩田の批判はひと味違った。岩田は、金利操作にだけ着目した金融政策を「日銀理論」と名付け、効果が薄いと訴えていた。そのうえで、日銀はバブル崩壊後、公定歩合を引き下げたものの、市場に流すお金の量、すなわち「マネタリーベース」や「マネーサプライ」を減らしており、それが景気の回復しない原因である、と主張したのだ。

「マネタリーベース」とは、市場に出回っている現金と、銀行が日銀に預けている当座預金の合計のことだ。「マネーサプライ」とはそれよりも広い範囲を指し、中央銀行と金融機関を除いた、国内の経済主体が保有する通貨の合計を指す。

岩田の批判は、一九八〇年代後半から一九九〇年前半の景気が過熱しているときに、日銀がマネーサプライの伸び率を上げてバブルを発生させたうえに、バブル崩壊後には、それを過剰なほど急減させたことにある、というものだった。

つまり、岩田は公定歩合という「金利」ではなく、市場に流す「お金の量」に細心の注意を払い、コントロールするよう、日銀は政策運営を改めるべきだ、と主張していた。

岩田の論考は大きな反響を呼んだ。金利操作のタイミングといった小手先の事柄ではなく、日銀の政策運営のフレームワークそのものへの批判だったからだ。現職の日銀調査統計局企画調査課長の翁邦雄が、一カ月後の「週刊東洋経済」で「『日銀理論』は間違っていない」（一〇月一〇日号）という論考を寄せて反論する事態に発展する。

これがのちに「マネーサプライ論争（岩田−翁論争）」と呼ばれ、注目を集めた。

この二人の論争には、経済企画庁の官庁エコノミスト、原田泰（のちに日銀の審議委員）や、同庁出身のエコノミストで、のちに政府税制調査会長となる香西泰らが加わる。だが、岩田と翁が互いの主張を認めることはなく、平行線のまま、論争は終わった。

この後、岩田は次第に孤立感を深めていく。経済学者の世界で、日銀と正面から闘った岩田を、異端視する見方が広がったからだ。

岩田は二〇〇二年三月「昭和恐慌研究会」を立ち上げた。戦後安定後の日本経済はデフレを経験したことがなかったため、一九二〇年代にデフレに陥った昭和恐慌と、そこから脱出するための当時の取り組みについて研究することにしたのだ。

勉強会には、のちに第一次安倍政権の内閣参事官になる髙橋洋一（財務省）をはじめ、安達誠司（ドイツ証券シニアエコノミスト）、飯田泰之（駒沢大准教授）、若田部昌澄（早大教授）、原田泰（大和総研チーフエコノミスト）らが集った。のちに第二次安倍政権の誕生に協力する面々である。二〇〇三年八月までの一年半の間に、一二回の研究会を持った。

岩田らはリフレ政策を「総需要不足であるデフレから脱却し、完全雇用を達成して、緩やかなインフレ経済に移行するマクロ経済政策」と定義した。財政政策を否定しないが、中央銀行の金融政策こそ、もっとも有効な手段であるという主張に、大きな特徴があった。研究会は二〇〇四年、研究成果を『昭和恐慌の研究』（東洋経済新報社）という本にまとめて出版している。

研究会は単なる歴史研究会ではなかった。昭和恐慌を脱出するときに、高橋是清や石橋湛山らが用いた政策を検証し、それを現代に活《い》かそうという「運動」となっていた。岩田らは研究会の成果をもとに、リフレ政策の政治家への売り込みに奔走する。

もう一つの源流は、日銀の審議委員の中原伸之らのグループである。このグループは、米国のノーベル賞経済学者、ミルトン・フリードマンの影響を受けた「マネタリスト」が多く、日銀内部からの変革を目指していた。

中原は一九九八年に審議委員になったあと、自らの判断を理論的に補強するために、周囲にブレーンを集めるようになる。中原は嶋中を事務局役にして「日銀のデータ以外に判断材料が欲しいので、エコノミストを集めて欲しい」と依頼した。

嶋中の呼びかけに応じて集まったのが、興銀証券エコノミストの佐治信行（現三菱ＵＦＪモルガン・スタンレー証券チーフエコノミスト）や朝日ライフアセットマネジメント調査部長兼シニアエコノミストの吉川雅幸（現三井住友アセットマネジメントチーフマクロストラテジスト）、住友生命総合研究所主任研究員（現城西大学教授）の霧島和孝らだった。

このメンバーは政策決定会合の前などに、日銀の鳥居坂分館（東京・六本木）に集まり、中原を囲んだ。中原が日銀主流派といかに対峙《たいじ》できるのか、知恵を出し合っていた。

日銀の内外に、伝統的な日銀の考え方を批判するエコノミストグループが生まれていた。

ただ、当時の世論は、日銀に同情的であった。政府から「独立」したはずの日銀が、政治家らの理不尽な要求に屈しようとしている、というのが大方の見方だった。

嶋中は当時の状況をこう言う。

「日銀でも経済学会でも、我々は『異端』だった」

速水責任論

ゼロ金利解除後、日本経済はさえなかった。

一九九九年一月から続いていた日本経済の景気拡張は、二〇〇〇年一一月をピークに、息切れを始めた。そのきっかけは、米国の「ＩＴバブル」の崩壊である。

一九九〇年代末に米国で起きたインターネット企業の株価が崩落しかけていた。二〇〇〇年一〇月一八日には、ニューヨーク株式市場のダウ平均が一万ドルを割り込み、そのあおりを受けて、日経平均株価も大きく値を下げた。

この日、山本幸三らとともにゼロ金利解除への反対声明文を公表した渡辺喜美は、日銀審議委員の中原にこんな電話をしている。

「ゼロ金利解除の失敗の責任はどうなるのか」

中原は返事をしなかった。だが、こうした声は渡辺に限ったものではなかった。政府・与党内には、速水の責任問題を公然ととなえる声が出始めていたからだ。

一一月三〇日の自民党の金融問題調査会・財政部会の合同会議。出席した議員の一人はこう力を込めた。

「ふたたびゼロ金利に戻るような事態となれば、速水優総裁はクビではないのか」

このとき、日銀を代表して出席していたのが日銀企画室審議役の白川方明（のちの総裁）である。白川はその問いに答えることはなかったという。

経済企画庁長官の堺屋太一もいらだっていた。一二月一日の閣議後会見で「八月のゼロ金利解除の時、政府が時期尚早だと言ったのは現在のような状況を想定していたからだ」と語り、ゼロ金利解除が誤りであったことを強調した。

日銀は八月に政府・与党の反対を押し切ってゼロ金利解除に踏み切った。このため、政府・与党内には「それみたことか」という空気が蔓延《まんえん》していた。

日銀は翌二〇〇一年二月九日の金融政策決定会合で、公定歩合を〇・五%から〇・三五%に引き下げた。ただ、短期金利は〇・二五%に据え置いた。短期金利をさらに下げれば、ゼロ金利になってしまい、速水の責任問題となってしまうためだった。

二月二八日の決定会合では、「次の一手」をめぐり、さまざまな提案が出た。

中原伸之審議委員は「ゼロ金利への回帰」を提案した。三木利夫審議委員は「金利ターゲットから量的ターゲットへの転換を図るべき」と主張。さらに、篠塚英子審議委員は「(長期国債の)買い入れ額を現在の月四千億円程度から、当面、現在の二倍程度に増額」する案を示した。

ゼロ金利回帰、量的緩和、長期国債の買い入れ増――。議論は収拾がつかなくなっていた。

速水は各委員の意見を一通り聞いた後「本日のところは(今後の企業の動向などを)注意深く点検していくことが大事ではないか」と新たな措置の決定を先送りしようとした。だが、委員からは「いま(なんらかの処置を)する必要がある」などと異論が噴出した。

結局、中原と篠塚はそれぞれ議案を提出し、否決された。その後、金融政策を変更しない「現状維持」とする速水提案が可決された。中原、篠塚は採決を棄権した。

日銀は、新たな方策を打ち出せなかった。

「デフレ宣言」

二〇〇一年一月二三日、森喜朗首相の内閣改造によって、経済財政相に就任した麻生太郎が着任早々に発した、この言葉が波紋を広げていた。

「消費者物価がマイナスになったのは主要国では日本だけだ。日本だけが例外的に生産性が上がって、物価が下がったとは言いがたい」

速水の「良い物価下落」論を否定する内容だった。足元の物価下落は、生産性の向上によって起きたのではなく、需要不足によって、企業が過当競争に陥り、モノの値段を引き下げる「悪い物価下落」であるとの認識を示したのである。

政府は当時、デフレを「景気悪化を伴う物価下落」と定義づけていた。この定義だと、物価が一%や二%下がり続けているだけでは、「デフレ」とは認定されない。

麻生の発想はきわめてシンプルだった。消費者物価が一九九八年、一九九九年と二年連続で下落しているのに、日本経済をなぜ「デフレ」と呼ばないのか?という点だ。

麻生は「難しい理屈を振り回しても、意味はない。物価が下がっていることをデフレと呼ぶのがシンプルで分かりやすいと考えた」と振り返る。

麻生の言動に驚いたのが、内閣府政策統括官（分析担当）の岩田一政であった。

岩田は一九七〇年に、経済企画庁に入った官庁エコノミストで、政府の景気認識を示す「月例経済報告」をまとめる立場にいた。

岩田は一九九八年の「ゼロインフレ下の物価問題検討委員会」の座長代理をつとめ、政府のデフレの定義をつくる作業にかかわった経験がある。岩田は「持続的な物価上昇はインフレであり、持続的な物価下落はデフレである」と主張したが、このときは「デフレ」と認定することを避けたい役所の意向が重んじられ、採用されなかった。

麻生の発言は役所が振り付けたものではなかった。岩田は、上司である大臣の発言を受け、一度は決着したはずの「デフレの定義」について再検討を迫られたのである。

岩田はまず、部下の内閣府審議官、谷内満（現早大教授）に「デフレについて、整理して欲しい」と頼んだ。谷内は、その実務を内閣府の若手エコノミスト、岡本直樹に任せた。

岡本は、内外の経済学の教科書や辞書などで「デフレ」という言葉がどう定義され、どのような意味で使われているかを徹底的に調べた。

すると、海外には日本のような「デフレ」の定義はないことが分かった。物価上昇をインフレと呼ぶように、ごくシンプルに持続的な物価下落を「デフレ」と呼んでいた。

さらに、一九九九年には国際通貨基金（ＩＭＦ）がデフレについての定義を発表。「二年以上物価下落が続いている場合」としていた。

岡本は二月、こうした検討内容を踏まえた「デフレに直面する我が国経済」という四〇ページのディスカッション・ペーパーをまとめた。「『デフレとは、物価の持続的な下落』と定義することが最も適当である」として、「景気悪化を伴う物価下落」としてきた政府の従来見解を再定義するよう求めた。

日本の場合、消費者物価は一九九八年から、国内総生産（ＧＤＰ）統計上で物価動向を示すＧＤＰデフレーターは九五年から下落を続けている。岡本は、再定義に基づけば、日本経済はすでに「デフレ」に陥っていると認定するのが自然であるとも結論づけた。

ちなみに、内閣府の官庁エコノミストが個人名で出す「ディスカッション・ペーパー」は、このときに誕生した。

官庁エコノミストは役所を代表するとともに、プロのエコノミストでもある。官庁エコノミストが個人名で自らの見解を示す機会をつくろうと考えたのだ。役所の名前で言いにくいことを、個人名で公表することで、経済論争をけしかけたり、世論の反応を見たりすることもできる、という狙いもあった。

「岡本ペーパー」をもとに報告を受けた麻生は「デフレ宣言」を行うことを決意する。

麻生は二〇〇一年三月七日の参院の予算委員会で、こう明言した。

「デフレという言葉の定義につきましては検討を開始したところでありますので、今月行われます三月一六日の月例経済報告の閣僚会議までには、この（デフレの）定義を含めましてこの言葉の定義を統一したい、検討したいと思っております」

麻生は三月一六日、三月の月例経済報告を関係閣僚会議に提出した。報告の中のコラムで、デフレについて「持続的な物価下落」と定義し、日本経済は「緩やかなデフレにある」という認識を示した。

政府が戦後初めて公式に出した「デフレ宣言」であった。

第2章 量的緩和の実験

2003年3月14日、会談にのぞみ小泉純一郎首相と握手する福井俊彦日銀次期総裁

「量的緩和」導入

二〇〇〇年秋に米国のＩＴ（情報技術）バブルが崩壊し、二〇〇一年の年明け早々には、米ニューヨーク株式市場のダウ平均株価が急落。それを受け、米連邦準備制度理事会（ＦＲＢ）が緊急利下げに踏み切るなど、米国の景気減速が鮮明となり、日本にも波及し始めていた。

ただ、日銀はわずか半年前に、政府の反発を押し切って、ゼロ金利政策を解除したばかりであった。日銀が単純にゼロ金利に戻るだけでは、速水優総裁の責任問題になってしまうことは確実な状況だった。

それは、審議委員の中原伸之の証言からもうかがえる。

中原は二〇〇二年二月三日に、首相の森喜朗と電話で話した。このとき、森は前日に開かれた経済財政諮問会議での速水とのやりとりについて、こう漏らしている。

「速水さんはボソボソと話していたが、よく意味が分からなかった」

「(速水総裁が）一人で長々としゃべるので、(司会役の）経済財政相の麻生太郎さんから『いい加減にしろ』と言われた」

森や麻生が、速水に不信感を抱いているのは間違いなかった。

日銀の企画室（現企画局）は二〇〇〇年末から、景気の悪化にどう対応するか、方策が検討されていた。二八日の決定会合でも、審議委員から「ゼロ金利回帰」「量的緩和」「長期国債の買い入れ増」の三つの案が出て、収拾がつかなかった。

ただ、それぞれ一長一短があった。

「ゼロ金利回帰」だけでは、速水の責任問題に直結しかねなかった。

「量的緩和」は、中原が二年前の一九九九年二月一二日、「無担保コール翌日物金利を極力低水準に抑制することにより、一層の量的緩和を図る」とする議案を提出したが、否決された経緯がある。その後もちょくちょく議論になったものの、具体的にどのような手段があるのか、あるいは物価上昇や景気浮揚に効果があるのか、確信が持てなかった。

「長期国債の買い入れ増」は、政府の財政規律が緩みかねない危険があった。

日銀執行部内でも、具体的な手段をめぐっては意見が割れていた。

三月中旬から、日銀内では総裁の速水、副総裁の山口泰、藤原作弥、企画担当理事の増渕稔らが総裁室に断続的に集まった。一九日に迫った金融政策決定会合で、どのような執行部提案をするか、議論の運び方をするか、話し合うためだった。

速水が選んだのは、企画室がまとめてきた「量的緩和」だった。政策目標を、これまでの「金利」政策から、銀行が日銀に預けている当座預金残高の「量」に切り替えるというものだ。金融市場局は政策目標を当座預金残高にしても、オペレーションはできると踏んでいた。

だが、山口副総裁はこの時点でも「効果があるとは思えない」と消極的だった。通常、総裁と副総裁の三人のなかで、不一致は許されない。だが、速水や企画担当の意見に賛成するという雰囲気ではなかったという。

三月一九日の金融政策決定会合。政府代表として出席した岩田一政内閣府政策統括官（のちに日銀副総裁）は「我が国経済は現在緩やかなデフレにある」と一六日のデフレ宣言を報告。「一日も早く本格的な回復軌道に乗せることが最重要課題と考えている」と訴えた。

景気情勢について意見交換を終えると、藤原副総裁が「思い切った政策に踏み出すべき段階に来ている」と述べ、四つの選択肢を示した。

一つ目は、ゼロ金利復帰である。

二つ目は、政策目標を、金利から日銀当座預金残高に切り替える「量的緩和」である。

三つ目は、消費者物価がゼロになるまで続けるというコミットメントである。

四つ目は、長期国債の買い入れ額を増やす。

このうち、藤原は「ゼロ金利復帰」については、「ゼロ金利政策時代の経験を踏まえると、単にゼロに戻るのではなく、ゼロ以後の追加的な緩和余地を工夫する」などの措置が必要と指摘。一方、「量的緩和」については「試みる価値も出てきている」と前向きに説明した。

ふつうは景気情勢の議論の後、議長である総裁から金融政策についての提案がある。副総裁がいきなり話し出す段取りは異例のものだった。だが、速水と山口の二人の見解が一致していない以上、議長の速水がいきなり提案するよりも、中立的な立場から藤原が論点を整理した方が良い、という配慮だった。

議論は紛糾した。植田和男審議委員は「ゼロ金利を約束した方が、(当座預金の)量で約束するよりもコミットメントの強さは強い」と主張。篠塚英子審議委員は長期国債の買い入れ増額にこだわった。

副総裁の山口も「実質ゼロ金利になった後に銀行システムにリザーブ(当座預金)を追加的に供給し続けていくことにどれくらい実質的な意味があるのかについて、私はあまり積極的な意味を認めがたい」と述べた。執行部の一員が、総裁の意に反する発言をするのはきわめて異例だった。

この後、速水は議長提案を説明した。

図表2-1 | 量的緩和政策（2001～06年）のイメージ

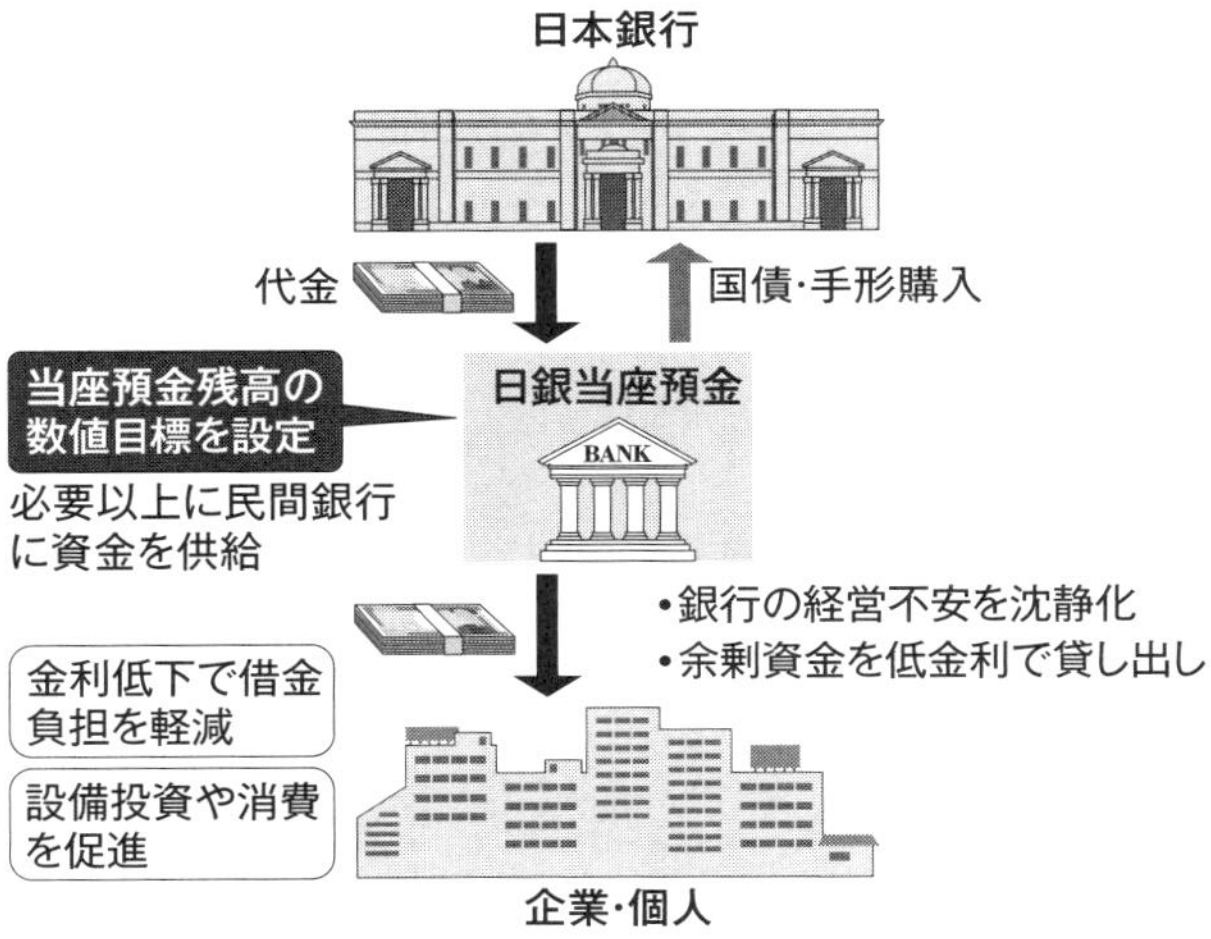

※日銀の公表資料をもとに筆者作成

「私は今回、日銀当座預金残高という量のコントロールを通じて、自然に市場金利の低下を実現する新しい方法をとってみたい」

量的緩和政策の提案だった。速水は「この方法であれば、資金の供給量を増やすことによって、情勢に応じた追加的な緩和策を講じることが可能になる」とも語った。

山口は速水の議長提案を受けても、なお政策の効果には疑問を持っていた。「量」を示すことで人々の物価上昇期待を生み出すという考え方を「イリュージョン（幻想）」と言い、「これまでの金利を中心として政策を組み立ててきた思想からはジャンプがある。そう簡単に量に移行すると言ってしまって本当にいいのだろうか」と心情を吐露した。

政府代表として出席した村上誠一郎財務副大臣が「本当にいま、総裁が言われた案はゼロ金利と同等になるかそれ以上の効果があると率直に思われるか」と詰め寄る場面もあった。

採決の結果は賛成八、反対一。山口も最終的には賛成し、政策目標を「金利」から「金融市場に供給する資金量」にする「量的緩和政策」の導入に踏み切った。実質金利ゼロの状況で、当座預金残高を一兆円程度多い五兆円になるよう誘導することになった。

「時間軸」も議論になった。ゼロ金利政策のときには、「デフレ懸念の払拭《ふっしょく》」まで行うとしていたが、「やや曖昧《あいまい》であったかもしれない」(速水総裁)という認識もあった。「(消費者物価指数が)安定的にゼロ%となるまで」(速水総裁ら)や「プラスになるまで」(山口副総裁ら)などの案が出た。最終的には「消費者物価指数(生鮮品を除く)の前年比上昇率が安定的にゼロ%以上となるまで継続する」ということに落ち着いた。

「当座預金残高の増額の効果としては、理論的に言えば、①金利の低下 ②ポートフォリオ・リバランス効果 ③期待形成に与える影響、などが言えようかと思う」

速水は会合後の記者会見で、量的緩和政策の効果について、こう語った。世界で初めての試みであり、あくまで「理論的に」という留保条件付きの説明だった。

ゼロ金利からさらに名目金利を引き下げることはできないため、お金の量を増やして実質金利を下げ、経済を刺激する。銀行が貸し出しを増やし、将来不安を払拭する――。そんな効果を狙うという意味だった。

副総裁の藤原作弥は当時の一連の決定を「清水の舞台から飛び降りるような決断だった」と振り返る。金融政策は過去に例がない「未体験ゾーン」へと突入した。

銀行券ルール

「長期国債の引き受けなどは絶対にするつもりはない。これは法律でも認められていない。国債価格の買い支えとか、財政ファイナンスを目的として長期国債の買い切りオペを増額するというようなことも考えていない」

日銀総裁の速水優は、量的緩和を導入した三月一九日の記者会見で、こう力を込めた。このとき、速水が量的緩和と同時に導入したのが「銀行券ルール」である。

日銀が保有する長期国債の残高を、日本銀行券（お札）の流通残高以下に収めるという運用ルールである。日銀が、国債を無制限に買い入れ、国の借金を肩代わりすることにならないようにする「歯止め」として決めた。

なぜこのようなルールを設定することになったのか。それは、量的緩和政策の導入と密接に結びついている。

量的緩和政策は「非伝統的金融政策」と呼ばれる。ふつうの金融政策は、景気が過熱すれば金利を引き上げ、景気が悪化すれば金利を引き下げる。しかし、金利がほぼゼロになり、そこからさらに金融緩和をするために導入された量的緩和政策は、金利操作という「伝統的」な政策手段ではなく、市場に出回るお金の「量」という「非伝統的」な目標を掲げている。

やや難しくなるが、日銀が「量的緩和政策」で、実際にどのようなオペレーションを行うのかを見てみよう。

日銀が導入した「量的緩和政策」で、目標とした「量」とは、民間の銀行が日銀に開設している当座預金の残高である。当座預金には、法律で定められた一定割合を日銀に預ける「法定準備」と、それを超える「超過準備」の二種類がある。

日銀が超過準備を増やそうとする場合、民間銀行から短期国債や手形などの金融資産を買い取り、その支払代金をそれぞれの銀行の当座預金に振り込む形をとる。そうすることで、市中に出回る資金の量が増え、実質的な金利の低下を促して、金融緩和の効果を狙う。

日銀は当初、目標の当座預金残高を「五兆円」とした。ふつうの状態のときに、民間銀行が預けている準備預金額は四兆円強であり、そこからさらに一兆円を積み増すという意思表示だ。一兆円ほどであれば、従来の延長線上で短期国債を買えば、達成できるとみていた。

ただ、速水は物価や経済情勢によっては「五兆円」からさらに増やすつもりだった。そのときに問題になるのが、日銀が公開市場操作の対象をどうするのか（金融機関からどの資産を買い入れるか）、という点だ。

「五兆円」から目標を引き上げていけば、短期国債だけではまかなえず、長期国債の買い入れを増やさないと実現が難しくなる状況が考えうる。さらに、政府は、借金の利払いを抑えるために低金利を好み、長期国債のさらなる買い入れを求めがちである。

ただ、「量的緩和」の目的が、「国の借金を手助けするため（＝財政ファイナンス）」と受け取られてしまうと、通貨の信認を失うことにもなりかねない。このため、日銀は、「量的緩和」導入のときには、「政治圧力からの防波堤」として、明確な歯止めが必要だと考えていた。

その歯止めを、日本銀行券の発行残高とした。その理由は、複雑だが、やや単純化するとこう説明できる。

通貨（日銀券）は日銀のバランスシート上では「負債」側に計上される。しかし、利払いの必要がない通貨は、流通し続ける限りは、日銀は返済する必要がない。つまり、日銀にとって「資本」に近い存在だと考えることもできる。しかも、経済成長をすれば、人々が必要とする通貨量は増えていく（これを「成長通貨」と言う）。

日銀がこの日銀券の発行残高（≒資本）の範囲内で、長期国債を持ち続けている分には、国債の金利が上昇（価値が下落）しても、損失を生み出すことは考えにくく、仮に損失が出ても十分に吸収できる。

つまり、銀行券ルールは、日銀が中央銀行としての健全経営を確保するとともに、政府の借金を手伝う「財政ファイナンス」ではないと説明するために編み出したルールだった。

この時点で日銀が保有する長期国債は四六兆円に対し、日本銀行券の発行残高は五六兆円であった。長期国債の買い入れ余地は一〇兆～一一兆円ということになる。

五兆円でスタートした量的緩和はその後、九回にわたって引き上げられ、二〇〇四年一月には三五兆円まで拡大した。長期国債の買い入れも、当初の月四千億円から四回にわたって引き上げられ、二〇〇二年一〇月以降は月一・二兆円となった。

二〇〇六年までの量的緩和政策の間、銀行券ルールは守られた。

だが、このルールはのちに、形骸化していく。

「今回の措置は、政府のプレッシャーがあってやったわけではない。政治的なものと結びつけて、お考えいただかない方がいい」

速水は量的緩和導入を決めた一九日の会見で、こう語った。しかし、決定会合に出席していた一人はこう証言している。

「ゼロ金利に単純に復帰するだけでは速水さんの責任問題になりかねない。決定会合では話題にしなかったが、みんな、政治の反応を意識していたと思う」

速水の辞意

速水はこのころから、周囲に疲れた表情を見せるようになっていた。政府の反対を押し切ってゼロ金利を解除した後、永田町では「速水責任論」が声高に叫ばれた。速水が持論にこだわりすぎ、周囲の声を聞かない場面がたびたびあったことから、日銀内部でも、速水のやり方を「独善的」などと批判する声が出始めていた。

四月五日夕、赤坂の料亭「重箱」には、速水と、蔵相の宮澤の姿があった。二人は大好物のうなぎを食べていた。速水はこの場で、宮澤に辞意を伝えたという。

翌日、副総裁の藤原は、速水から打ち明けられた。

「実は宮澤さんには昨日、言ってあるんだけど、辞めたいと思っている。そう伝えたら、慰留されたんだ」

藤原は驚いた。「疲れているのだろう」とは察していたが、宮澤に辞意を伝えてしまえば、瞬く間にその情報が永田町を駆けめぐるだろう。そうなれば、どこかで、速水の「辞意」が漏れてしまうに違いない。マスコミ出身者として、そう直感したからだ。

藤原はその場では何も答えなかった。後任のメドがつかず、速水の言い方が曖昧だったこともあり、人事は、福田康夫官房長官の預かりとなった。

その三週間後の四月二六日、首相は森喜朗から小泉純一郎に交代した。

翌日、藤原の危惧が現実のものとなる。読売新聞夕刊一面トップに「速水日銀総裁が辞意、健康不安理由に 後任 福井元副総裁軸に」という記事が載った。

この時、速水は国際会議出席のため、ワシントンに向かう飛行機の機内にいた。日銀の幹部は福田長官らと協議のうえ、そこに同乗している日銀職員に連絡をとり、状況を報告した。

「ダラス空港についたら、新聞記者に取り囲まれるだろう。そのときは、とぼけるように速水さんに伝えてくれないか」

速水は、小泉新内閣の財務相に就任した塩川正十郎と隣同士であった。後ろの座席に座っていた日銀職員から説明を受けた速水は「どうしよう」「どうしよう」と慌てふためいていた。落ち着かない様子の速水を見かねた塩川は「速水さん、辞任する気はないんでしょう？　それならそれで通しましょう」と声をかけたという。

当時の朝日新聞によると、現地時間二七日昼、空港に到着した速水を、記者が取り囲んだ。速水は「(政府に辞意を伝えたという報道を) いま聞いたけれど、なんでそんな記事が出るのかまったく理解できない」と記者団を煙に巻いた。

このような対応になったのは、首相の交代が影響していた。

二月一〇日、ハワイ沖で日本人高校生の練習船「えひめ丸」が、米海軍の原子力潜水艦と衝突して沈没、九人が死亡した。この「えひめ丸事故」の発生にもかかわらず、森首相はゴルフを続けたことが国民の大きな批判を受け、四月六日に森は退陣を表明した。

速水が辞意を漏らしたのはこの一日前。その後、自民党の総裁選が本格化していた。

当時の日銀幹部は「政界の混乱のなかで、政府は後任選びができなかった。速水さんの辞意はたなざらしにされていた。とりあえずごまかす必要があった」と振り返る。

速水は帰国後の五月上旬、首相官邸で開かれた月例経済報告の関係閣僚会議に出席した。その合間に、塩川は速水を小泉のもとへと誘った。そして、小泉を前に、塩川は速水にこう言ったという。

「何や、あんた、僕より若いくせに、辞めるとは何だ」

「塩爺」という愛称で親しまれていた塩川はこのとき七九歳。速水より三歳年上だった。「いやし系」の塩川が大阪弁で発した一言が笑いを誘い、雰囲気が和んだ。

速水の辞意は、溶けていた。

小泉構造改革

二〇〇一年四月二六日、自民党の異端児、小泉純一郎が首相に就任した。

小泉はそれまでの派閥の論理からは登場しない首相であった。小泉の所属する森派（清和会）は衆参合わせても六〇人前後。田中角栄元首相の田中派の流れをくみ、一〇〇人規模の人数を誇る最大派閥、旧小渕派には、かなうはずがなかった。

二四日投開票の自民党総裁選。最大派閥の旧小渕派は「勝利を確実にする」ため、首相経験者であり、知名度がある橋本龍太郎を擁立した。このほか、麻生太郎、亀井静香の二人が立候補していた。名だたる大物を前に、小泉は「大穴」と呼ばれていた。

ところが、小泉は一般の党員らを対象にした予備選で、「小泉旋風」を巻き起こす。

「自民党をぶっ壊す！」

「私の政策を批判する者はすべて抵抗勢力」

小泉は街頭演説で、こう絶叫した。自民党が支持基盤とともに守ってきた既得権益に、正面から切り込む姿勢を見せたのである。特定郵便局長会がその代表だった。郵政三事業の民営化が持論であった小泉は、自民党の支持母体である特定郵便局長会を公然と批判。これは従来の自民党議員なら、あり得ないことだった。小泉応援団の一人で、小泉内閣で外相をつとめることになる田中眞紀子（田中角栄元首相の長女）は小泉を「変人」と呼んだ。

だが、この演説に、数万人の聴衆が集まるようになったのである。清新さを求める国民の声を反映していた。その勢いは衰えず、予備選、本選で、地滑り的な大勝を収めた。

負けて覚える相撲かな——。小泉は自らの勝因をこう分析する。小泉は過去に二度、総裁選に出馬したものの、いずれも敗退した。旧小渕派が圧倒的な力を持つ「永田町の論理」の下では勝てない。そう悟った小泉は、「派閥政治からの脱却」を掲げ、森派からの離脱を表明する。国民に直接支持を訴え、総裁選を国民投票の場にしようと試みた。勝負の土俵を「永田町」から「国民世論」に移す戦略で、見事に総理・総裁の座を射止めたのである。

その小泉が打ち出したのは「小さな政府」と「構造改革」であった。

バブル崩壊後、企業は雇用、設備、債務という「三つの過剰」を抱えていた。従来の日本の金融機関は、個別の企業に対し、融資だけではなく、出資もするケースが多く、場合によっては役員（人）も出していた。こうした「なれ合い構造」の泥沼にはまって、銀行は不良債権の処理を進められずにいた。

政界も「なれ合い構造」であった。自民党は選挙における得票と引き換えに、農協や建設業界、特定郵便局長会などの支持母体の主張を受け入れる。役所はそうした構造の中に固く組み込まれ、それを実行する部隊となっている――。こんな認識が広がっていた。

「政（政治）官（官僚）業（業界）」の癒着。小泉はこの癒着を断ち切ろうとした。

小泉は内閣発足の二六日、経済財政相に新進気鋭の経済学者、竹中平蔵慶應大教授を抜擢《ばってき》した。

経済財政相は首相の諮問機関、経済財政諮問会議の司会役をつとめる。諮問会議は橋本龍太郎元首相が推し進めた「省庁再編」の成果である。経済企画庁や総理府などを「内閣府」に統合するなど、もともと一府二二省庁あった中央省庁を、一府一二省庁に再編し効率化する。それと同時に、二〇〇一年一月、主要経済閣僚や日銀総裁が出席し、首相のリーダーシップで重要な経済財政政策を推進する場として、内閣府に設置された。内閣府設置法に明文でその権限が規定されており、経済政策の司令塔の役割が期待される会議であった。

森政権のときには、その威力はまったく発揮されなかった。森に活用する意思がなかったためである。小泉は、諮問会議を、政策決定プロセスを変える装置として使おうとしていた。政官業の癒着を官邸主導で断ち切るためには、業界となれ合う「族議員」が跋扈《ばっこ》する自民党の影響力を弱める必要があるためだ。

その証拠に小泉はこの日、「内閣総理大臣説示」を発表。自らをこうした構造に切り込む「改革断行内閣」と位置づけ、『構造改革を通じた景気回復』には、痛みも伴う」と訴えた。

小泉の財政政策は「緊縮」であった。五月七日の所信表明演説では、こう述べている。
「二〇〇二年度予算では、財政健全化の第一歩として、(新規の) 国債発行を三〇兆円以下に抑えることを目標とする。また、歳出の徹底した見直しに努める。その後、持続可能な財政バランスを実現するため、例えば、過去の借金の元利払い以外の歳出は、新たな借金に頼らないことを次の目標とするなど、本格的財政再建に取り組む」

このとき、国の借金である長期国債の発行残高は、国の経済規模 (名目国内総生産) の約七割に当たる四〇〇兆円に迫ろうとしていた。国債の発行残高の抑制にこだわったのは、小渕政権のときの「資金運用部ショック」の教訓であった。一方、消費増税は「封印」した。増税を持ち出せば「歳出抑制の努力がゆるむ」と考えたためである。

緊縮政策は、自民党の「族議員」に対する牽制《けんせい》でもあった。公共事業による景気対策をやらない、という意思を示し、「改革政党」に生まれ変わる意思を示したのである。

この「改革政党」の立ち位置は、従来、野党・民主党のものであった。小泉は「古い自民党」を「抵抗勢力」とレッテル貼りして動きを封じ込めつつ、自らを「改革の旗手」と印象づけ、野党・民主党の存在感を消すことにも成功する。

小泉の立ち振る舞いは一九二九年一二月、首相になった浜口雄幸に似ていた。浜口はその風貌から「ライオン宰相」と呼ばれていたが、小泉の髪形も「ライオンヘアー」と呼ばれた。浜口のころも、激烈なデフレが起きて日本中に失業者があふれていたが、それでも緊縮財政を訴え、総選挙で「明日伸びんがために、今日は縮むのであります」と叫んだ。ちなみに小泉の祖父、又次郎は浜口内閣で逓信相をつとめていたという縁もある。

二〇〇一年春、景気は良くなかった。デフレは深刻化していた。デフレや不況のときには財政拡大をするのが一般的だが、小泉も浜口と同じく行う気はなかった。実際、最初の所信表明演説には「デフレ」という言葉は一度も出てこなかったのである。

財政緊縮と構造改革――。この二つが「小泉構造改革」の基本路線であった。

日銀法再改正のうごめき

圧倒的な国民の支持を得た小泉純一郎首相を前に、自民党は沈黙した。

理由の一つは七月二九日の参院選であった。

「自民党をぶっ壊す!」と言っていた小泉が自民党総裁に選ばれた理由は、「選挙の顔」になるという打算であった。大きな派閥の強い後押しを得ていない小泉は「参院選まで」(自民党幹部)という見方が強かった。

ここで、自民党内から景気対策を求める声をあげれば、「族議員」や「抵抗勢力」のレッテルを貼られてしまう。参院選までは静かにしていよう、という雰囲気が強かったのである。

対政府では動きを封じられた自民党だったが、対日銀では違った。

政権発足当初には一万四千円台だった株価は、一万二千円台に下がっていた。失業率も悪化をしており、五%台に近づいていた。物価もマイナス一%前後で推移していた。

動き出したのは自民党の若手議員らであった。山本幸三、渡辺喜美、舛添要一らが七月九日、「日銀法改正研究会」(座長・山本幸三衆院議員)の初会合を開いた。

山本がこの日示したメモは「今日のデフレ状況が深刻化したのは昨年の日銀の無謀なゼロ金利解除に端を発するもので、日銀の無作為は許しがたい」と批判。「もはや日銀法を改正して日銀が動かざるを得ないようにするしかない」と厳しかった。

山本らは一九九八年四月の日銀法改正を「誤り」だと考えていた。新日銀法は、戦後の狂乱物価やバブルなどの反省を踏まえ、低金利を求めがちな政府・与党から「独立」した権限を与えた。しかし、一九九八年以降、日本経済の問題は「インフレ」から「デフレ」に変わった。政府・日銀が一体となって政策協調をしなければならないはずなのに、それができていない。その原因は新日銀法にある——という理屈だった。

研究会はこの日、物価上昇率の目標を定めて金融政策を運営する「インフレ目標政策」の導入や、日銀総裁の解任権を首相に持たせることなどを盛り込んだ法改正に向けて、検討していくことで一致した。

これが速水を大いに刺激する。

八月一四日、速水は記者会見で、インフレ目標政策について尋ねられ、こう発言する。

「インフレの目標レートを設定して、そこへ何がなんでも持っていくというものであるが、このような制度を私どもは問題にもしないし、このような『馬鹿な金融政策』はあり得ないと思う」

「馬鹿な金融政策」。こう言われた山本らは「どちらが馬鹿か議論しようじゃないか」と速水に公開討論を申し込んだ。山本らは海外や学会での金融政策をめぐる議論をよく調べており、特に米国においてはインフレ目標政策の有効性を指摘する声が多かった。

だが、速水は公開討論会を拒否した。日銀総裁が、与党議員と国会以外の場で討論するのは前代未聞であり、挑発に乗ったと思われるのがオチだ。三議員らには回答書を送り、表舞台で反論することを避けた。

政府内にも山本らの賛同者がいた。小泉政権の経済政策の司令塔となった竹中平蔵である。竹中は学者時代に、米経済学者のポール・クルーグマンと親交があり、金融政策で意図的にインフレをつくりだそうとする「調整インフレ」論を熟知していた。

竹中は八月一九日のNHKの「日曜討論」で「(消費者物価を安定的にゼロという)目標を達成するまでの手段が明確ではなく、もう少し工夫の余地がある。ある程度の物価の上昇を実現するという意味でインフレ・ターゲットは重要だ」と語った。

「物価の安定」を物価上昇率ゼロと定義する日銀の見解を批判し、数%の物価上昇率を目指すことが望ましいとして、インフレ目標政策の導入を求めたのである。竹中は「物価が上がれば企業が抱える過剰な債務の問題にも大きなプラスになる」とメリットを語った。

だが、盛り上がる議論を打ち止めにしたのは首相の小泉純一郎であった。八月二三日、静養先の神奈川県箱根町で記者団にこう語った。

「金融(政策)もゼロ金利で打つ手は限られている。しかし、インフレ・ターゲットは難しい。制御できないから」

インフレ目標政策を否定した。そのうえで、小泉は失業率について、「(構造)改革していくうちに、失業者が増えることはやむを得ない。ここは、痛みに耐えて頑張る正念場だと思う」とも語った。

なぜ小泉はインフレ目標政策に否定的だったのか。首相秘書官の一人はこう話す。

「小泉首相が政治家として育ってきた時代は、オイルショックなどで、インフレに悩まされてきた。デフレが問題だとアタマでは理解していても、『インフレ』という言葉は好きになれなかったのだろう」

「構造改革なくして景気回復なし」――。このときの小泉はあくまでデフレ対策よりも、構造改革を優先させる姿勢だった。

外債購入論争

二〇〇一年一〇月二九日、金融政策決定会合。審議委員の中原伸之の提案が波紋を広げていた。

「国債買い切りオペを月三回六千億円から月四回八千億円程度に引き上げるとともに、金融市場調節のための補助的な手段として外債を購入することを提案する」

中原は会合終了間際に突然、日銀が量的金融緩和を拡大する方法として、外債購入を提案したのである。このころの円相場は一ドル＝一二〇円台前後で推移しており、円安ドル高傾向であった。円売りドル買いの為替介入をしなければならない状況ではなかった。

ただ、日銀はこのころ、量的緩和の手段に悩んでいた。日銀は八月に国債買い切りオペを四千億円から六千億円に増額したが、政府の財政規律を緩めてしまう危険もあり、これ以上の増額は避けたいと考えていた。

このため、日銀は買いオペの対象を社債やコマーシャルペーパー（CP）、資産担保証券（ABS）などに広げることを検討した。だが、損失が出る危険性や、民間の市場をゆがめてしまう副作用もあり、躊《ちゅう》躇《ちょ》していた。

中原は、市場規模が大きく信用力も高い米国債などを中心に購入すれば、そうした心配はしなくてよい、と考えていた。

だが、反発は強かった。山口泰副総裁は「常識的な提案ではないと思う」と一笑に付した。一方、植田和男審議委員は「仮に法的、あるいはその他の状況を考えたうえで、できるのであれば考慮に値する案かもしれない」と前向きな発言をした。

ただ、中原が提案した議案の書きぶりが曖昧であったこともあり、この日は口頭の提案のまま、結論を出すことはなかった。

だが、この提案が外部に知られるようになると、大きな論争を巻き起こす。

中原の援軍は海外から訪れた。経済協力開発機構（ＯＥＣＤ）が一一月四日、「さらなる量的緩和の手法としては、日銀の購入対象資産を拡大し、海外資産をも含めることが望ましい」という対日審査報告を公表した。

経済財政相の竹中平蔵も中原に歩調を合わせた。一一月一一日の記者会見で、「外債を（日銀が）購入することは技術的には可能だ。専門的な立場から検討して欲しい」と述べた。

だが、財務省が「待った」をかけた。

財務事務次官の武藤敏郎は、「外債を購入することは為替介入そのもので、適当でない」と述べ、はっきりと反対を述べた。

日銀が外債を買う場合、円を売ってドルなどの通貨を買うことになり、円安をもたらすことになる。中原は「毎月定額ずつの外債購入なら為替介入と区別できる」としていたが、仮に金融緩和のためであっても、為替介入と同じ効果を持ってしまうという指摘だった。

役所間の縄張り争いという側面もあった。外為法（外国為替及び外国貿易法）は「財務大臣は（中略）本邦通貨の外国為替相場の安定に努めるものとする」（第七条三項）と定めており、外国為替市場への介入の決定権は財務省にある。責任者は財務官であり、黒田東彦（のちに日銀総裁）がつとめていた。黒田も「為替介入は財務省の仕事」と述べ、中原の提案に反対であった。

一方、日銀は財務省の指示を受けて、実務を担う立場にいた。ただ、日銀法は「日本銀行は、必要に応じ自ら、又は第三十六条第一項の規定により国の事務の取扱いをする者として、外国為替の売買を行う」(第四〇条)とも記され、中原は、日銀が自らの判断で外債を購入することは可能と解釈していた。

こうした解釈を否定したのは、日銀自身だった。

「日銀法上、為替相場の誘導を目的とするオペレーションを日銀が独自に行うことは認められておりません」

総裁の速水優は二〇〇一年一二月一三日の衆院財務金融委員会で、こう言い切った。

デフレ対策か、不良債権処理か

七月二九日の参院選は、自民党の大勝で終わった。

だが、景気は低迷し続けた。九月には日経平均株価が一時期、一万円割れとなった。

自民党内で小泉構造改革への反発も強まった。もともと、多くの自民党の議員は、小泉は「選挙の顔」にすぎず、長期政権とは考えていなかった。「選挙は終わったのだから、もう小泉に遠慮する必要はない」という気分が広がっていた。

一一月一六日には、のちに第一次安倍政権の農水相となる松岡利勝が音頭をとり、自民党衆院議員の派閥横断の勉強会「未来創造議連」が発足した。事務局長はのちに郵政民営化に反対して小泉と対立し、離党に追い込まれる荒井広幸である。

「反小泉議連」と呼ばれた議連には五〇人ほどが名を連ねていた。緊縮財政を続けていては、株価はどんどん下がり、景気はますます悪化する。従来型の公共事業を「悪者」にする小泉に対し、景気対策とデフレ対策を求めた。

だが、小泉は意に介さなかった。自民党の族議員が騒げば騒ぐほど、小泉は彼らを「抵抗勢力」とレッテル貼りしやすくなり、かえって小泉の人気が上昇する。小泉は、自民党内に敵をつくることで、国民を味方につける天才であった。当初の大方の予想に反し、長期政権となっていくのである。

小泉や竹中は不良債権処理を急ごうと考えていた。バブル崩壊から一〇年近く経過しているにもかかわらず、銀行の不良債権は一向に減っていなかった。その理由の一つは、日本の金融慣行にあるとされた。日本の大手銀行は、大口貸し出し先の株式を保有しつつ、役員を送り込んで継続的に融資を続け、その企業経営を長期的に支えてきた。だが、この慣行が銀行と融資先のなれ合いを助長し、不良債権を温存していた。

銀行は「融資」と「出資」の二重のリスクを背負っていたのである。金融庁によれば、二〇〇〇年三月期時点でも、全国の金融機関には四八兆円もの不良債権が残っていた。しかも、歴代経営者は責任を問われることを恐れて正確な報告をしていない可能性があり、実態はさらに深刻だと考えられていた。

この膿《うみ》を取り除かない限り、いくらさまざまな政策を打っても、お金が流れていかない――。多くの人がそう考えていた。

「デフレ」と「不良債権」は、相互作用の産物であった。

デフレ下では、借金を抱えている企業にとっては、借金がどんどん重くなる。バブル期に積極的に投資し、バブル崩壊後に過剰な債務を抱えている企業にとって、デフレは「借金地獄」への道であった。その企業の活動が低下していけば、デフレも悪化する。

デフレ対策か、不良債権処理を優先するのか——。難しい選択であった。

二〇〇一年一一月二〇日の経済財政諮問会議は、「デフレ対策と不良債権処理」をテーマにした。諮問会議は数日後に議事要旨を公表するのが原則だが、この日は非公開で行われた。不良債権をめぐる率直な議論が表に出れば、金融市場がパニックになる可能性があるためだ。

民間議員の吉川洋東大教授はこう提案した。

「デフレが悪いという認識のもとに、政府・日銀がマイルドなインフレを政策目標として目指す、こうしたことをやってみる必要があるのではないか」

政府・日銀にデフレ対策に本腰を入れるよう求めた。インフレにすれば、不良債権問題も軽くなると考えたのである。経産相の平沼赳夫らもほぼ同じ意見であった。

だが、日銀総裁の速水優は、不良債権の処理を優先するよう求めた。速水は言った。

「過小資本に陥った金融機関に対しては、モラルハザードを招かないようにしながら、少し早めに（公的資金の）注入をやるということをメンションする（言う）必要があるのではないか」

不良債権という爆弾を抱えているから、銀行の金融仲介機能が低下し、景気が悪化している——。そう考えた速水は、公的資金を注入しながら、不良債権処理を進めるよう政府に迫った。インフレ目標政策の議論から目をそらそうという意図も透けていた。

この発言に不快感を示したのは金融相の柳澤伯夫だった。

柳澤は「よく中身をご存じのはずの日銀総裁が、資本注入が必要だとおっしゃったことが外に出れば、株価だって何だって、これは現状のままではいられない」と反発。さらに、「（発言の）背景には、日銀の特別融資に結びつくような（金融機関が破綻する）事態は避けたいと。自分のところだけ庭先をきれいにしようという（ことなのではないか）」と言い放った。

結局、この日は、竹中が財務省、金融庁、内閣府、日本銀行の局長や審議官クラスの事務レベル協議の場を設けることで、議論をとりまとめた。

翌二〇〇二年二月四日、小泉は施政方針演説で、こう述べた。

「デフレ・スパイラルに陥ることを回避するために細心の注意を払います。政府は、日銀と一致協力して、デフレ阻止に向けて強い決意で臨みます」

施政方針や所信表明で初めて、日銀の名前を挙げて、デフレ対策に取り組むと明言した。

小泉の心境の変化には事情があった。二月一八日に迫っていた米ジョージ・W・ブッシュ大統領との首脳会談である。

米国はこのころ、日本経済の長引く低迷に危機感を持っていた。世界第二位の経済大国であり、大切な同盟国である日本の低迷は、米国の心配事の一つとなっていた。

このころ、ブッシュ大統領の経済ブレーン、米大統領経済諮問委員会（ＣＥＡ）のグレン・ハバード委員長は日本の報道各社のインタビューに応じ、日本に「不良債権問題の迅速な解決と、デフレ圧力の早期払拭」を求めている。

竹中プラン

小泉も米国の懸念を踏まえ、不良債権処理とデフレ対策の双方を急ぐと腹をくくった。

日経平均株価は二〇〇一年から一万円を挟んだ攻防となり、二〇〇二年後半には一万円割れが定着しつつあった。その底にあったのは、銀行の不良債権問題である。

銀行は、企業にお金という血液を送り込む心臓のような存在だ。しかし、バブル崩壊から一〇年ほど過ぎているにもかかわらず、いまだに多額の不良債権を抱え、ポンプとしての役割を果たせていない状況だった。優良な企業から融資を無理やり回収する「貸しはがし」や、中小企業への新規や追加の融資を控える「貸し渋り」などが社会問題となっていた。

不良債権が残ったままでは、銀行はその役割を果たせず、デフレ脱却もままならない。不良債権の処理を促すため、政府が銀行に公的資金を入れる——。小泉や竹中は、「公的資金注入」へと傾いていた。

だが、金融相の柳澤はかたくなにこれを拒否しつづけた。

その背景には、柳澤の過去の仕事があった。

柳澤は一九九八年一〇月、金融危機に対処する金融再生相になり、一二月には金融再生委員長に就任した。このとき「一九九九年三月期で大手行の不良債権問題を終結させ、二〇〇一年三月までに競争力を持った金融システムを再構築する」という目標を掲げた。

柳澤は、そうした目標を達成するため、責任を問われることを恐れて尻込みする大手行首脳に向かって「経営責任は問わない」と公言。銀行が自ら公的資金の注入を申請するよう促した。その結果、翌一九九九年三月三一日、第一勧業や住友など大手一五行に、総額七兆四五九二億円の公的資金を注入することになった。このとき、柳澤は「今後、公的資金を追加投入するような事態は起こらない」と胸を張り、「終結宣言」まで出していた。

それから三年、問題は解決していなかった。

柳澤は「銀行の自己資本は不足していない。不良債権になってしまっても、それより先に生じる貸し出しからの利益で償却できる」と楽観的な見通しを示していた。しかし、それを言葉通りに受け取る者はほとんどいなかった。むしろ、「二回目の公的資金注入が失敗だったと認めたくないだけではないか」という見方が広がっていた。

公的資金の再注入を強く主張したのが、経済財政相の竹中平蔵である。

竹中は二〇〇二年九月八日、テレビ朝日の討論番組「サンデープロジェクト」に出演し、柳澤の姿勢を初めて公の場で批判した。

「株安の原因は、一に金融、二に金融です。（銀行への）公的資金の導入や一時国有化も視野に入れるべきです」

株価は九千円台を割り込む寸前だった。一歩間違えれば「閣内不一致」と責められかねないが、不良債権の処理を一歩でも前に進めようという気持ちからの行動だった。

九月一八日、日銀も動いた。金融政策決定会合で「金融システムの安定に向けた日本銀行の新たな取組み」と題した措置を決めたのだ。

株安の原因は、不良債権処理に苦しむ銀行が、大昔に購入した簿価の安い株式を売却して、決算を取り繕う「益出し」だった。日銀は、銀行から保有株式を市場の外で買い取る仕組みを新たにつくった。こうすれば、さらなる株安を抑えることができる。

速水は二〇日の経済財政諮問会議で、柳澤に向かって言った。

「政府においては不良債権処理の加速など、金融システム安定のための措置について一層のご尽力をおねがいしたい」

日銀もやっているのだから、政府にも新たな措置を行うべきだ――。そう言っていた。民間議員の吉川洋東大教授も「ボールは政府の方に投げられたのであり、政府の方としてもきちんとしたことを進めていく必要がある」と、速水を援護射撃した。

だが、柳澤は持論を変えなかった。

九月三〇日、小泉は内閣改造に踏み切る。柳澤を更迭し、経済財政相の竹中に金融相を兼務させるという人事であった。

「一カ月以内に、不良債権処理の基本方針をまとめてもらいたい」

小泉は竹中にこう指示をした。

翌一〇月一日、竹中はさっそく大臣室に、高木祥吉金融庁長官を呼んだ。

「不良債権処理の検討チームを立ち上げたい。このメンバーですでに決めてある」

竹中は高木にこう言うと、リストを手渡した。

ふつう、役所にチームを立ち上げるときは、事務方がたたき台となる候補者リストをつくる。だが、竹中は大臣着任早々、自らメンバーを提示したのだ。強い抵抗を予想していたのだが、高木は意外にもすんなり受け入れた。メンバーは、香西泰（経済企画庁出身のエコノミスト）、奥山章雄（公認会計士）、木村剛（日銀出身の経営コンサルタント）、中原伸之（前日銀審議委員）、吉田和男（大蔵省出身の経済学者）。のちに「竹中チーム」と呼ばれる面々が約一カ月にわたり、不良債権処理の基本方針を検討し、「金融再生プログラム（竹中プラン）」をまとめた。

「竹中プラン」は政府・与党内から強い反発を受ける。

一〇月二一日、竹中は「竹中プラン」の概要を小泉首相に説明した。すると、小泉は翌二二日に開かれる自民党の役員会にいきなり提示するよう指示した。

これは、通常のプロセスではなかった。ふつうは自民党の政務調査会で議論し、重鎮たちが集まる総務会で全会一致の賛同を得たうえで、初めて役員会の議題になる。

ところが、小泉は「一足飛びに役員会に出せ」と譲らない。竹中はその意図を測りかねていた。

だが、実際に小泉の言う通りにすると、その理由は見えてきた。竹中の説明に対し、参院のドンである青木幹雄幹事長はいらだち交じりに、こう言った。

「これでは選挙は闘えない。選挙前に株を下げないでもらいたい」

二〇〇〇年六月の総選挙から二年以上が過ぎ、衆院解散を意識する時期ではある。不良債権処理は経営が悪化している中小企業にとっては、死刑宣告を意味することもある。株価が八千円台をさまよっているときに、景気に悪影響を与えないで欲しい、というわけだ。

だが、青木の発言に好感を持つ国民は少なかった。やりとりが報道されると、むしろ「不良債権処理を進めようと奮闘している」竹中の姿勢が際立ち、青木との対比で、竹中への世論の支持が広がった。

もし、自民党の通常のプロセスを経ていたら、青木もこんな露骨な反応をしなかっただろう。つまり、小泉は最初から、青木の「抵抗」を想定し、それを利用しようと計算していた。青木はその術中にはまり、竹中プランに反対して自ら「抵抗勢力」になった。そして、小泉＝竹中は世論の支持を得て、政治的な政策推進力を獲得したのである。

一〇月三〇日、竹中は「金融再生プログラム（竹中プラン）」を公表した。

このプランは、日本の金融システムの信頼を回復するために「まず主要行の不良債権問題を解決する必要がある」と位置づけ、「二〇〇四年度には、主要行の不良債権比率を現状の半分程度に低下させ、問題の正常化を図る」と宣言した。そして、具体的に「資産査定の厳格化」「自己資本の充実」「企業統治の強化」という三つの目標を掲げた。

不良債権処理を進めるよう促す一方、必要があれば公的資金を注入する用意があることも明確にした。そうしたメニューで金融機関の膿を一気に出し切ろうと考えていた。

竹中プランの「資産査定の厳格化」の影響を受けたのが、りそな銀行だった。

りそな銀行は二〇〇三年三月期決算で、竹中プランに沿って繰延税金資産を計算し直したところ、自己資本比率が健全行の基準である四％を下回る二％程度になることが判明した。

政府は、五月一七日に金融危機対応会議を開催し、資本増強の措置を講じる必要があるとの認定を行った。りそな銀行は三〇日、預金保険法に基づき、資本増強の申し込みと経営健全化計画を提出。一兆九六〇〇億円の政府の出資を受けて、国有化された。

こうした荒療治は、景気を悪化させる危険があった。竹中は、不良債権処理で生じるデフレ圧力を払拭するには、金融政策の下支えが必要だと考えていた。

「アコード」を提案

二〇〇二年一〇月三日、東京・赤坂の高台にある日銀の氷川寮。経済財政相の竹中平蔵は、日銀総裁の速水優とひそかに向き合っていた。

「寮」という名前がついているが、日銀が研修や接遇のために使っている施設である。かつては、田中角栄首相の鶴の一声で、山一證券への日銀特別融資が決まるなど、多くの戦後経済史を生み出した舞台だ。

「インフレ目標を導入し、アコード（政策協定）を結びましょう。ご検討いただきたい」

竹中は、速水に、かねてから持論であるインフレ目標政策の導入を求め、政府と日銀の間で、政策協定を結ぶよう求めた。

インフレ目標は、アンカー（重石）のような役割を果たし、世間に物価予想を生み出すことができるとされる。だが、竹中は、そういう政策の「効果」の面よりも、日銀の「責任」を明確にすることが念頭にあった。

日銀は、その結果責任を問われないようにさまざまな予防線を引いていた。「物価の安定」の定義を「ゼロ」と解釈し、「いつまでに達成するか」という目標を示すこともなかった。

竹中はそもそも物価上昇率「ゼロ」という基準がナンセンスだと考えていた。いったんデフレに入ってしまえば、なかなか抜け出す手段がない。デフレに逆戻りしないためには、「ゼロ」を超える目標とすべきであって、物価上昇率に数％の「のりしろ」が必要だというのだ。達成期限を示さない政策はあり得ないとも感じていた。

政府と日銀が「ゼロ」を超えるインフレの数値目標を決めてアコードを結べば、日銀はその物価水準を実現する責任を負う。日銀にコミットメント（関与）を明確にしてもらい、自らの責任を自覚させ、政府の政策に歩調を合わせてもらおうと考えていた。

竹中と速水はともに一橋大出身の先輩後輩に当たる。二人のやりとりは、緊張感を持ちつつも、和やかな雰囲気だったという。

だが、速水は要求を拒否した。そもそも、インフレ目標が、人々のインフレ期待を高める効果があるとは信じていなかったからだ。

この「竹中―速水」の秘密会談はほどなくして、報道されてしまう。

一〇月一六日、日銀は、量的緩和政策の当座預金残高の目標を「一〇兆～一五兆円」から「一五兆～二〇兆円」に引き上げる追加金融緩和に踏み切った。

速水はこの日の会見で、インフレ目標政策やアコードについて記者から質問攻めにあう。速水はまず「(インフレ目標は)インフレを抑えるために使っているので、デフレを抑えるために使っているという例はあまり聞いたことがない」と導入を否定した。

速水が例に挙げたのは、一九五一年の米国の「アコード」である。第二次大戦中、米連邦準備制度理事会(FRB)は戦費を円滑にまかなうために、長期金利二・五%を天井とする政策に協力し、米財務省の「財政ファイナンス」を助けた。FRBと米財務省は戦後、それをやめて正常化する際、FRBの独立性をはっきりさせるために「アコード」を結んだ。

速水は「『アコード』と言われれば、私どもはそのことを思い出す」と述べた。要は「アコード」は逆ベクトルの歴史の教訓であって、竹中の提案はナンセンスだと言っていた。

だが、竹中はあきらめなかった。こんどは、経済財政諮問会議(議長・小泉純一郎首相)を活用して、速水と正面から議論しようと考えた。

経済財政諮問会議を選んだのには理由がある。諮問会議は二〇〇一年一月、省庁再編と同時に内閣府に設置された。主要経済閣僚や日銀総裁が出席し、首相のリーダーシップで重要な経済財政政策を推進する場であり、法律に権限が明記されている。しかも、その場の資料や議事要旨は数日後、ネット上で公開される。

議論を小泉の目の前にさらし、広く国民に知ってもらうには最適な場であった。

一二月一三日、首相官邸。竹中は内閣府経済社会総合研究所長の浜田宏一米エール大教授（のちに第二次安倍政権の内閣官房参与）を講師役に招いた。浜田は、翌年一月に退職してアカデミズムの世界に戻る予定であり、その前に「速水総裁に意見を言いたい」と自ら志願したのである。

浜田はA４六枚の資料を配り、インフレ目標政策について「人々が貨幣にしがみつく状態を直すことでデフレを解消しようという考え方だ」と紹介。「必ずできるということを世界の経済学者が論証している」と述べ、導入するよう強く迫った。

これに対し、速水はまず「私は人後に落ちないデフレ・ファイターだ」と強調した。だが、インフレ目標政策については「これだけで物価を上昇させることは困難」とし、「(これを)採用するというのは、政府や日本銀行にとって無謀な賭けになる」と拒否した。

この日、竹中はもう一つの仕掛けを用意していた。それが、政府の中長期的な経済財政運営の姿勢を示す「改革と展望――二〇〇二年度改定」の素案である。

素案には「政府、日銀が一体となって、できる限り早期にプラスの物価上昇率の実現を目指す」という文言を潜り込ませてあった。物価上昇率を「プラス」と明記することで、インフレ目標政策を意味するようにしてあったのだ。

速水は会議中にこれに気づき、あわててこう言った。

「インフレ・ターゲティングの導入については、政府としても慎重であるべきだ。(素案の文言は)これまで同様、『デフレ克服に向け取り組む』といった表現にしていただきたい」

だが、竹中は速水の要望を受け入れなかった。単純に「デフレ脱却を目指し」という言葉を追加するだけで、素案の文言をすべて残したのである。

だが、それにもかかわらず、速水はインフレ目標をかたくなに拒否した。

二〇〇二年一二月一七日の金融政策決定会合。速水はインフレ目標政策について「経済を無謀な賭けにさらす。政策として適当でない」と発言。さらに「十分な裏付けのない宣言でインフレ予想を高めるのは難しく、政策運営全般への信認を損ないかねない」と語った。

結局、竹中は速水の在任中にはインフレ目標の導入は難しいと判断し、二〇〇三年三月に就任する次期日銀総裁に期待をかけるようになる。一二月二四日の記者会見で、こう言った。

「(次期日銀総裁は)インフレ目標の具体化をやってくれる方にぜひやっていただきたい」

福井総裁へ

二〇〇三年、焦点は、後任選びに移った。

新日銀法になって二回目の正副総裁人事だった。戦後、長い間、日銀と大蔵省の両出身者が、たすき掛けで総裁ポストを占めてきた。だが、一九九〇年代末の相次ぐ大蔵省不祥事の影響で、財務省出身の適切な人材はおらず、人選は混迷していた。

速水は、後任に同じ日銀出身の福井俊彦を推していた。福井は、松下康雄総裁のもとで副総裁をつとめていたが、大蔵省接待汚職事件で日銀職員に逮捕者が出たことから、松下とともに引責辞任した。この事件がなければ、新日銀法下の初の総裁候補となるはずだった。

速水は、新日銀法のもとでは、日銀・財務省のたすき掛けという「慣例」にこだわる必要がないと考えていた。

小泉純一郎が当初、念頭に置いていたのは民間人であった。日銀や役所出身者ではない「清新さ」を求めたのである。そこでにわかに浮上したのが、二〇〇二年三月まで審議委員をつとめていた中原伸之である。中原は東亜燃料工業の元社長で、米ハーバード大の大学院で経済学を修めた人物である。自民党の中川秀直国対委員長らの後押しもあった。

だが、日銀は、審議委員時代にことごとく執行部と対立を続けてきた中原を受け入れることはできなかった。ある財界人によると、前日銀総裁の三重野康は「中原だけは絶対にダメだ」と説いて回っていた。「金融政策は複雑になっている。素人にできるものではない」と福井を推薦するよう依頼があったという。

一方、小泉政権の経済政策の司令塔である竹中平蔵経済財政相は、インフレ目標政策に賛同してくれる候補者を探していた。選択肢の一つは中原であったが、日銀内部の拒絶反応が強く、提案できる状況にないことは理解していた。

目に止まったのは財務官だった黒田東彦である。黒田は二〇〇二年一二月、英フィナンシャル・タイムズ紙に「日銀には革新的な政策が求められる」と、三％の物価上昇を目指すインフレ目標をセットするよう提案していた。その達成期限を「一％の物価上昇を一年以内に、二～三％の上昇をその後二年間」としていた。

だが、財務省が黒田を推すことは考えられなかった。

黒田は通貨政策のトップである財務官（事務次官級のポスト）を経験しているとはいえ、国際局などを中心とした経歴を歩んできた。主流の主計局畑ではなく、事務次官も経験していない黒田は、財務省「公認」の候補者になり得なかった。

それゆえ、竹中は自らの部下である内閣府政策統括官の岩田一政を軸に考えることにした。岩田は経済企画庁出身だが、東大教授などのアカデミズムの世界との間を行き来し、日銀にインフレ目標政策を導入するよう求めていた。

一月二一日、首相官邸。宮澤喜一元首相が小泉と向き合っていた。財務相の塩川正十郎が小泉に「宮澤さんと会って欲しい」と取り次いだのである。宮澤は小泉に言った。

「日本銀行の次期総裁に、福井さんはどうだろうか」

宮澤は福井を次期総裁に推した。元大蔵官僚で首相経験者でもある宮澤は、経済政策の世界の重鎮である。速水や三重野康ら歴代の日銀総裁、財務省などの意見を代弁しているのは明らかだった。

二月五日夜、首相の小泉は、塩川や竹中、経済財政諮問会議の民間議員である奥田碩（日本経団連会長）と牛尾治朗（ウシオ電機会長）らを首相官邸に招いた。食事をしながら、日銀正副総裁人事について意見交換をしようという趣向だった。小泉は言った。

「皆さんの意見を聞かせて欲しい」

総裁や副総裁の候補となりうる人物名を挙げるよう促した。

最初に発言したのは民間人だったという。奥田と牛尾は、福井を推した。「金融政策のプロの福井は安定感がある」という理由だった。

財務相の塩川正十郎は「(前財務次官の) 武藤敏郎を入れてもらいたい」と語った。五九歳と若く、総裁候補にはなり得ないかもしれないが、将来の総裁候補と考えているようだった。

竹中はこの時、「やはり財務省は事務次官経験者以外を推すことはないんだ」と思い知った。大ベテランの塩川の提案に水を差すようなことは言えるはずもなかった。

竹中は事前の予定通り、岩田一政（内閣府政策統括官）を推した。

小泉はそれぞれの意見を聞き置くだけで、その場で結論を言わなかった。だが、小泉はほどなく、人事を決めてしまう。奥田や牛尾が推した福井俊彦を総裁に、塩川が推した武藤敏郎と、竹中が推した岩田一政をそのまま副総裁にするという案だった。三人の意見をそのままホチキスで留めたのである。官房長官の福田康夫は、五日の会合の出席者に電話で小泉首相の人事案を伝えた。

この人事案は、日銀に不満を持っていた中川秀直らに衝撃を与えた。日銀職員出身の総裁が二代連続で続くことになったからだ。

このとき国対委員長だった中川は、その立場を利用して、福井に注文をつけることにした。日銀の正副総裁人事は、衆参両院の同意が必要で、野党との折衝は中川が行う。中川は福田官房長官の了解を得て、その立場を利用し、国対副委員長の川崎二郎とともに、福井を内々に面接した。

中川は福井にこう釘を刺した。

「政府はデフレ脱却に全力を挙げている。前任の速水さんは政府との意思疎通がうまくいかなかったが、そういうことがないようにしてもらいたい」

福井は「それで結構です」と応じたという。

衆院が三月一三日に、参院が一四日に、自民、公明両党の賛成多数で、三人の人事案に同意した。

量的緩和拡大

「お金は供給したけれど、金融部門の中で空回りする事態になる。これまでのところ、そういった状況がかなり現出しており、いわゆる『流動性の罠』にはまったような状況が続いている」

「お金を末端にきちんと届けるという『出前持ち』のような仕事は、大変地味に見えるが、そこを愚直にやっていきたい」

三月二〇日、福井俊彦総裁は就任会見で、こう語った。量的緩和の効果をどう高めていくか。福井はその知恵を絞るという姿勢を「出前持ち」という言葉に込めた。

福井は、大阪・船場の商家に生まれた。同僚によると、大阪の町人文化の中心となった土地柄からか、役所的なものに対する反骨心があり、自由を重んじる気風があるという。

副総裁だった一九九八年には総裁の椅子まであと一歩というところで、幹部の接待汚職が発覚し、副総裁を辞任した。その後、シンクタンクの富士通総研理事長として民間で活動を続け、経済界の人脈を広げた。「まわり道が福井を一回り大きくした」という声も少なくない。

古巣に舞い戻った福井は「出前持ち」という言葉通り、矢継ぎ早に手を打つ。

四月八日の金融政策決定会合では、民間企業の売り掛け債券などを担保にした資産担保証券（ＡＢＳ）の買い切りオペの検討を開始することにした。民間企業の債券は倒産や焦げ付きのリスクがある。それを「買い切りオペ」の対象にするのは思い切った判断であった。

企業が倒産すれば損失が発生し、日銀の健全性や通貨への信認を失いかねない。デフレ脱却という目標に向け、日銀自らがリスクをとる姿勢を明確にしたのである。

四月三〇日の会合では、量的緩和の当座預金残高の目標を「一七兆～二二兆円」から「二二兆～二七兆円」へと引き上げた。量的緩和政策の強化を進めたのだ。

一〇月一〇日の会合では、景気は底入れしていたにもかかわらず「景気回復に向けた動きを確実にする」という理由で、「二七兆～三二兆円」へと引き上げた。

景気回復をしているのに、なぜ福井は量的緩和の強化を進めたのか。理由の一つが、六月から八月にかけての長期金利の急騰である。

日本銀行の金融経済月報の「基本的見解」は、五月には「先行き不透明感が高まっている」と記されていたが、六月には削除された。世界的な景気悪化懸念が後退したからだ。

景気が良くなれば、高い収益が見込める株式などのリスク資産が選ばれるようになり、債券は売られる。国債の入札は不調に終わるようになる。〇・四％まで下がっていた長期金利が低すぎるとの認識が広がった。日銀が量的緩和を解除するのでは、という報道も増え、長期金利が上昇した。

金融機関は、保有資産が、株価や金利などの変動（リスク）にさらされることで、どれくらい損失を被る可能性があるか、「ＶａＲ」（予想最大損失額）を計算している。過去の教訓を踏まえ、このリスクが基準を超えると、その資産を自動的に売る仕組みを取り入れていた。

金融機関が長期金利の上昇で一斉に国債を売り、それがさらなる金利急騰を招く――。六～八月にかけて、そんな状況が生まれた。金融市場では「ＶａＲショック」と呼ばれている。

このため、福井は、量的緩和の出口を論じるのは時期尚早という認識だった。

ただ、理由はこれだけではなかった。当時の日銀幹部によれば、福井は速水日銀のゼロ金利解除の失敗をよく研究していたという。

「福井さんは政治家に言われる前に動くという姿勢だった。そうやって信頼を勝ち取っていくことの重要性を分かっていた」（幹部）

一〇月一〇日には、量的緩和政策をいつまで続けるのか、「金融政策の透明性の強化について」という文書を公表し、解除の条件を明確化した。

福井は、量的緩和の解除の条件として、一つ目は、消費者物価指数の前年比上昇率が、数カ月間ゼロ以上が続くこと、もう一つは、展望レポートの先行きの見通しでマイナスにならないこと、とあらためて整理した。

これは速水総裁時代のゼロ金利解除の失敗を踏まえたものだった。当時はゼロ金利を「デフレ懸念の払拭ということが展望できるような情勢になるまで」続けるとしていたが、「デフレ懸念の払拭」の定義が曖昧だった。このため、解除の基準をより明確にして、市場が日銀の政策変更を予見しやすくするとともに、政治との無用な軋轢を避けようとしたのだ。

日銀は四月と一〇月、先行き二年程度の経済情勢の見通しを「経済・物価情勢の展望」にまとめ、決定・公表している（二〇一五年からは一月、四月、七月、一〇月の年四回になった）。これは通称「展望レポート」と呼ばれている。

一〇月三一日の日銀の「展望レポート」では、委員の物価見通しは二〇〇三年も〇四年も、おおむねマイナスであった。このため、福井は「（量的緩和の）解除の条件がそろうようなタイミングが予見できるような状況にはなっていない」と語った。

当面は量的緩和政策を続けるというメッセージであった。

非不胎化介入

財務省もこの時期、デフレ脱却に向けて、手を打っていた。それが巨額の為替介入である。

二〇〇三年一月に通貨政策を担当する財務官に就任した溝口善兵衛（現島根県知事）は、過度な円高を防ごうと、円売りドル買いの為替介入を繰り返すことになる。

円高は、外貨ベースで輸出品が値上がりして、日本企業の輸出が不利になるだけでなく、輸入品が安く買えるようになり、国内物価を下げるデフレの要因となる。

溝口の就任時に一ドル＝一二〇円前後だった円相場は、ジリジリと円高へ向かっていた。三月に始まったイラク戦争が米国の不安要因となり、投機筋が円買いを仕掛けてきたことが影響していた。年末には一〇七円台になっていた。

前任の財務官、黒田東彦（在任期間：一九九九年七月～二〇〇二年一二月）も一三兆五六一八億円の為替介入を行った。だが、溝口はそれをはるかに上回るペースで介入を進め、最終的には総額三五兆一七七億円にも達した。当時の財務省幹部は「溝口さんが必死になって防衛していたのは、一ドル＝一一五円だった」と証言している。

一九八〇年代であれば、日本が円安誘導のために、大規模な為替介入を行うことはあり得なかった。日本企業の輸出が有利になる介入を、米国が許すはずがなかったからである。

だが、この時期は違った。溝口は退官後の二〇〇四年九月一七日にまとめた「為替随感」にこう記している。

「大量介入は、日銀が超金融緩和を続けてもデフレが止まらないという異常な状況下で、デフレをさらに深刻化させかねないドル安・円高の投機を抑制するために必要かつやむを得ざる対応であった」

「日本経済の立ち直りは、米国経済にも、世界経済にも必要なことでした。米当局はそのことをよく理解していたと思います」

つまり、米国も同盟国・日本がデフレに陥り、世界経済の中で存在感を失うことを懸念しており、「デフレ脱却」という目的だからこそ、大量介入を支持していたのである。

米国の支持の背景には、財務省の為替介入に歩調を合わせて、日銀が量的緩和政策の拡大を続けたことがあった。

ふつうの為替介入は、財務省が日銀を通じて円売りドル買い介入を行う。円売りドル買いの発注を受けた金融機関には、財務省・日銀から円資金が供給されて、金融機関が日銀に保有している当座預金残高に貯まっていくことになる。為替介入が金利の変動に影響を与えないようにするため、日銀は通常、この円資金を別のオペレーションによって吸収する。

こうしたふつうの為替介入を「不胎化介入」と言う。為替介入によって、インフレという子を胎《はら》まないようにする、という意味で「不胎化」と呼んでいる。

だが、この時期、日銀は金利政策を停止し、当座預金残高の「量」を目標とする量的緩和政策に切り替えていた。日銀は、金利を誘導する必要はなく、当座預金残高に貯まった円資金を放置することができた。財務省・日銀は、デフレ脱却のために、あえて放置しているのではないか、という見方が強まった。このため、「非不胎化介入」と呼ばれたのである。

福井は就任後、量的緩和をどんどん拡大していた。為替介入と合わせて見ると、確かに、財務省と日銀がデフレ脱却のために「連係プレー」をしているように見えた。

当時、財務省国際局長だった渡邊博史はこう証言する。

「『非不胎化介入』の議論を、財務省内で明示的にやったことはない。日銀と話し合った記憶もない。ただ、溝口さんが為替介入をし、福井さんが歩調を合わせるように当座預金残高の目標を引き上げていった。米国は、財務省と日銀の間で、密約があるとでも思っていたかもしれない。『事実上の非不胎化介入をしている』と評価していた。財務省・日銀はそれをあえて否定しない『大人の対応』を貫いた。両者の『あうんの呼吸』だった」

溝口や渡邊らの認識は、米国側の政策担当者の証言からも、裏付けられる。

米国の通貨政策を担う財務次官は経済学者で、一九九四年から二〇〇一年に日銀のアドバイザーをつとめたこともあるジョン・ブライアン・テイラーだった。テイラーは二〇〇七年に出版した回顧録（邦題『テロマネーを封鎖せよ』、日経BP社）にこう記している。

「日銀在任中にわたしはデフレ脱却の手段として通貨の供給量を増やすよう、ほかのエコノミストとともに繰り返し助言したことがある。一九九〇年代には日銀はこの助言に耳を貸そうとしなかったが、今になってやっと受け入れてくれた。この『量的緩和』を支援することがブッシュ政権の政策方針になった」

「過去には米国政府は、円安を目的とする日本の為替介入に対して好意的ではなかったが、介入についてより寛容な立場を採ることで、特に不胎化されない場合には、日本が通貨供給量を増やすことに協力できるようになった」

テイラーは溝口に介入をしたときには、メールや電話で連絡をするよう依頼した。毎朝、携帯電話でメールをチェックし、日本がデフレ脱却に向けて適切な政策を行っているのか、確認するのが日課となっていたという。

米財務省は、半年に一度各国の為替政策をチェックし、問題がないかどうかを議会に報告する「外国為替報告書」（二〇〇四年四月）にも、こう記している。

「（日本の為替介入は）日銀が長引くデフレを克服するために、ベースマネーを急激に拡大する金融政策に移行する時期と同時に行われた。介入による円資金の供給は、その不胎化が部分的にしか行われなかっためために、ベースマネーの拡大のための重要な一つの要素となった」

つまり、米国は、同盟国・日本の政府と中央銀行が「デフレ脱却」に向けて連携していると判断。米国産業にとって不利になる円の切り下げ（＝ドルの切り上げ）を容認していた。

福井総裁になってから、金融政策面以外にも大きな変化があった。それは、首相、官房長官、財務相、経済財政相の四人と、日銀の総裁と副総裁二人の計三人が定期的に、会食をとるようになったのである。

提案したのは、財務省出身の首相秘書官、丹呉泰健（のちに財務事務次官）である。

日銀総裁は月例経済報告の閣僚会議や経済財政諮問会議、答弁を求められた国会審議には出席するものの、永田町とは縁遠い存在であった。だが、丹呉には、経済政策を運営するうえで、政府と日銀の「あうんの呼吸」は大切だという問題意識があった。

丹呉は米国のホワイトハウスと米連邦準備制度理事会（ＦＲＢ）の関係などを調べた。大統領はＦＲＢ議長と定期的に朝食を食べながら意見交換をしていた。このやり方にならい、日銀に対し、定期的な会食を提案したのである。

最初の会食は四月八日、福井が就任して約二週間後だった。この日から約三カ月に一度程度、政府・日銀の間で、会食を通じて、さまざまなテーマについて意見が交わされるようになった。

政府・日銀の意思疎通は格段にスムーズになっていた。

地ならし

「日本経済はこのところ、ついに、バブル崩壊後の長く苦難に満ちた調整過程の終点に近づきつつあります。日本経済は、構造的な問題の克服へむけて大きな進展をみせてきました」

二〇〇四年七月五日、日本銀行金融研究所が毎年開いている国際コンファランスで、福井俊彦総裁はこう力を込めた。

量的緩和政策導入の翌二〇〇二年に景気は底を打った。不良債権処理も一段落し、二〇〇四年に入って景気回復は鮮明になっていた。一ドル＝一一〇円前後の円安によって輸出が好調だったことに加え、液晶テレビなど国内消費も上向きつつあった。

ただ、福井はこの場で「現在の景気回復が持続的な成長経路へと経済を押し戻すために十分な持続性と力強さを確実に備えているとまでは言い切れません」と控え目の景気認識も披露している。この時点で、量的緩和の解除を具体的に検討していたわけではなかった。政治的にもタイミングが悪かったからだ。

小泉首相は二〇〇四年後半から、持論である郵政三事業の民営化で大勝負に出ていた。全国特定郵便局長会とOB組織「大樹」は自民党の支持母体である。自民党内の郵政民営化反対派の集会には一〇〇人以上が集まったが、小泉は「改革の本丸」と位置づけ、強行突破しようとする。小泉内閣は二〇〇五年四月二八日、与党内の合意形成が不十分なまま、郵政民営化法案を閣議決定した。七月五日の衆院採決では自民党から反対三七票、棄権一四票が出たものの可決。しかし、八月八日、参院では自民党から反対二二票、棄権八票が出て、否決されてしまう。

普通の首相なら、ここで内閣総辞職をして終わる。だが、小泉は引き下がらなかった。小泉は「国民の声を聞いてみたい」と衆院を解散。造反者には自民党の公認を出さず、逆に「刺客」と呼ばれる対立候補を造反者の選挙区に送り込み、一切妥協しない姿勢で臨んだ。

九月一一日の投開票日、小泉率いる自民党は二九六議席を得て圧勝した。国民は小泉の気迫に圧倒され、郵政改革にGOサインを出したのである。公明党の三一議席を足すと、与党で三分の二を超える勢力となり、小泉政権は盤石となった。

福井が初めて量的緩和解除の時期について言及したのは、小泉が選挙後の新内閣を組閣した八日後の二〇〇五年九月二九日、大阪市内のホテルで開かれた大阪経済四団体共催懇談会の席上だった。

福井は「二〇〇六年度にかけて、(量的緩和解除の)その可能性が次第に高まっていくと考えています」と述べたのである。

二〇〇五年に入り、消費者物価(生鮮品を除く)上昇率はマイナス〇・一%を中心として、ゼロまでの間をさまよっていた。原油価格の値上がりが予想されていることに加え、電気・電話料金などの公共料金の引き下げもあったため、これらの要因を除けば、プラスを展望できる状況になっていた。

福井は物価がプラスになりそうで、政治的にも安定しているこのタイミングを見逃さなかった。

二〇〇五年一〇月三一日、日銀はさらに量的緩和解除に向けた意思を明確にする。

この日の「展望レポート」で、政策委員が見る物価予想の中央値を公表。二〇〇五年度の消費者物価(生鮮品を除く)上昇率をプラス〇・一%、二〇〇六年度を〇・五%と予測し、日銀が示してきた量的緩和解除の条件「消費者物価指数の前年比が安定的にゼロ%以上」を満たすという見通しを示したのだ。

そのうえで、展望レポートは「現在の金融政策の枠組みを変更する可能性は、二〇〇六年度にかけて高まっていくとみられる。枠組みの変更は、日本銀行当座預金残高を所要準備の水準に向けて削減し、金融市場調節の主たる操作目標を日本銀行当座預金残高から短期金利に変更することを意味する」と説明。つまり、量的緩和を解除して、金融政策を「正常化」する可能性について言及した。

だが、福井の動きに対し、政治側の反発は高まっていく。

このころ、政界では、二〇〇六年秋に迎える小泉の自民党総裁の任期満了を控え、ポスト小泉をにらんだ動きが活発になっていた。小泉がこのタイミングで首相を辞めると宣言していたからだ。その駆け引きの材料の一つとなったのが、小泉政権下の最後の経済財政運営の基本方針「骨太の方針二〇〇六」の策定作業であった。

小泉は、二〇一〇年代初頭に基礎的財政収支（プライマリーバランス＝ＰＢ）を黒字化し、新たな国債発行を行わないで政策経費をまかなえるようにする財政健全化の目標を掲げていた。ＰＢ黒字化は国の借金を増やさない「第一歩」とも言える。小泉は、後継者にこの目標の実現を託すつもりだった。そのために、どんなやり方があるのか、自民党内の議論にゆだねたのである。

首相秘書官の一人はこう振り返る。

「小泉首相自身は、任期中の消費増税を封印し、歳出抑制に力を注いできた。後継者には『構造改革路線』を引き継いでもらいたいと考えてはいたが、将来の消費増税を、否定はしていなかった。それは後継者の判断に任せるという姿勢だった」

この作業に参戦したのが、二〇〇五年九月二一日の組閣で、経済財政相になった与謝野馨と自民党政務調査会長に就任した中川秀直であった。

与謝野は戦前を代表する歌人、与謝野鉄幹・晶子夫妻の孫にあたる。二〇〇四年九月から自民党政調会長として、小泉が政治生命を賭けていた郵政民営化の法案をとりまとめ、頭角を現した。政局とは距離を置き、黙々と政策づくりに取りくむことから、「政策の職人」と呼ばれていた。

一方、中川は小泉の出身派閥に所属し、元日本経済新聞出身の政策通として知られていた。

この二人は、次の首相の経済政策の路線を敷こうと競い合うことになる。二人には決定的な違いがあった。

　与謝野はＰＢ黒字化の道筋を描くとき、経済成長率と税収を堅く見積もって考える。経済成長による税収増では増え続ける社会保障費をまかなえないことを明確にして、消費増税に道を開こうとしていた。

　一方、中川は日本経済にはまだまだ成長力があり、消費増税なしでも十分にＰＢ黒字化が可能だと主張していた。

　このため、与謝野は「財政再建派」、中川は「上げ潮派」と呼ばれていた。対立しているように見える二人だったが、将来の国民負担を最小化するために、歳出カットを進めることでは一致していた。そのプラン作りでは協力し合っていた。

　中川の議論の前提には、日銀の「適切」な金融政策運営があった。デフレから脱却していない状況で、量的緩和政策の解除は認められないという立場であった。

　中川の主張の肝が、名目国内総生産（ＧＤＰ）を重視する金融政策である。

　名目ＧＤＰは、物価変動の影響を含んだ付加価値の総体のことである。名目成長率とは物価上昇率を含む成長率であり、国民の実感に近い。物価が上がれば、名目成長率も高くなる。

　中川は、日銀が、指標の一つにすぎない消費者物価だけを基準にし、名目ＧＤＰや名目成長率を軽視していることに不満があった。中川は名目成長率四％を目標とするべきだと考えていた。そうすれば、経済成長と物価上昇によって、将来の消費増税幅を最小限に抑えることができると考えた。

　名目成長率四％は、二〜三％の物価上昇とともに、一〜二％ほどの実質成長率が上乗せされて達成できる数字である。「安定的にゼロ％以上」という日銀の「物価の安定」の定義とは大きく乖離《かいり》している考え方であった。

中川と立場をほぼ同じくする大物が、経済財政相から郵政民営化法案を担当する総務相に横滑りした竹中平蔵である。竹中は一一月九日の経済財政諮問会議で、こう強調している。

「やはりまだどうしても解決していない問題が一つある。それはデフレだ。今後の工程を考える上で、物価の上昇率が長期的に〇%なのか、二%なのか、三%なのか、これは将来的に議論されねばならないであろう国民負担を決定的に変える」

物価上昇率や名目成長率次第で、将来どれくらい増税しないといけないか、変わってくる。物価上昇率ゼロを前提とするなら、かなりの増税をしないといけない、という意味だ。

経済財政諮問会議は、日本銀行総裁がメンバーとなっている。この日は、竹中のかつての部下である岩田一政副総裁が総裁の代理で出席していた。物価上昇率ゼロで、量的緩和を解除しようとしている日本銀行を牽制する意味が込められた発言である。

中川と竹中に共通しているのは、日銀が量的緩和解除の条件とする「消費者物価指数の前年比が安定的にゼロ%以上」が低すぎるという点だ。中川や竹中は「二~三%」が相場だろうと考えていた。

政府・与党VS日本銀行の論争は、小泉純一郎首相の記者団によるぶら下がりにも持ち込まれた。小泉は一一月一四日、記者団とこんなやりとりをしている。

(記者) 総理はデフレの状況から見て、量的緩和の解除は時期尚早と考えるか?
(小泉) そうですね。まだ早いんじゃないですかね。
(記者) いつごろが適切と考えるか?
(小泉) それは、物価がゼロ以上、ないとね。まだデフレ状況ですよ。

小泉は、量的緩和の解除には否定的だった。ただ、デフレか否かの判断は、竹中や中川が言う「二〜三%」ではなく、日銀が言う「ゼロ」を基準にしていた。

量的緩和解除へ

日本銀行総裁、福井俊彦の量的緩和解除の決意は固かった。

「条件が満たされたか、客観的かつ冷静に判断し、判断にいたれれば、ただちに解除したい」

福井は二〇〇六年二月二三日の参院財政金融委員会で、こう答弁した。「ただちに」という表現を用いることで、次回の三月九日の政策決定会合で解除を提案すると強くほのめかしたのである。

福井の言う「条件」とは、消費者物価指数である。前年比で「安定的にゼロ以上」という状況ができることを、量的緩和政策の解除の条件としていたからだ。二〇〇五年一〇月以降、三カ月連続で前年比ゼロ%以上となっており、条件を満たしつつあった。

だが、政府内の意見は割れていた。日銀の政策決定会合に出席するのは、内閣府と財務省が派遣する政府代表である。内閣府の経済財政相である与謝野馨は二月二八日の記者会見で、日銀法を引用しながら「政府の経済政策との整合性もお考えいただくことになっている」と述べつつ、「金融政策というのは、日銀が決めてくださることになっています」と、日銀の判断を尊重する姿勢を示していた。谷垣禎一財務相も、与謝野に歩調を合わせた。

二人が容認した理由の一つが、二月一七日に発表された二〇〇五年一〇〜一二月期の国内総生産（GD

P）の成長率であった。物価変動の影響を取り除いた実質成長率が年率五％を超える高成長を記録したのだ。

さらに、三月三日に公表された一月分の消費者物価指数（生鮮品を除く）は〇・五％上昇となった。消費税率引き上げの影響があった一九九八年三月の一・八％以来、七年一〇カ月ぶりの高い伸びとなった。市場は量的緩和の解除を予測し始め、いよいよ現実味を帯びてきた。

こうしたなかで、強硬に反対をしていたのが官房長官の安倍晋三である。

安倍は次期首相の有力候補となっていた。小泉が二〇〇五年夏の郵政選挙の後、安倍を官房長官にしたことが、事実上の「後継指名」と受け取られたためであった。

このころの安倍は、金融政策が難解なこともあり、自身の考えに自信があるわけではなかった。安倍がアドバイスを仰いでいた米シティグループ証券のストラテジスト、藤田勉の著書『安倍晋三の経済政策を読む』（インデックス・コミュニケーションズ）にも、金融政策については一切、記述がない。むしろ、成長戦略などに関心があった。

このころの安倍の金融政策の先生は、同じ派閥の先輩で、自民党政調会長の中川秀直であった。二〇〇一年三月のゼロ金利解除のときに中川官房長官、安倍副長官という上司部下の関係だった。中川は当時、ゼロ金利解除に強く反対し、安倍もその経緯をよく知っていた。中川は今回も、量的緩和の解除に強く反対していた。

安倍は三日午前の会見で「デフレ脱却の兆しはあるものの、現状緩やかなデフレが継続しているとの認識には変わりはない。デフレ克服に向け、政府・日銀が協調し、一体となった取り組みが必要な状況には変わりがない」と述べて、量的緩和の解除を牽制した。さらに、会見後、場所を移し、記者団とオフレコの懇談を開いて、こう言った。

「量的緩和の解除は慎重に判断して欲しいと思っている。まだ早すぎるのではないか。なぜいまなのかが分からない」

これは意図的な発言であった。井上義行首相秘書官（のちに参院議員）は「安倍さんは報道される前提で発言した」と振り返る。官邸でのオフレコ懇談は、実名を書いてはならないが、官房長官の発言なら「政府高官」というクレジットで引用できる、という長年の慣例がある。井上は『政府高官』という名前で発信すれば、露骨な圧力にはならないが、日銀関係者には誰が発言したのか、すぐに分かる。その慣例を逆に利用した」と話す。

その意図通り、この発言は「政府高官」という名前で報道され、波紋が広がっていく。

安倍はこの日の昼、官邸を抜け出し、ひそかに福井俊彦総裁に会い、こう迫っている。

「(量的緩和の）解除は早すぎるのではないか」

福井は「さまざまな意見があることは存じています」と応じたが、政策決定についての言質は与えなかったという。

安倍はこの日のうちに、福井とのやりとりを小泉に報告した。だが、小泉は、量的緩和解除の是非について、態度を明確にしなかったという。

政策決定会合をあさってに控えた三月六日の参院予算委員会。小泉は政府参考人として出席していた福井を前に、こう語った。

「デフレ脱却の兆しは見えてきたものの、このままデフレ脱却と言っていいのかどうかという点については、私も慎重的な立場でありますので、その点はよく考えて、仮に量的緩和を解除したといったときには二度と、元に戻すというようなことはあってはならない」

小泉は政局で勝負するときには、ぶら下がりや国会答弁などで突然、沈黙を破り、率直な意見を語り出すことがある。二〇〇五年の郵政解散の直前にも、郵政民営化法案に反対する自民党議員の動きを、突然「倒閣運動」と表現し始めたタイミングがあった。

このときも、同じだった。小泉は、それまであまり語ろうとしなかった金融政策に関する考え方を、公開の場で吐露した。それは福井に対するメッセージであった。

ただ、小泉があらゆる手段を講じて、持論を押し通そうとしているわけではなかった。小泉はこの場で、こう付け加えている。

「金融政策にとっては日銀が独自の判断をすべきものだという点は私も承知している」

日銀の判断は尊重する、ただ、結果の責任は日銀に負ってもらう——。こんな風に言っているようだった。

この日の夜、小泉は、与謝野、福井日銀総裁、日本経団連会長の奥田碩、民間議員の本間正明阪大教授、吉川洋東大教授ら経済財政諮問会議のメンバーを官邸に招き、食事をした。ひとしきり世間話を終えたころ、小泉は静かにしていた福井に「総裁のご意見をお聞かせ願いたい」と発言するよう促した。

福井は戸惑っていた。だが、意を決したように、経済情勢についての持論を展開し、小泉は、それに異論や反論を差し挟むことはなかったという。

出席者の一人は、「首相が量的緩和の解除を容認した」と受け止めた。

二〇〇六年三月九日、日銀は量的緩和政策の解除に踏み切った。九人の政策委員のうち、元三井物産副社長の福間年勝（欠席）、元東京三菱銀行副頭取の中原真を除く七人が賛成した。

「物価安定の理解」

量的緩和の解除に合わせ、日本銀行は「新たな金融政策運営の枠組み」を導入すると発表した。それが、「中長期的な物価安定の理解」という物価の数値イメージである。

日銀総裁や副総裁を含む九人の政策委員が議論した結果、物価上昇率「〇～二％」と「中長期的にみて物価が安定している」という理解に到達した、というものだ。「委員の中心値は、大勢として、おおむね一％の前後」としており、「一％」という数字も示した。

もともと、総務相の竹中平蔵や自民政務調査会長の中川秀直が、政府と日銀が物価目標を共有するインフレ目標政策の導入を求めてきた。

一方、福井は目標や目安となる具体的な物価水準の数字の公表に反対していた。

福井が渋っていた理由は、政策の柔軟性がなくなってしまうと考えたためだ。目標物価を公表してしまうと、それを下回ると緩和、上回ると引き締めというように、ルールベースで政策を運営するという「予断」を与えることとなりかねない。実際の金融政策運営は総合判断であり、そんなに単純なものではない、というのが福井の持論であった。

ただ、日銀の政策委員会にも、導入に賛成する委員が二人いた。

副総裁の岩田一政は、量的緩和解除後の政策について『物価安定のアンカー（錨《いかり》）』をどのように設定するかという課題を議論することが重要である」（二〇〇五年一一月三〇日の講演）と繰り返し、インフレ目標の設定を主張していた。審議委員の中原真も、「私は、就任当初から金融政策の透明性向上を重視してきており、そのフレームワークとして、インフレ参照値——これは『望ましい物価上昇率』と言ったほうが正しいが——の導入を主張してきている」（二〇〇五年五月二七日の記者会見）とほぼ同じ意見であった。

量的緩和を解除すれば、次に焦点になるのはゼロ金利の解除、すなわち利上げのタイミングである。政策運営の目安なり明確な基準なりがなければ、日銀が安易な利上げに突き進みかねない——。「量的緩和の解除」と「インフレ目標の設定」がリンクする状況が生まれていた。

中川秀直はこのころ、副総裁の武藤敏郎とひそかに面会を重ねていた。量的緩和解除に納得はしていなかったが、二〇〇一年のゼロ金利解除のときの経験から、政府・与党が日銀を制止し続けられるものでもない、ということも理解していた。

このため、中川は「量的緩和解除を容認する代わりに、インフレ目標を設定することを求める」という条件闘争を始めていた。

日銀執行部は、中川らの意向を察知し、量的緩和解除を優先しつつ、何らかの物価水準の数値を示す腹づもりになっていた。ただ、政策委員会は合議制であり、過半数が賛成する内容でなければ、実現できないのも事実である。

日銀企画局の職員は、政策委員の感触を探る作業に奔走した。そもそも、物価の数値を示すことに反対する委員が多いなか、どのような形であれば、認めうるのか。

その妥協点が「政策委員の理解」であった。九人の意見を集約はしない。政策委員がそれぞれ望ましい物価上昇率の見解を出しあい、その幅と中央値を公表する——。インフレ目標に反対してきた政策委員も、「そういう趣旨なら」と賛成した。

福井は九日の会見で、「中長期的な物価安定の理解」について、「『目標値』でも『参照値』でもなく、あくまで『理解』だ。ルールベースで金融政策を運営するわけではない」と語った。数値を達成していようといまいと、金融政策とはリンクしないという説明だった。

「一つのたたき台として評価したい。今後の運用状況をしっかり見させていただく」

官邸で取材に応じた中川は記者団に前向きなコメントをした。金融政策の目的である「物価安定」（日銀法第二条）の定義について、日銀はこれまで物価上昇率「ゼロ」と主張してきた。今回の「物価安定の理解」は、インフレ目標政策とはほど遠い内容ではあったが、日銀が自ら「〇〜二％」という数値を示したことを一歩前進と捉えることもできたからだった。

だが、中川の同志である総務相の竹中平蔵は違った。

「物価水準の目標や達成時期を示すことが（中央銀行の）説明責任だが、今回の示し方は程遠く大変残念な結果だった」

「インフレ目標」でも「参照値」でもないなら、公表の意味はないと言わんばかりだった。物価安定と「理解」する物価上昇率が「〇〜二％」とされたことも、こう突き放した。

「物価目標を掲げている国は一〜三％（の上昇）が多い。ゼロはマイナスになる近傍も入る。もう少し踏み込んでいただきたかった」

参考資料❸＝「物価安定」についての考え方（二〇〇六年三月九日）

「物価の安定」とは、家計や企業等のさまざまな経済主体が物価水準の変動に煩わされることなく、消費や投資などの経済活動にかかる意思決定を行うことができる状況である。

（中略）

わが国の場合、もともと、海外主要国に比べて過去数十年の平均的な物価上昇率が低いほか、九〇年代以降長期間にわたって低い物価上昇率を経験してきた。このため、物価が安定していると家計や企業が考える物価上昇率は低くなっており、そうした低い物価上昇率を前提として経済活動にかかる意思決定が行われている可能性がある。金融政策運営に当たっては、そうした点にも留意する必要がある。

本日の政策委員会・金融政策決定会合では、金融政策運営に当たり、中長期的にみて物価が安定していると各政策委員が理解する物価上昇率（「中長期的な物価安定の理解」）について、議論を行った。上述の諸要因のいずれを重視するかで委員間の意見に幅はあったが、現時点では、海外主要国よりも低めという理解であった。消費者物価指数の前年比で表現すると、〇〜二％程度であれば、各委員の「中長期的な物価安定の理解」の範囲と大きくは異ならないとの見方で一致した。また、委員の中心値は、大勢として、おおむね一％の前後で分散していた。「中長期的な物価安定の理解」は、経済構造の変化等に応じて徐々に変化し得る性格のものであるため、今後原則としてほぼ一年ごとに点検していくこととする。〔傍線は筆者〕

デフレ脱却の定義

「デフレ脱却という言葉が随分使われます。実は私も、意識するとしないとにかかわらず、あちこちで使っています。しからば、デフレ脱却というのは何をもってデフレ脱却というのか、その考え方と、誰がデフレ脱却というふうに今判断をするのか」

量的緩和解除の三日前の二〇〇六年三月六日、参院予算委員会。小泉純一郎首相や与謝野馨経済財政相に対し、平野達男参院議員（民主党）はこう詰め寄っていた。

日銀の福井総裁は量的緩和の解除について「消費者物価指数の前年比上昇率が数カ月間、ゼロ以上が続くこと」と「先行きの見通しでマイナスにならないこと」の二つを条件にしていた。だが、政府も日銀も、「デフレ脱却の定義」を持っていたわけではなかった。

このころ、日銀が量的緩和を解除するのではないかという臆測が流れ、自民党の中川秀直国対委員長ら政府・与党幹部からは、反対する発言が相次いでいた。

与謝野は「経済の状況が、実質成長率も名目成長率も一定以上のプラスになり、物価も安定的に推移をし、また経済成長に伴う健全な物価上昇が起こっているという、まあ全体の状況を判断する」と説明。「何か決められた方程式があるわけではありません」と述べてかわそうとした。

だが、平野は収まらなかった。

「政府もこのデフレ脱却については、きちっとした分かりやすい、新たな目安を設定すべきだと考える。これをぜひ政府の公式見解として出してもらうことを要求したい」

平野がこう質問したのには理由がある。

首相の小泉も、竹中平蔵総務相も、まだデフレからは脱却していないと説明していたが、その理由はそれぞれ違っていた。政府・日銀で統一された定義がなければ、「デフレから脱却した」という認定は説得力を持たないし、量的緩和の解除の判断基準にもなり得ない。そう考えたからだった。

平野は「総理の言っておられるそのデフレ脱却という定義すらはっきりしない、こういうなかで議論がどんどんどんどん出ていくというのはおかしい」と詰め寄り、後日、予算委員会の理事会にデフレ脱却の定義を提出するよう求めた。

これを受けて、政府内でデフレ脱却の定義を検討することになったのが、内閣府の経済分析担当である。政府はこれまで「物価が持続的に下落する状況を脱し、ふたたびそうした状況に戻る見込みがないこと」と説明してきた。ただ、どのような経済指標を見て判断するのかということについて、定まった見解はなかった。

内閣府の経済分析担当は、統一見解の策定に着手した。このときの担当者の一人は、デフレ脱却の定義について「実際の政策運営とは切り離して、純粋に経済学的な見地から定義しようと心がけた」と振り返る。

三月一五日、内閣府は参院予算委員会に、「デフレ脱却の定義と判断について」という資料を提出した。デフレ脱却と判断するに当たり、「『消費者物価』や『GDPデフレーター』等の物価の基調は背景を考慮し慎重に判断する必要がある」とした。この「背景」の判断材料として、「需給ギャップ」や「ユニット・レーバー・コスト」の二つを挙げた。

これまで、政府・日銀は「消費者物価」だけを基準にしていた。この資料は、さらに三つの指標を判断材料として加えたのである。

「ＧＤＰデフレーター」とは、国内総生産（ＧＤＰ）統計で名目ＧＤＰと実質ＧＤＰの差分を計算したものので、物価動向を示す。その計算方法から、円安で実際の輸入物価が上がっても、逆に下がってしまう。つまり、消費者物価と合わせて確認することで、国内物価の上昇かどうかを見ることができる。

「需給ギャップ」は国内の需要と供給力の差を表す。需要が供給力を下回っている間は、物価を押し下げる力がある状況と言える。「ユニット・レーバー・コスト」は一定量のモノをつくるために必要な労働費用である。賃金は労働の値段であり、個人消費を左右する。

資料は「ある指標が一定の基準を満たせばデフレを脱却したといった一義的な基準をお示しすることは難しい」と説明。四指標がどのような条件を満たせば、デフレ脱却と判断するのか、定義を避けている。ただ、消費者物価以外に、マクロ経済全体の需要の強さや、賃上げ動向などの三つの指標が加わったことで、「デフレ脱却宣言」へのハードルは格段に上がった。

この資料が、政府内のデフレ脱却をめぐる判断を縛ることになる。

―参考資料❹―＝デフレ脱却の定義と判断について

平成一八年三月一五日
参議院予算委員会提出資料

○「デフレ脱却」とは、「物価が持続的に下落する状況を脱し、再びそうした状況に戻る見込みがないこと」
○その実際の判断に当たっては、足元の物価の状況に加えて、再び後戻りしないという状況を把握するためにも、消費者物価やGDPデフレーター等の物価の基調や背景（注）を総合的に考慮し慎重に判断する必要がある。
（注）例えば、需給ギャップやユニット・レーバー・コスト（単位当たりの労働費用）といったマクロ的な物価変動要因
○したがって、ある指標が一定の基準を満たせばデフレを脱却したといった一義的な基準をお示しすることは難しく、慎重な検討を必要とする。
○デフレ脱却を政府部内で判断する場合には、経済財政政策や経済分析を担当する内閣府が関係省庁とも認識を共有した上で、政府として判断することとなる。

村上ファンド問題

二〇〇六年六月一三日の参院財務金融委員会。日銀総裁の福井俊彦の答弁が波紋を呼んでいた。

「(富士通総研理事長時代に）有志数人で、私も入り、私どもサラリーマンとしては負担感が重い一人一千万円と、こちらから見れば資金繰り負担感の重い拠出をして、彼の当初の志を激励しようと、サポート

しようと、こういう意味で資金を拠出した」

「彼」とは、この直前、証券取引法違反容疑で逮捕された村上世彰容疑者のことだ。通商産業省（現経済産業省）を辞めた村上が、日本に「ものを言う株主」の文化を根付かせようと設立した「村上ファンド」に対し、福井は一千万円の資金を拠出していた、というのだ。

福井の説明によれば、福井は一九九八年春に日本銀行副総裁を退任し、富士通総研の理事長に就任したとき、通産官僚だった村上と知り合った。

村上は一九九九年にファンドを立ち上げた。福井は、村上に「お金を集める自信がない」と出資を持ちかけられ、福井は二〇〇三年三月に総裁に就任するまでの民間人であった期間に、出資をしていた。さらに、コーポレートガバナンスについて、時折助言もしていたという。

村上ファンドは二〇〇三年、当時フジテレビの親会社であったニッポン放送の発行済み株式の七％を取得し、二〇〇四年には筆頭株主になった。親会社を子会社化したいフジテレビと、堀江貴文（通称・ホリエモン）率いるライブドアとの間で争奪戦となったが、村上はそのニッポン放送株の売買をめぐり、インサイダー取引の疑いがかけられていた。

「日本銀行員の心得」では、個人的利殖行為について「職務上知ることができた秘密を利用した個人的利殖行為は、厳に行ってはならない」と規定する。さらに、いまの仕事との関係がなくとも「世間からいささかなりとも疑念を抱かれることが予想される場合には、そうした個人的利殖行為は慎まなければならない」と定めている。

福井が出資したのは民間人時代である。しかし、その後、福井が村上ファンドへの投資によって、一四七三万円もの利益を得ていたことが分かると、世論の批判は頂点に達した。

さらに、二〇〇六年一月にライブドアへの強制捜査が入ると、福井はその翌二月に、村上ファンドとの契約を解約した。これは、福井が量的緩和解除に踏み切った三月の直前であった。

「究極のインサイダーだ」

民主党代表の小沢一郎はこう追及し、辞任を迫る事態に発展した。

だが、首相の小泉純一郎は淡々としていた。

「日銀のルールに則って、していればいいんじゃないですか」

「(野党は) 何でも辞任すればいいと思っている。私に対しても何回退陣しろと言った？ もっと冷静に考えた方がいいんじゃないですか？」

小泉は記者団の取材に対して、こうした答弁を繰り返した。金融・経済財政相の与謝野馨も「総裁就任前に民間人として拠出したもの。それ自体は問題がない。不適切と言われる根拠は見いだせない」と福井をかばった。

小泉の首相秘書官は「福井は小泉が任命した日銀総裁であり、辞任となれば、自らの任命責任を問われかねなかった」と振り返る。小泉は福井を最後まで守った。

だが、日銀に対する世論の反応は厳しかった。日銀の政策に対して、より厳しい視線が注がれることになった。

ゼロ金利解除

「早めに、小刻みに、ゆっくりと政策対応していく」

二〇〇六年六月二〇日、東京・内幸町の日本記者クラブ。講演をした福井俊彦総裁は記者会見のなかで、こう語った。

福井はそれまで金融政策の運営方針について「ゆっくりと金利水準を調整していく」と説明してきた。そこに「早めに、小刻みに」が付け加えられていた。予想していたよりも企業の設備投資が強いという認識を強調しており、ゼロ金利政策の早期解除をためらわないという意思表示にも聞こえた。

その認識を裏付けることになったのが、七月三日の日銀短観である。

大企業製造業の業況判断指数が２四半期ぶりに改善した。特に設備投資計画は、大企業も中小企業も三月短観から上方修正となった。特に大企業は、この時期としてはバブル絶頂期の一九九〇年以来となる二けた増を記録。景気の過熱への警戒感が出る状況になった。市場のゼロ金利解除の観測が強まった。

政府内の意見は割れていた。

「デフレから確実に脱却をし、後戻りをすることがないよう、日銀においては引き続き政府と一体となって、取り組んでいただきたい。当面はゼロ金利を継続することにより、金融面から経済を十分支えていただく必要がある」

官房長官の安倍晋三はこの日の会見で、福井の動きを牽制した。

一方、経済財政相の与謝野馨はまったく違った。

「内閣府の文書ではデフレということばをずっと使ってきたが、そのようなことばが引き続き適当なことばとして日本経済を表すことばなのかは、一度考えないといけない」

与謝野は月例経済報告にある「デフレ」という文言を外すことを示唆したのだ。さらに「七月にやっていただいても、八月にやっていただいても、日銀が国の機関としての独立性をもってやる判断。従って、自らの責任と見識で判断してくださるものと信じている」と、日銀の判断を尊重する姿勢を鮮明にした。

この対立を収めたのは、首相の小泉純一郎だった。この日の記者団の取材で、安倍と与謝野の見解の相違について尋ねられ、小泉は「大した違いはないんじゃないですか。ニュアンスだけじゃないですか」「デフレの状況をよく見きわめて、日銀が判断することですけども、私は大した違いはないと思います」と述べた。

「大した違いはない」と言いながら、「日銀が判断すること」としていて、基本的には与謝野のスタンスに近いニュアンスだった。

日銀は一四日の金融政策決定会合で、短期金利をほぼゼロ％に抑える「ゼロ金利政策」を解除した。金利引き上げは二〇〇〇年八月以来、約六年ぶり。短期金利の誘導目標を、年〇・二五％前後に引き上げることも決めた。政策委員の全員一致の決定であった。

「連続利上げを意図していない」

福井は決定会合後の会見で、こう力を込めた。

小泉の支持を得ながら、着実に金融政策の正常化を進めつつ、安倍らの要求もしっかり聞いている、というアピールに聞こえた。

幻の「デフレ脱却宣言」

二〇〇六年七月一八日、経済財政相・与謝野馨の記者会見でのこんな発言が波紋を呼んでいた。

「一つの内閣が五年間のいろいろな努力の成果を総括するという意味では、そういうことはあり得る話だし、その五年間の総括をするということは、それは意味のあることだ」

「そういうこと」とは「デフレ脱却宣言」のことである。

小泉純一郎首相は就任五年を迎え、九月には自民党総裁の任期を終えようとしていた。小泉政権の経済運営の成果という文脈で、デフレ脱却を宣言しようというのである。

消費者物価指数（生鮮品を除く）はこの年の五月から安定的にゼロを上回るようになりつつあった。景気は二〇〇二年一月から拡大を続けており、このままいけば、秋には戦後の東京五輪の後に迎えた高度成長期の「いざなぎ景気（一九六五年一〇月～七〇年七月の五七カ月）」と並ぶ。いわゆる「いざなぎ超え」が現実味を帯び始めていた。

政府の経済認識を決める立場にある与謝野は、「五年にわたる小泉政権の経済政策を総括して『デフレ脱却宣言』をしたらいいのではないか」と考えていた。八月八日の月例経済報告の関係閣僚会議で「私自身としては、デフレからはもうすでに脱却していると考えている」と踏み込んだ。翌月の月例経済報告では、デフレ脱却宣言を出したい、と言っているようなものであった。

与謝野の動きに強く反発したのが、総務相の竹中平蔵である。竹中はこの場で「とても『デフレ脱却』と胸を張って言える状況にはない」と反論した。物価はまだゼロを少し上回っているだけで、ふたたびマイナスに戻る危険性は消えていないと考えていたからだ。

竹中にはもう一つの危惧があった。それは、日本銀行の「暴走」である。

日本銀行は量的緩和を解除したものの、低金利政策を続けている。もし、政府が「デフレ脱却」を宣言してしまえば、さらなる利上げの口実を与えてしまうようなものだ――。こう考えていた。

小泉は八月下旬、与謝野や竹中にこう言い渡した。

「私の退任前にデフレ脱却宣言をしたいという考えもあるようだけど、その必要はない。私に配慮したような政治判断は一切しないように」

これは「変人」小泉らしい発言だった。一九九七年、厚生相だった小泉は国会議員永年在職表彰（二五年）を辞退した。表彰を受けると国会内に肖像画が飾られ、年額三六〇万円の特別交通費を受け取れるようになる。だが、小泉は「二五年で国の財政も悪化した。その責任がある自分が表彰を受けて、特典を得るのはおかしい」とすべての特権を自ら放棄した。

首相秘書官の一人はこう言う。

「小泉首相は政治家が表彰や勲章を受けることには疑問を持っていた。ましてや、政治家の名誉欲によって、政策判断がゆがめられることも、あってはならないと考えていた」

さらに、小泉は八月二九日、訪問先のウズベキスタン・タシケントで、記者団に対し、デフレ脱却宣言について、こう語っている。

「現実の指標を見て、客観的に判断して欲しい。私が退任前にそういう状況にならないなら、その必要はないし、完全にデフレ脱却したという状況、誰が言っておかしくない、いろんな指標から客観的に見て、（そうだ）と言うなら（デフレ脱却宣言すれば）いい」

この小泉発言で、ボールはふたたび、内閣府の事務方に戻ってくることになった。

もし、デフレ脱却宣言をするならば、竹中を納得させるロジックをつくらないといけない。逆に、デフレ脱却の認定を見送るなら、上司の与謝野を説得しないといけない。「両雄並び立たず」という状況に陥った。

事務方がよりどころとしたのは、三月に国会に提出した「デフレ脱却の定義と判断について」である。

これに基づけば、四つの指標のうち、唯一消費者物価だけ、かろうじてプラスになったにすぎなかった。ほかの三つの指標は条件を満たしていなかった。つまり、デフレ脱却と判断できる状況にはなかった。

ただ、与謝野はすでに「一人デフレ脱却宣言」をしている。上司である与謝野の顔をつぶすわけにもいかなかった。

九月一五日にまとめた月例経済報告（九月）は、デフレ脱却の正式な認定を持ち越した。だが、二人の顔が立つよう工夫が凝らされていた。これまでの月例経済報告に一カ所入っていた「デフレ」という言葉を削除したのである。

与謝野はこの日の会見で、こう述べた。

「今回の物価判断は、『物価が持続的に下落する状況にはない』ということを意味しており、デフレ脱却の判断を示したものではない。そうした状況に後戻りするリスクとして、今後の海外経済動向などが残っているものの、国内の需給状況の改善が続いていることから、先月と比較して判断を一歩進めた」

脱却宣言を見送ることで、竹中に配慮したとも言えるが、「デフレ」の文言がなくなることで、与謝野は「デフレではない状況」と言うこともできる。

「玉虫色」の決着であった。

追加利上げ

二〇〇六年九月一八日朝、都内の全日空ホテル。官房長官の安倍晋三は、小泉内閣で経済政策の司令塔を担った総務相の竹中平蔵と向き合っていた。

「増税を言い出すと、無駄をなくす努力が緩みます。『小さな政府』を掲げて、改革を前進させるべきです」

安倍は約三時間、竹中が集めた大田弘子政策研究大学院大教授や八代尚宏国際基督教大教授、伊藤隆敏東大院教授ら六人から、経済政策の「講義」を受けていた。

この二日後、安倍は自民党総裁選で、麻生太郎らを破り、戦後最年少（五二歳）の首相となった。

安倍の祖父は「昭和の妖怪」と呼ばれた岸信介元首相、父は首相の座を目前に病死した「政界のプリンス」安倍晋太郎元外相である。「華麗なる一族」の末裔である安倍だったが、一九九三年の初当選からしばらくは地味な存在であった。安倍を首相候補に押し上げたのは、官房副長官時代の北朝鮮による日本人拉致事件への対応である。拉致被害者家族の絶大な信頼を得て、北朝鮮に強硬な姿勢で向き合う安倍は、国民的な人気を博すようになる。前年夏の郵政選挙の後には、国民の絶大な支持を得た小泉から官房長官を任され、後継首相への流れはできた。

安倍は「美しい国」を掲げ、憲法や教育基本法の改正を政権の重要課題に位置づけた。だが、経済政策について独自の理念を持ちあわせてはいなかった。このため、安倍は小泉や竹中の人脈を重用し、構造改革路線を引き継いだ。大田は経済財政相に、八代や伊藤は経済財政諮問会議の民間議員に登用した。竹中は一貫して、日本銀行にインフレ目標の導入を求めてきており、大田や伊藤はその賛同者であった。特に、伊藤は『インフレ・ターゲティング』（日本経済新聞社、二〇〇一年）や『インフレ目標と金融政策』（東洋経済新報社、二〇〇六年）などの著書があり、竹中以上に筋金入りの人物であった。

だが、首相になった安倍を待っていたのは、福井俊彦総裁の金融政策「正常化」に向けた確固たる意思であった。

福井は七月のゼロ金利解除のとき、「連続利上げを意図していない」と語っていたが、実際にはその年の秋ごろから利上げに向けて動き出していた。福井は一一月二八日の名古屋の経済界との懇談で、次の利上げについて「遅すぎない、かつ早すぎない難しいタイミングの選択を真剣にしていきたい」と強調。「非常に低い金利水準はある時期、適切な調整を加えていくことによって先々の景気の振幅をより少なくすることができる」と述べ、利上げがかえって経済に好影響を与えるとの見解を示した。

この発言を知った安倍は一二月五日、福井と会談し、意見交換した。

安倍はこの日、記者団の取材に「政府は歳出改革を持続して進めていく。（日銀には）金融政策で経済を支えて欲しい。安定的な成長を目指して日銀と政府が協調していくことが大切だ」と述べ、追加利上げに慎重な姿勢を強調した。

一月に入ると、日銀内で利上げを求める声が強くなっていく。一八日の金融政策決定会合では、須田美矢子、水野温氏、野田忠男の三審議委員が追加利上げを提案。否決されるものの、日銀内の強い「利上げ圧力」が市場にメッセージとして伝わる結果になった。

自民党幹事長になった中川秀直らは、議決延期請求権の行使をちらつかせて、追加利上げを牽制する発言を続けた。だが、政府・与党内の大きな声とはならなかった。尾身幸次財務相が、議決延期請求権の行使に慎重だったからだ。

安倍は同じ派閥出身で、しかも二〇歳以上年長の先輩である尾身に意見することはできなかった。

政府・与党の足並みがそろわないまま、二月二一日の金融政策決定会合を迎えた。

政策委員の多くは「低金利が経済・物価情勢と離れて長く継続するという期待が定着すると、資金の流れや資源配分にゆがみが生じる。息の長い成長が阻害される可能性がある」という立場で、利上げに賛成した。

だが、副総裁の岩田一政の見解は違った。

「賃金や個人消費の弱めの動きが払拭されていない。生産面で踊り場となる可能性が高く、物価上昇率の先行きに不透明感が強い」

利上げへの明確な反対だった。だが、ほかの委員に賛同は広がらなかった。

議長役の福井俊彦総裁が「岩田さん以外の委員の意見は、集約されたのではないか」と締めくくり、短期金利の誘導目標を〇・二五%前後から〇・五%前後に引き上げることを提案した。午後一時ごろ、政府側の出席者が内部の意見調整のため、中断を申し出た。

二〇分後に再開された会合では、政府代表の二人が見解を述べたが、財務省と内閣府で見解が分かれた。

田中和徳財務副大臣は「具体的な金融政策運営については日本銀行にゆだねられており、政策変更については政策委員会のご判断にお任せしたい」と、日銀に理解を示した。一方、浜野潤内閣府審議官は「デフレから脱却するかどうかの正念場であり、また消費も足もとが弱いというきわめて重要な局面であることに鑑みれば、責任を持って金融面からしっかり経済を支えていただくことが重要であり利上げを急ぐ局面ではない」と利上げに反対した。

福井は採決に踏み切った。岩田だけが反対票を投じたものの、「八対一」で利上げが決まった。

安倍はこの日夕、記者団に「現在の物価情勢、経済の情勢やリスク、そうしたものを総合的に勘案しながら、責任を持って日銀が適切に判断したものと思う。この金融政策は日銀の専管事項です。そのなかで責任をもって判断をされたと、このように思っている」と語った。

安倍は表立って日銀を批判することはなかった。だが、周辺にこう語っている。

「首相が日銀に対して何もできない。おかしくないか」

日銀に対する不信感が、のちにアベノミクスを生み出す原動力となるのである。

それぞれの総括

丸五年続いた量的緩和政策（二〇〇一年三月～〇六年三月）は、世界でも過去に例がない政策であった。この壮大な実験が、本当にデフレ脱却や景気回復に有効だったのかどうか──。終了後、日銀や経済学者らはそれぞれの立場から研究を行い、結果を公表している。

日銀内で支配的な見解は、のちに総裁となる白川方明の『現代の金融政策』（日本経済新聞出版社、二〇〇八年）に詳しく記されている。

要約すると、量的緩和政策は、不良債権を抱えて苦しむ金融機関が助けられ、信用収縮を防ぐ効果があったとする一方、物価を押し上げる効果は薄かったというものだ。むしろ、銀行間で資金のやりとりをする短期金融市場の取引が大幅に減ったことなどを指摘し、市場の資源配分機能を低下させてしまうなどの副作用も大きい、と指摘している。

一方、リフレ派の立場はまったく違った。

原田泰早大教授（のちに審議委員）と内閣府の官庁エコノミストの増島稔が二〇〇八年に発表した論文は「量的緩和政策は経済活動を活性化する効果があった」と結論づけている。

論文は、市場に出回るお金の増加は、国内の生産活動を活性化する効果があったと指摘。さらに、金融資産価格の下支えや上昇、銀行のバランスシートの改善を通じて、消費や投資を刺激する効果もあったとしている。

そのうえで、量的緩和政策は、バブル崩壊後の一九九〇年代にも威力を発揮したはずであり、もっと早く実現していれば、日本経済がデフレに陥らずに済んだかもしれない、と示唆した。

本多佑三関西大教授や黒木祥弘千葉大教授、立花実大阪府立大准教授が二〇一〇年に公表した論文も、結論はほぼ同じであった。

こうした論文は、のちに第二次安倍政権の経済ブレーンとなる浜田宏一米エール大名誉教授の目にとまり、著書などで引用されるようになる。のちに首相に返り咲く安倍晋三は、ゼロ金利解除と量的緩和の解除のときの違和感から、浜田らと交流を深めるようになり、リフレ派の理論を身につけていくようになる。

日本の量的緩和政策の評価の違いは、この後の政治VS日銀の対立へとつながっていく。

第3章 リーマン・ショックと白川日銀

2008年、米リーマン・ブラザーズの破綻を受け大幅な下落に見舞われた東京株式市場

ねじれ国会

安倍晋三は呆然《ぼうぜん》としていた。

二〇〇七年七月二九日、参院選の投開票日。自民党本部は静まりかえっていた。自民党三七議席、民主党六〇議席。歴史的な大敗であった。

安倍は前首相の小泉純一郎から事実上、首相の座を「禅譲」された。このため、「小泉構造改革」を大きく変えることができなかった。しかし、このころ、「小泉構造改革」が人々の経済格差を拡大した、という世論が強くなっていた。

野党・民主党の代表、小沢一郎は自民党幹事長だった人物である。自民党の選挙戦略を熟知していた。その分析を踏まえ、もともとの民主党の「改革政党」路線を軌道修正し、「国民の生活が第一」というスローガンで闘った。その戦略が功を奏した。

安倍は参院選翌日の三〇日の会見で、こう語った。

「(構造)改革の影の部分に光を当てなければならない。この思いで、地方の活性化、成長力の底上げ戦略を進めていく」

安倍は、参院選の敗北の一因を「構造改革」路線だと考え、軌道修正する姿勢を示した。安倍はこの日、いったん続投を決めた。だが、二カ月後には自らの体調不良を理由に辞任を表明してしまう。

この選挙では、民主党が参院の第一党となった。衆参の第一党が違う「ねじれ国会」の出現であった。

政府・与党は、法案一つ通過させるにも、民主党の顔色をうかがう必要があった。

政権を引き継いだのは同じ派閥「清和会」出身で、福田赳夫元首相の長男、福田康夫であった。福田は九月二六日に首相になると、この「ねじれ国会」に苦しめられる。

その最大の関門が日本銀行の正副総裁の人事である。

福井俊彦総裁の任期は二〇〇八年三月まで。わずか半年以内に、人事を決める必要があった。しかも、首相が任命しただけでは決まらず、衆参両院の同意が必要であった。参院第一党となった民主党は、人事の拒否権を持つことになった。

さらに、テロ対策特別措置法の期限も切れていた。福田は、日米同盟を重視する立場から、アフガニスタン作戦に従事する米軍への海上自衛隊による給油は、なんとしても再開したかった。

こうした状況を打開するために浮上したのが「大連立」である。

自民、公明両党と民主党が閣僚を出し合い、一緒の政権を担う——。そんな「大連立」が実現すれば、国政運営が停滞することはなくなる、というアイデアだった。

仲介役となったのは、読売新聞グループ本社会長の渡邉恒雄である。ただ、福田と小沢のどちらが先に「大連立」を持ちかけたのかについては、証言は食い違う。渡邉は「小沢さんからのアプローチだった」(二〇〇七年一二月二二日の日本テレビ番組)と証言している。一方、小沢側近によれば、福田が渡邉を通じて、小沢サイドに話を持ってきたという。

真相は定かではない。いずれにしても、このままでは、福田はそう遠くない時期に、政権運営が行き詰まる恐れがあった。福田にとっては、「大連立」によって局面を打開できるなら、これほどありがたいことはなかった。

一方、民主党にもメリットがあった。小沢は「大連立は政権をとった経験のない民主党を大人の政党にするステップになり得る」と考えていた。民主党の議員は一人一人が有能であっても、政権運営の経験がない。省庁や財界、労働組合や業界団体などの利害関係者を調整して、政策を決定する苦労を知らない。自民党との大連立で、閣僚経験を積めるのであれば、民主党にとって良い経験になるはずだ――。小沢はこう考えていた。

福田と小沢は二〇〇七年一〇月三〇日と一一月二日、首相官邸で顔を合わせた。二人はこの場で初めて直接、大連立について話し合った。閣僚ポストの配分も決めた。渡邉の証言によれば、小沢は無任所の副総理に、さらに民主党からは国土交通相、厚生労働相、農水相などの閣僚を出すというものだった。閣僚ポストを自民党に一〇、民主党に六、公明党に一、それぞれ割り振ったという。

だが、小沢が「大連立」を民主党の役員会に持ち帰ると、大反発をくらう。

「このままでも、いずれ政権が転がり込んでくる。与党に利するような連立などあり得ない」（安住淳国対委員長代理）

「党首が二人、顔をつき合わせて、こんな大事な物事を決めてくることはボス交（ボス同士の密室の交渉で、非民主的という意味）以外の何物でもない」（仙谷由人衆院議員）

こんな批判の声が噴出したのだ。

結局、小沢の提案は退けられた。小沢の表情は険しかった。

小沢は「壊し屋」と呼ばれる。小沢は田中角栄元首相の派閥に属し、薫陶を受けた。その政治手法は、信頼できる子分を率いてグループをつくり、選挙の資金などを徹底して世話すると同時に、「一致団結箱弁当」、絶対的な服従を求めるというものだ。周囲からは「小沢軍団」と呼ばれていた。「カネと数の力」

を重んじる政治手法は、インテリを気取りたがる議員が多い民主党のなかで、独特だった。自民党を離党した一九九三年以降、そうした仲間とともに、新生党、新進党、自由党など、新しい政党をつくっては壊し、民主党に流れ着いた。

その小沢である。親分（党首）がまとめた「大連立」を子分（党所属議員）に否定され、大恥をかいたのだ。黙っているはずがなかった。

この二日後、小沢は民主党代表の辞意を表明した。

菅直人代表代行や鳩山由紀夫幹事長らは必死に慰留した。「参院選で政権交代の足がかりをつくったのは、小沢さん、あなたじゃないか」。菅は小沢にこう語りかけた。

小沢は説得に応じ、続投することになる。過去の小沢なら考えられない行動だった。

一連の「大連立騒動」には、民主党の歴史が影を落としていた。

一九九八年に結党した民主党は寄り合い所帯であった。民主党には大きく二つの系譜があった。

一つは、戦後、万年野党だった日本社会党や民社党、あるいは一九九〇年代前半の新党ブームで結成された「日本新党」や「新党さきがけ」などの出身者である。菅直人や鳩山由紀夫らがその代表であった。

もう一つが、一九九三年、元自民党幹事長の小沢一郎とともに、自民党を離党した「自民党離党組」である。新生党、新進党、自由党と名前を変えたが、党勢は低迷。二〇〇三年に、民主党と合併した。「民由合併」と呼ばれているが、小沢率いる自由党は、民主党の政策を丸呑みするという条件を受け入れており、事実上の吸収合併であった。

のちに首相になる野田佳彦はその著書『民主の敵』（新潮新書、二〇〇九年）の中で、当時の雰囲気についてこう書いている。

「なんとなく、モーニング娘。に天童よしみが入ってきた、という感じでしょうか。何とも言い難い違和感があったのは事実です」

その三年後の民主党代表選で、小沢は自らのグループの結束力をテコに、菅直人を破って代表に当選した。このときから、民主党の運営は、小沢、菅、鳩山の三人を中心に行われることになった。これを「トロイカ」体制と呼んでいる。

「トロイカ」体制は奇妙なバランスで成り立っていた。「天皇機関説」をもじり「小沢機関説」と呼ぶ人もいる。君臨すれども統治せず——。「壊し屋」小沢を民主党のトップに据えておけば、逆に小沢本人と小沢グループという「異物」を民主党的秩序のなかに「幽閉」することになり、党分裂の可能性を最小化できる。その小沢に旧民主党の創設メンバーである菅、鳩山を加えた「トロイカ」は、小沢を「幽閉」しつつ、寄り合い所帯の民主党を統合する装置となっていた。

だが、「トロイカ」以外の主流派の面々は不満を募らせていた。前原誠司や岡田克也などの代表経験者が閑職に追いやられる一方、小沢側近の山岡賢次が国対委員長に起用されるなど、小沢派が重用されるようになっていたからだ。二〇〇七年の参院選を勝利に導いたことで、表だった小沢批判はしにくい状況だったが、「反小沢」のマグマは確実に党内にたまっていたのである。

一連の「大連立」騒動は、小沢の対自民党政権の戦略を大きく変えていくことになった。「反小沢」の人々に配慮するかのように、「対決姿勢」へと転じたのだ。

その影響は、国会同意人事にあらわれた。

二〇〇七年一一月一三日の衆院本会議。一四機関二八人のうち、三機関三人の人事案について、五六年ぶりに否決された。民主党の参院における反対が原因だった。

小沢は「慣例的に役人が天下ってそのポストにつく。しかも所管省庁の審議会、省庁出身の者が自動的につく。あまりにも露骨すぎる、ひどすぎる」と語った。

「政府も自民党も、参院で過半数割れしているという認識が薄かったのではないか。今回の事態をきちっと正確に認識してやってもらわないといけない」

小沢はこう力を込めた。来春の日銀総裁人事を意識しているのは確実だった。

財金分離

二〇〇七年一二月二九日、東京・赤坂の「チュリス赤坂」にある小沢の個人事務所には、民主党参院議員、大塚耕平の姿があった。

大塚は日銀職員出身。二〇〇七年夏の参院選で、民主党が参院第一党になって以降、財務省や日銀から、二〇〇八年春に控える日銀総裁人事の相談を受けるようになった。

大塚はそうした相談から、日銀や財務省が、元財務事務次官で日銀副総裁の武藤敏郎を次期総裁に昇格させたいと考えていることが、痛いほどよく分かった。だが、民主党代表の小沢一郎の意向は見えなかった。そこで、大塚は探りを入れようと、あわただしい師走に、わざわざアポを入れたのだった。

小沢の部屋に通された大塚はこう切り出した。

「ちまたでは、武藤さんが総裁にふさわしいという声もある。財務省や日銀から相談を受けている。代表は武藤さん、いかがでしょうか?」

小沢は腕を組み、目をつぶって沈黙していた。なかなか話そうとしないので、大塚は「武藤さんはご存じですか」と二の矢をついだ。

すると、小沢は「よく電話で話すよ」とぼそっと返した。

さらに一分間くらい沈黙が続いた後、小沢は突然、「武藤でいいよ」と言った。大塚が「武藤さんで話を進めていいということですか」と念押しすると、小沢は「うん」と答えた。

大塚は年明け、この情報をひそかに財務省幹部に伝えた。そして「事前に情報が漏れたら、党内がもたなくなる。扱いには十分注意して欲しい」と言った。

「国民生活を不安なく安定的に金融の面からやっていただける優秀で有能な人であれば、どなたでもいい」

二〇〇八年一月二〇日、小沢は会見で、こう語っていた。政府・与党がどのような出方をするか分からないなか、ニュートラルな言い方に終始していた。

その二日前、小沢はトロイカの菅と鳩山と会談した。小沢はこの場で「官僚出身がダメということではないということでいいか」と二人に確認した。菅らは「それでいい」と応じ、対応は小沢に一任された。菅は、小沢が武藤容認を選択肢に入れているように感じた。

このころ、額賀福志郎財務相は、元財務次官の武藤敏郎副総裁の総裁昇格を軸とする人事原案を首相官邸サイドに上げていた。二期連続で日銀職員出身者の総裁が続いたことにくわえ、武藤が副総裁として実績を上げたことが理由だった。

福田は武藤を提案する腹づもりであった。官房長官当時に財務次官をつとめ、政官界に太いパイプを持ち、二〇〇六年七月のゼロ金利解除などの政策転換の際、福井総裁を支えた実績があるからだ。

だが、民主党内で小沢を快く思わない「反小沢」グループからは、武藤への反対論が強まり、同意されるかどうか微妙な情勢となっていた。

民主党内の手続きは、政府案の提示を受けた後、党国会同意人事検討小委員会で議論したうえで小沢を含む党の幹部会（国会役員連絡会）で最終決定するという仕組みだ。

この小委員会の委員長は「反小沢」筆頭の仙谷由人がつとめていた。

仙谷はもともと二〇〇三年の民由合併に反対だった。小沢の「カネと数の力」を重視する政治手法に対する反発のほか、政権を奪取するための「野合」と映ったからだ。ただ、その前年に胃がんの摘出手術を受けた仙谷は「寿命には限りがある」と悟り、自分の目の黒いうちに政権奪取をするには、民由合併もやむを得ないと考えるようになる。

ただ、その後、かつての盟友である菅と鳩山が、小沢と「トロイカ」体制を確立し、この非公式協議が党運営で力を持ち始めると、菅や鳩山と距離を置くようになる。仙谷は、前原誠司や枝野幸男ら民主党若手リーダーを育成する「後見人」のような存在となっていた。それゆえ、「反小沢」のリーダーとみられるようになったのである。

仙谷は一九九〇年代末からの超低金利政策を問題視していた。そのうえで、三つの副作用があると整理していた。
①一九九〇年代初頭から三〇〇兆円とも言われる家計の利子所得を奪った　②金利の安い円を借り、金利の高いドルなどの外貨で運用する「円キャリートレード」を助長し、米住宅バブルを支えた　③日銀が国債を大量に購入して利払い費も抑え、国の借金の手助け機関と化している――という三点である。
仙谷の理論的支柱は、国際エコノミストの中前忠だった。

超低金利では家計の一〇〇〇兆円を超える貯蓄に利子がつかない。だが、仮に金利が三％上がったら、三〇兆円強の利子所得が家計に入り、大きな景気対策になる。金利全体が上昇すれば、短期調達、長期融資といった本来の正常な融資業務や金融機能が戻り、かえって経済にはプラスになる──。中前はこう唱えていた。

仙谷率いる民主党内のグループ「凌雲会」は、中前を呼んでたびたび勉強会を開いていた。

仙谷が日銀正副総裁の判断基準として掲げた原則が「財金分離」だった。財務省は、国債を発行してお金を借りる立場である。当然、利息が少ない方がよく、利上げを嫌う。日銀は必要なときには利上げをしたい。いわば、財務省と日銀は「利益相反」の関係にある。だからこそ、財政当局と金融政策の当事者は分けるべきだ。これが仙谷の考える「財金分離」であった。

この考え方に基づけば、財務省出身者の登用は避けるべき、という結論になる。ただ、仙谷らは、予算編成を担当する主計局の出身者には否定的ではあったが、国際局といった金融系の畑の人間を排除したものではなかった。

この考え方は、決して仙谷の独断ではない。二〇〇三年の日銀正副総裁人事のときにも、民主党は武藤敏郎副総裁候補に反対した。その理由として民主党は「財務省OBであり、中央銀行の独立性という観点からみて問題がある」ことを挙げている。

だが、この時は、安定多数を持つ政府・自民党に押し切られた。

小沢は武藤昇格に必ずしも否定的ではなかった。その本音を察した自民党の財務省出身の議員たちは、小沢側近の山岡賢次国対委員長へと接近を図った。

二月二一日、山岡は、横浜市内のレストランにいた。カウンターパートである自民党国対委員長の大島理森に「マスコミの目を避ける」ためとして呼び出されたためだ。

この場には、大島のほか、自民党の伊吹文明幹事長、二階俊博総務会長ら与党幹部がズラリと並んでいた。財務省出身の伊吹は、こう訴えた。

「武藤さんは、余人をもって代え難いのでよろしくお願いします。これほどの経験や見識がある方がほかにいない」

武藤敏郎副総裁（元財務事務次官）の昇格案の打診であった。

だが、山岡は難色を示した。

「党内には武藤さんはダメという人が多い。ほかの野党も反対している」

小沢や山岡は、本音では武藤で問題ないと考えていたが、もし仙谷ら「反小沢」グループの意見を無視すれば、党内の反発を招くのは必至であった。

民主党は政権奪取まであと一歩のところまで来ている。また「大連立騒動」のような党内分裂を招くことだけは避けたい――。

小沢が、党内で積み上げた議論を覆し、武藤同意を言い出すことは難しくなっていた。

戦後初の総裁空席

「これは私の責任だ。私は非常にいい人選をした」

三月七日、首相官邸。福田康夫首相は記者団の取材に対し、こう胸を張った。

この日、政府は、武藤敏郎日銀副総裁を総裁に昇格させ、白川方明京大大学院教授と、経済財政諮問会議民間議員の伊藤隆敏東大教授を、それぞれ副総裁にあてる人事案を国会に提出した。武藤同意の見通しがないなか、「見切り発車」であった。

白川は日銀職員出身で、企画室審議役や企画担当理事などを歴任し、二〇〇六年七月に退職した。「趣味は金融政策」という人物である。日銀の推薦による人選だった。

伊藤隆敏は、財務省副財務官などを経て、第一次安倍政権時代の二〇〇六年一〇月から経済財政諮問会議の民間議員をつとめている。日銀に物価安定の目標を課す「インフレ目標政策」の支持者として知られる。

民主党は、「財金分離」の原則に基づき、武藤昇格案には同意しない方針を決めた。山岡賢次国会対策委員長は記者団に、「明らかに同意が難しい党内事情を認識しながら武藤さんをあえて提示するのはいかがなものか」と述べた。

三月一一日、衆参両院の所信聴取で、武藤は「国民の信任をいただくよう努め、日銀の独立性をしっかり確保したい」と強調した。民主党の「財金分離」原則を踏まえ、財務省の人間ではなく、日銀の一員として仕事をすると強調したのだ。

だが、民主党は最初から、武藤の発言に耳を傾けるつもりはなかった。聴取後、すぐに国会同意人事検討小委員会を開催。武藤、伊藤の両氏を不同意、白川には同意する方針をまとめた。

武藤は仙谷理論に基づき、「財金分離」の原則に沿わないことを理由にした。伊藤の不同意については、第一次安倍政権時代から経済財政諮問会議の民間議員として「格差政策を推進した」という理由である。

結局、白川ただ一人が一三日、副総裁として同意され、一九日に任命された。

総裁ともう一人の副総裁の人選は、混迷を深めた。

福田は福井任期切れの一日前に当たる一八日、ふたたび元大蔵事務次官経験者の田波耕治を総裁候補とする人事案を提出した。副総裁は日銀審議委員の西村清彦を候補とした。

福田は武藤不同意を受け、父・福田赳夫の首相時代、ともに首相秘書官として席を並べた元財務官僚の保田博に相談していた。保田が強く推したのが田波だった。

だが、武藤に同意しなかった民主党が、田波総裁案を飲めるはずがなかった。鳩山由紀夫幹事長は「また大蔵事務次官経験者で、しかも主計畑。武藤（敏郎副総裁）さんと基本的に同じ経歴だ。なかなか党として難しい」と失望をあらわにした。結局、民主党は西村には同意し、田波を不同意とすることを決めてしまう。

一八日の採決によって、戦後初めて、日銀総裁が空席となることが確定した。日銀正副総裁のうち、先に国会の同意を得られた白川方明が総裁代行をつとめることになった。

三月二一日、白川と西村の両副総裁は、民主党国対委員長の山岡の部屋に挨拶に訪れた。そのとき、報道陣の目の前でこんなやりとりをしている。

（山岡）もう総裁代行じゃなくって、白川さん、あなたが総裁でおやりになったらどうですか？　そんな遠慮されないで。
（白川）人事は政府が検討することですので。
（山岡）そりゃそうだけどさ。ねっ？
（西村）日銀法の規定に基づいて国会で議論していただいたことを、我々が粛々と……
（山岡）そういう提示があれば、すぐに同意するけどね。返事できないよね。ははは。

与野党の力関係を象徴するやりとりである。野党に人事案を出す権利はない。だが、「ねじれ国会」では、政府は、民主党が飲める人事案を出すしかない。民主党が人事を決める力を持っていたのである。

福田首相は四月七日、就任したばかりの白川副総裁を総裁に昇格させ、前財務官の渡邊博史を副総裁に起用する人事案を提出する。三度目の提案であった。

渡邊については、民主党幹事長の鳩山由紀夫がテレビ番組で「(主計局畑の人よりも)財務官の方が、世界が広い。国際金融に詳しいことは間違いない。財務省(出身)だからすべてダメと言っているわけではない」と容認する考えを示していた。福田はその言葉を信じたのである。

仙谷ら「財金分離」論者も、渡邊が財務省の国際畑であることや、国際協力銀行(JBIC)の経営責任者をつとめていた経験などから、大半は容認に傾いていた。

だが、これに反対したのは小沢一郎だった。

「財務省出身者はダメだというのが、みんなの意見だったじゃないか。財務省出身者だから、ダメだと言って、二度も総裁候補を切ったのに、副総裁なら財務省出身者はいい、というのは、世間では通らない」

小沢は最高決定機関である国会役員連絡会でこう語り、渡邊副総裁案を退けた。

小沢は、仙谷が渡邊博史副総裁案を容認しようとしたから、あえて否定してみせたのだろう。仙谷が武藤敏郎総裁案(財務省出身)を否定する流れをつくり、小沢を困らせた「恨み」を、忘れてはいなかった。

政策論争というよりも、小沢と仙谷の意地の張り合い――。そう総括した方が分かりやすい。

四月九日、白川が総裁に昇格する人事が決まり、副総裁の一人は空席のままとなった。

民主党が事実上、指名した日銀総裁の誕生だった。

リーマン・ショック

四月九日夜、日本銀行本店九階の会議室。白川方明は総裁として初の会見に臨んだ。

「総裁空席という異例の事態は、一日も早く解消しなければなりませんので、自分なりに熟慮を重ねた結果、総裁という重い職務を果たすべく、全身全霊を傾けて努力する覚悟をいたしました」

白川は総裁職を引き受けた理由についてこう語った。

白川は学者レベルの知識をもった金融政策のプロだ。シカゴ大学の大学院に留学していたとき、あまりに優秀なので、指導教官に「あと半年残っていれば、博士号をとれる」と言われたが、日銀の規定により二年間で帰国したという伝説がある。その後、金融政策を立案する企画畑を歩んできており、「趣味は金融政策」とも言われた。

このころ、心配されていたのはデフレではなく、インフレであった。一九九九年五月に一リットル＝九七円だったガソリン価格はその後、ジリジリと値上がり。二〇〇七年ごろから、新興国の石油需要の増加を背景に、そのペースを速め、二〇〇八年六月には一七〇円をつけた。それに応じて、消費者物価も七月には前年比で二・四％の上昇となった。

二〇〇六年に決めた「〇～二％」という「中長期的な物価安定の理解」の範囲を超えてしまっている。本来なら利上げを考えるべき状況ではあるが、それはしなかった。

世界経済に不透明感が広がっていたからである。二〇〇七年八月、仏金融大手のＢＮＰパリバが傘下の三つのファンドの償還をストップした。サブプライムローンと呼ばれる米国の低所得者向け住宅ローンを証券化したファンドである。これをきっかけに欧州発の信用不安が広がり、「パリバ・ショック」と呼ばれるようになる。

日本でも、二〇〇二年一月に始まった戦後最長の景気拡大も二〇〇八年春にはピークを迎え、景気後退が始まっていた。ガソリン価格の高騰が消費を抑制しており、西村清彦副総裁は周囲に「景気の先行きは慎重にみている」と漏らしていた。

サブプライムローンの問題は、本場・米国へと舞台を移す。

九月一五日、米大手投資銀行、リーマン・ブラザーズが破綻《はたん》したのである。

リーマン・ブラザーズの経営不安は数カ月前から噂されていた。ほかの投資銀行に比べて、サブプライムローンの証券化商品を多く手がけていたからである。韓国の政府系金融機関、韓国産業銀行（ＫＤＢ）がリーマン・ブラザーズの買収交渉に乗り出していたが、それが不調に終わったことから、破綻へと突き進んだ。

取引先の金融機関が破綻するのではないか――。リーマン・ブラザーズの破綻をきっかけに、こうした疑心暗鬼が広がり、銀行間取引は凍り付いた。これを「カウンターパーティー・リスク」と言う。金利は大幅に上昇し、株価が暴落。米国では金融市場の混乱が始まった。

だが、当初、日本は「対岸の火事」という見方が強く、楽観論が支配していた。「デカップリング論」と呼ばれる考え方が広がっていたからだ。

米国が世界経済に占める割合が低下しており、中国・インド・ロシア・ブラジルなどの新興国経済のウェートが大きくなっていた。新興国の輸出に占める米国向けのウェートが低下しており、米国経済が減速しても、新興国が成長を続けることで世界経済を牽引《けんいん》し、世界経済は成長する――。これが「デカップリング論」である。

日本は一九九〇年末からの金融危機が一段落し、金融機関の財務はきわめて健全だった。主要金融機関はサブプライムローンに手を染めていなかった。米国よりも中国向けの輸出のウェートが大きくなっている。経済財政相の与謝野馨は九月一七日の街頭演説で「日本にももちろん影響はあるが、ハチが刺した程度」と語っていた。

日銀総裁の白川方明も危機感が薄かった。この日の会見で、「リーマンの破綻が国際金融市場全体に大きな影響を与えて、世界経済に悪影響を与えることは、点検していくが、現在このことによって、国際金融市場が大きく不安定化するとは思わない」と語った。

確かに、この時点では、為替相場や株価への影響は出ていなかった。だが、それは、嵐の前の静けさであった。

遅れた初動

「邦銀は外貨の資金繰りについて慎重な運営を行っており、現時点において邦銀の外貨資金繰りについて特段の懸念を持っていない」

一八日夕、白川方明日銀総裁は、緊急に開いた記者会見で、こう語った。

この日、日銀は、欧州中央銀行（ＥＣＢ）、英イングランド銀行（ＢＯＥ）、カナダ銀行、スイス国立銀行とともに、民間の金融機関が資金を貸し借りする短期金融市場に、総額一八〇〇億ドル（約一八兆八千億円）の米ドルを供給する、と発表した。

各中央銀行が米連邦準備制度理事会（ＦＲＢ）傘下のニューヨーク地区連邦準備銀行と、自国通貨とドルとを売買する「スワップ協定」を締結し、入手したドルを、ドルが必要な民間金融機関に貸すという仕組みだ。日銀は六〇〇億ドル（約六兆三千億円）を受け持つ。

米証券大手リーマン・ブラザーズの破綻をきっかけに、信用不安が世界に飛び火し始めていた。銀行間の資金の貸し借りが滞っており、特に欧州の金融機関は自国・地域の通貨ではないドルの調達が難しくなっていた。

白川の発言は、この措置が海外の金融機関に向けたものであり、邦銀を念頭に置いたものではない、という意味であった。日本に深刻な影響が出るとは予想していなかった。

一〇月六、七日の金融政策決定会合後の会見でも、白川は「景気の下振れリスクは高まっている」としつつ、「日本経済は、設備、雇用、負債面での調整圧力は小さく、かつてに比べショックに対する頑健性は高い状態にあるほか、総じて緩和的な金融環境は民間需要を後押しする」と述べ、短期金利の誘導目標を〇・五％に据え置いた。

さらに、八日には米ＦＲＢ、欧ＥＣＢ、英ＢＯＥ、カナダ、スウェーデン、スイスの六中央銀行がそれぞれ政策金利を〇・五％引き下げる「協調利下げ」を行った。だが、日銀は主要七カ国（Ｇ７）で唯一、加わらなかった。白川はのちに「各国の金融政策は各国の状況に照らして運営すべき」（一〇月一四日の会見）と説明した。

だが、危機は一気に進行した。

九月一五日に一ドル＝一〇七円台だった為替相場は、一〇月九日に一三年ぶりの九〇円台に突入した。欧米の中央銀行が協調利下げをしたのに、日銀だけが参加しなかったことが一因だった。

さらにリーマン破綻時に一万二千円あった平均株価もこの日、一万円を割った。

一〇日、国内の金融機関が破綻した。中堅生保の大和生命保険である。二〇〇一年三月の東京生命以来七年ぶり、戦後八社目の破綻であった。

大和生命は、外国株式や海外の住宅ローン担保証券などへの投資があだとなった。日本の金融機関は「欧米と比べて傷が浅い」とされていたが、例外ではないことが明らかになった。

株価はこのころから、つるべ落としのように下がり続ける。一〇月二八日には七〇〇〇円を割り込み、一時六九九四円九〇銭をつけた。バブル崩壊後の最安値だった。

海外投資家の日本株の売却がきっかけだった。欧米の市場で出た損失を、日本株の売却でまかなおうとして、大量の日本株が売られたのだ。加えて、急激な円高とともに、海外需要が干上がり、日本企業の輸出が厳しくなる、という見方も、株安に拍車をかけた。

株価のあまりに急激な下落は、邦銀や生命保険会社などの財務を直撃した。保有株の価値が下がり、その分を資本増強などで手当てをしなければならなくなっていた。ところが、金融市場が混乱しているなかでは、増資も簡単ではなくなっていた。貸し出しにも影響が出かねないとの見方も出始めた。

さすがにこの状況になり、政府も黙ってはいられなくなった。ふだんは日銀の政策判断を尊重する与謝野馨経済財政相はこの日の会見で、こう苦言を呈した。

「日銀の金利は〇・五だから、〇・五で据え置いても、〇・二五に下げても、経済に対する効果はまったくない。ただ、象徴的な意味は持っている。各中央銀行が下げたときに、日本もそれに伴って下げるというのは、国際協調の重要な証しを立てるという意味では大事だ」

八日の欧米中銀の協調利下げに参加しなかった白川を批判したのである。

二九日、FRBは政策金利をさらに〇・五％幅引き下げて、一・〇％にした。日銀が何も手を打たなければ、一ドル＝九七円前後にまで達した円相場がさらに円高になりかねない状況だった。

一方、この時期、政局は混乱していた。

福田首相は九月一日に突然、辞任を表明する。「ねじれ国会」で法案一つ成立させるのも難しい状況が続き、政権運営は行きづまっていた。その状況を打開するために、新しい「選挙の顔」となる人間を選び、新首相のもとで、衆院の解散総選挙に一気に打って出てもらおうと考えたからだ。

二二日に自民党総裁選でトップの得票を得た麻生太郎が二四日、首相になった。

麻生は戦後日本の「軽武装・経済優先」路線を敷いた吉田茂元首相の孫である。底抜けに明るい性格で、親しく付き合うと魅力が伝わる「半径二メートルの男」とも呼ばれている。育ちの良さからは想像できないほど、率直かつ砕けた語り口で、人気があった。

だが、麻生は一五日のリーマン・ショックの発生で、肝心の解散総選挙に打って出られなくなった。景気が急激に悪化し、緊急の経済対策をまとめないといけない状況となったからだ。これは、福田の完全な誤算であった。

一〇月三〇日、麻生太郎首相は、経済対策を発表した。

「一〇〇年に一度の暴風雨が荒れている」

会見をこうはじめた麻生は、日本経済を「全治三年」と診断。全世帯を対象にした総額二兆円の「生活支援定額給付金」の配布などを柱とした国費五兆円の経済対策を説明した。

三一日の金融政策決定会合。政策委員八人のうち、水野温氏審議委員が「利下げの効果が実体経済に波及するメカニズムがはっきりしない」と短期金利〇・五％の据え置きを唱えた以外、七人が利下げに賛成した。ただ、利下げ幅をめぐっては意見が割れた。

白川は政策金利の誘導目標を「〇・二％幅」引き下げて「〇・三％前後」とする議案を提案した。このころの金利の上げ下げは「〇・二五％」刻みが一般的で異例の下げ幅だった。

これに対し、三人の審議委員が異論を唱えた。「〇・二％という小刻みなものとした場合、政策の出し惜しみやさらなる引き下げの余地ありといった印象を与えてしまう」（亀崎英敏審議委員）、「金利の変更幅について不確実性を高める」（須田美矢子審議委員）との意見が出され、中村清次審議委員を含めた三人が〇・二五％の利下げを主張した。

結局、白川の議案は賛成四、反対四との同数となった。このため、議長裁定で「〇・三％前後」が決定した。ほぼ七年半ぶりの金融緩和であった。

白川はこの日の会見で、引き下げ幅を〇・二％幅にとどめた理由をこう述べている。

「金融緩和効果を上げていくことだけに焦点を合わせれば、金利引下げ幅を大きくするという考え方も出てくるが、一方で、金利引下げ幅を大きくすると、短期金融市場を中心に金融市場の機能に悪影響が及ぶ可能性がある」

白川は「金融市場の機能」という言葉を繰り返した。どのような状況になっても、ある程度の金利水準を維持することが、市場の機能を守るという持論にこだわったのである。

日米金利の逆転

「伝統的な金利政策は、名目金利がゼロを下回れないという事実によって制約されている（ゼロ金利制約)。だが、いくつかの方策が残されている。FRBの自らのバランスシートを活用して、金融市場に影響を与えられる」

一二月一日、米テキサス州オースティン。米連邦準備制度理事会(FRB)議長のベン・バーナンキは講演で、こう力を込めた。金利の上げ下げという伝統的な政策手段がなくなっても、「バランスシートを活用」する「非伝統的金融政策」が残されているという意味だ。

中央銀行のバランスシートは、負債(右)側に、我々が普段使っている銀行券の残高や、民間銀行が日銀に預けている当座預金残高が計上されている。一方、資産(左)側には、日銀がオペレーションで市場から買い取った国債や金などの保有残高が計上されている。

日銀が二〇〇一~〇六年に行った量的緩和政策は、銀行が日銀に預けている準備預金の目標残高を決め、その増加を進めた。バランスシートの負債側を活用した政策である。

これに対して、バランスシートの資産側を使う政策は「信用緩和」と呼ばれている。平常時の中央銀行は短期の安全資産(短期国債など)を中心に保有し、金利操作をしている。信用緩和はこうした安全資産に代えて、通常では購入対象とはならない長期国債やリスク資産を購入し、収縮の起きている市場に直接資金を投入する試みを指している。

つまり、バーナンキは「バランスシートを活用」という言葉を使うことで、危機からの脱却に向け、「量的緩和」や「信用緩和」などあらゆる措置を講じる意思を示したのである。

バーナンキは、米ノーベル賞経済学者ミルトン・フリードマンの弟子である。米プリンストン大の教授時代、大恐慌やデフレ研究の第一人者として名を上げた。一九九〇年代後半からの日本の経験についても熟知しており、さまざまな場で持論を展開していた。

バーナンキは「日本の轍《てつ》は踏まない」という決意をにじませていた。一度、デフレに陥ってしまえば、その泥沼から抜け出すのがいかに難しいか、よく理解していたからだ。二〇〇二年一一月二一日の講演での発言が分かりやすい。

「FRBは、インフレ率をゼロにまでぐいぐいと押し下げてはならない」

「インフレ率がすでに低い状況下で経済のファンダメンタルズが突如悪化したときには、中央銀行は利下げにあたり、通常の場合よりもはるかに先制攻撃的かつ積極的に行動をしなければならない〔傍線は筆者〕」

実際、バーナンキはこの言葉通りに行動した。

FRBは一一月二五日、住宅ローンを裏付けに発行した住宅ローン担保証券（MBS）を米連邦住宅抵当公社（ファニーメイ）と米連邦住宅貸付抵当公社（フレディマック）から大量に買い取ること、民間金融機関から住宅ローン債権を直接買い取ることなどを発表した。危機の震源となった住宅ローン市場の沈静化に自ら乗り出した。

さらに、一二月六日FRBは政策金利を年〇～〇・二五％に引き下げ、米国史上初のゼロ金利政策に踏み切った。市場では、これまでの一・〇％から〇・五％に下げるとの見方が多かったが、予想を上回る「サプライズ」だった。

後にこれは量的緩和政策第一弾（QE1）と呼ばれるようになる。

日銀の政策金利は「〇・三％」。日本が米国の金利を上回る「日米逆転」となった。

お金は金利の高い方に流れる。金利の日米逆転は円高ドル安を一層、進めることになった。この日の円相場は一九九五年七月以来一三年ぶりの一ドル＝八七円台に突入してしまう。

あわてたのは日銀だった。日米金利逆転を想定はしていなかったからだ。

白川は一〇月末の金融政策決定会合で、多くの審議委員の「〇・二五％幅」の利下げという意見を押し切って、利下げ幅を「出し惜しみ」した。その結果が日米金利逆転であった。

ここで利下げを見送れば、さらなる円高を招きかねない。そう考えた白川は一二月一九日の決定会合で、〇・三％から「〇・二％幅」引き下げて「〇・一％前後」とする議案を提出。賛成七、反対一で追加利下げが決まった。

「景気の刺激効果は、その出発点の金利水準が〇・三％なので、低下余地は限られている。短期金融市場の機能がさらに低下していくことは避けたい。その両者のギリギリのバランスの中で、〇・一％という水準（になった）」

決定会合後に記者会見した白川は、ゼロ金利政策に踏み切らなかった理由を説明した。

この日、白川は利下げ以外のいくつかの措置を発表した。長期国債の買い入れを月一・二兆円（年一四・四兆円）から、月一・四兆円（年一六・八兆円）に増額した。また、企業が短期で資金調達するための、無担保の約束手形であるコマーシャルペーパー（ＣＰ）の買い切りオペを、期間を区切って行うことも発表した。

会合後の記者会見では、今後、二〇〇一〜〇六年の「量的緩和政策」のような非伝統的政策に踏み出すのかどうか、質問が集中した。白川は「ベースマネーを拡張することによって景気への刺激を狙っていこうと考えている人は（政策委員会には）いなかった」と述べ、この可能性を否定した。あくまで、「金融市場の機能」を守るため、〇・一％が下限だという立場を崩さなかった。

東京外国為替市場の円相場はこの日、一瞬、円安に振れた。だが、白川がゼロ金利、量的緩和という大規模な金融緩和の可能性を否定すると、ふたたび円高に向かって動き始めた。

このころから、一ドル＝八〇円台が定着した。

民主党政権の誕生

「この国を本当の意味での国民主権の世の中に変えていかなければならない、そのための先頭を切って仕事をさせていただく」

二〇〇九年九月一六日、首相に就任した鳩山由紀夫民主党代表は記者会見で、こう語った。

八月三〇日の衆院選では、民主党が単独政党としては最多の三〇八議席を獲得、自民党は一一九議席にとどまった。国民の間で、「ねじれ国会」で政権運営に行きづまり、一年ごとに首相が代わる自民党政権に嫌気がさし、「それなら民主党に一度、やらせてみよう」という機運が高まった結果だった。

戦後初の本格的な政権交代だった。

鳩山はこの四カ月前の五月一六日、民主党代表に就任した。三月三日に前任の小沢一郎の公設秘書が政治資金規正法違反で東京地検特捜部に逮捕された。小沢は五月一一日、首相の座を目前に、民主党代表の辞任に追い込まれた。このとき、党幹事長として小沢を長年支えてきた鳩山に白羽の矢が立ったのである。

鳩山は失脚したはずの小沢を党ナンバー2の幹事長に据えた。政権交代の流れをつくった小沢を処遇して挙党体制を演出するためだ。だが、これが権力の二重構造を生み、のちに小沢派と反小沢派の対立の火だねとなっていく。

鳩山が訴えたのが「政治主導」だ。自民党政権は官僚に主導権を握られ、徹底した無駄削減や抜本的な改革ができない。打破するには、統治機構の改革が必要、という主張だった。

そのために検討されたのが、政治主導法案である。経済財政諮問会議を廃止し、新たに国家戦略局を立ち上げる、というものだ。国家戦略局に優秀な官民のスタッフを置き、予算編成の基本方針などの企画・立案につとめるというものだ。

経済財政諮問会議は自民党政権下の政治主導の舞台装置でもある。だが、小泉純一郎首相と竹中平蔵経済財政相のイメージが強い。民主党は「小泉＝竹中」路線が国民の間の格差を生んだ、と批判してきたこともあり、同じ仕組みを避けたいという事情もあった。

「内容的にも形式的にも、経済財政諮問会議の役割はすでに終わっている。踏襲はしない」

経済財政相を兼務する菅直人副総理兼国家戦略担当相はこの日、こう語った。国家戦略局は諮問会議の引き写しにはならない、という意思表示であった。法案成立には時間がかかるため、当面は「国家戦略室」を置くことにした。

ここで問題となったのが、日本銀行との関係であった。

日本銀行の総裁は、首相や官房長官、財務相や経済財政相ら経済閣僚とともに、経済財政諮問会議のメンバーである。年に二〇～三〇回ほど首相官邸で開かれる諮問会議は、政府と日銀の重要なコミュニケーションの場だった。前総裁の福井俊彦は諮問会議後、エレベーターで五階の首相執務室に入り、ちょっとした相談をすることもあった。

諮問会議の廃止は、首相や経済閣僚と日銀総裁が気軽に顔を合わせる機会を一つ失うことを意味していた。

この「マイナス」を補うにはどうしたらいいか。つなぎ役を買って出たのは内閣府政務官になった津村啓介である。津村は日銀職員出身で、政権ナンバー2の副総理兼経済財政相になった菅直人のグループに所属していた。

津村は上司の菅直人に「日本銀行との定期的な協議の場を設けてはどうか」と提案する。日銀法四条の「（日本銀行は）政府の経済政策の基本方針と整合的なものとなるよう、常に政府と連絡を密にし、十分な意思疎通を図らなければならない」という考え方を具現化しようと考えたのである。菅は「それはいい。準備して欲しい」と賛同した。

津村はさっそく一〇月一三、一四日の金融政策決定会合に内閣府代表として出席した。政治家が出席するのは異例だが、「政治主導」を示す良い機会だと考えていた。

一日目の会合を終えると、津村は副総裁の山口廣秀に「ちょっとすいません、副総裁、お話ししてもいいですか？　明日のことで、ご相談させていただきたい」と声をかけた。

「日銀法四条の政府との意思疎通は独立性とセットなので、それを踏まえた枠組みや会合を提案したい。日銀側は正副総裁三人でお願いします。こちらは財務相と経済財政相のそれぞれのライン政務三役、合計六人を考えています」

津村は山口に対し、政府・日銀の協議の枠組みをつくるよう提案した。山口は聞き役に徹し、「そうですか」と述べるにとどめ、具体的な返事をしなかった。

一四日の決定会合。津村は山口に予告した通り、「日銀法四条の規定を踏まえ、日銀と常に連絡を密にし、十分な意思疎通を図って参りたい」と述べ、政府・日銀の定期的な意見交換の場をつくるよう提案した。

翌一〇月一五日、首相官邸には、日銀総裁の白川方明の姿があった。白川は国際会議の報告を終えた後、鳩山に直接、意見交換する場をつくるようお願いした。

津村の提案した枠組みには、鳩山が入っていなかった。白川は津村の提案を踏まえつつ、鳩山が入る枠組みにしようと考えたようだ。

だが、単純に鳩山を加えた「首相－財務相－経済財政相」という枠組みではまとまらなかった。政権内から、亀井静香金融相を入れるべきだ、という声が出始めたためだ。金融政策とは直接関係ないが、連立のパートナーである国民新党代表を無視はできなかった。

このころ、政府と日銀には、景気認識をめぐり、微妙なずれが生じていた。日銀は一四日の決定会合で示した景気判断を、前回の「持ち直しに転じつつある」から「持ち直しつつある」に上方修正した。しかし、一六日の月例経済報告は「(景気は) 持ち直してきているが、自律性に乏しく、失業率が高水準にあるなど依然として厳しい状況にある」と弱めの判断をしていた。政府・日銀の認識の差を問われた菅は一六日の会見で、「(日銀と) オープンな形で時折、意見交換ができてもいいと思う」と述べ、協議に意欲を見せた。

協議の枠組みが固まらないなか、政府と日銀のコミュニケーション不足は最悪の形で露呈してしまう。

デフレ宣言前夜

「デフレ脱却こそが、ボーリングの一番ピンである。ここを倒さずして、他の施策を行っても、効果は限定的だ」

二〇〇九年一一月五日、経済評論家、勝間和代が副総理の菅直人らにこう訴えた。民主党への政権交代から二カ月。エコノミストの意見を新政権の経済政策に反映させるために開いた「マーケット・アイ・ミーティング」での一コマである。

消費者物価はリーマン・ショック後の二〇〇九年三月からマイナス基調となり、足元はマイナス二%を超えていた。デフレの足音が聞こえていたのだ。

勝間はデフレの弊害を力説した。デフレでは正社員や年金生活者は困らない。なぜなら、賃金が大きく下がることはないが、物価が下がるので、生活は楽になる。逆に、若者や女性、非正社員などの弱者は低賃金に甘んじないといけない。

勝間がデフレ脱却の処方箋《せん》として提案したのが、日銀との「政策アコード」である。

勝間は「政府・日銀が、インフレ目標政策や、物価上昇率と失業率の双方、名目成長率の目標などを共有し、お金の供給量を増やす。いまはモノに比べて、貨幣が足りない状況なので、国債と引き替えに貨幣を発行し、その国債を日銀が引き受けて、市場に供給する。その収入を、環境、農業、介護など、いま投資が必要な分野に投入したらいい」と述べた。つまり、中央銀行が紙幣をたくさん刷って、政府がそれをばらまくことを提案したのである。

後のアベノミクス「第一の矢」を先取りするような考え方であった。

「日銀がやってくれるなら、明日にでも言おうかという気はある」

菅はその場で色気をみせる。だが、菅はすぐに動き出すことはなかった。

菅は市民運動家から政治家になった。初当選当初は社会民主連合に所属し、のちに野党第一党となる民主党の結党に参加し、代表もつとめた経験がある。ただ、マクロ経済政策について、詳しくなかった。

このころ、内閣府の経済分析担当部局は、月例経済報告の書きぶりに悩んでいた。経済分析担当の幹部は、内閣府の大先輩である岩田一政元日銀副総裁から「デフレ宣言はまだか」と聞かれたことを覚えている。物価が二％ものマイナスになっていながら、何の判断もしないことは許されない状況だったのである。

一一月一六日、内閣府は二〇〇九年七〜九月期の国内総生産（ＧＤＰ）の一次速報値を発表した。実質成長率が前期比プラスであるにもかかわらず、名目成長率が同マイナスという「名実逆転」の状況となっていた。しかも２四半期連続であった。

物価変動を含んだ名目成長率がマイナスで、物価変動を除いた実質成長率がプラスということは、一国の経済活動の規模を測る国内総生産（ＧＤＰ）統計上でも、物価が大きく下落していることを意味していた。すなわち、デフレを示す証拠が一つ、増えたのである。

「私としては、デフレ的な状況に入りつつあるのではないかという懸念を持っておりますが、政府としてトータルに判断するには、その他の指標などを含めて精査の上、一一月二〇日に予定されている月例経済報告でお示しをしたい」

菅はＧＤＰの結果を受けた会見で、こう言った。このとき、経済財政相に就任したばかりの菅は、景気を独自に判断する知見を持ち合わせておらず、事務方の用意した応答要領をそのまま読み上げただけだった。

ところが三日後、菅は自らの発言の重大性に気づくことになる。

一九日夕、首相官邸。菅は自らの執務室で、翌日の月例経済報告の「デフレ宣言」について説明に来た経済分析担当の政策統括官、齋藤潤らと激しい言い争いとなった。

「一六日の会見で、デフレ懸念に言及したが、それは『２四半期連続で名目成長率が実質成長率を下回り、ＧＤＰデフレーターがマイナスとなれば、ほぼ機械的にデフレと認定される』と説明を受けたから。もし、機械的に認定されるということでなければ、デフレなどと言いたくなかった」

菅は齋藤らに詰め寄った。東京工業大学出身の「理科系」の菅は、「デフレ宣言」について、何か科学的な「ルール」があって、統計の数字に応じて自動的に決まることだと理解していた。つまり、物理や化学のような原理原則が支配していて、政治判断が入り込む余地がないと考えていたのである。

だが、二〇〇一年の一回目のデフレ宣言は、日銀の量的緩和とセットであった。日本経済をデフレと認定すれば、何らかの政策対応が求められる。政策判断が絡むということは、経済学という科学の論理とともに、必然的に政治判断が伴う。

齋藤は「いえ、機械的などとは申し上げてはいない」と反論した。

齋藤が判断材料としたのは、二〇〇六年三月に国会に提出した「デフレ脱却の定義と判断について」にある四指標だった。消費者物価など三指標はすでにデフレの状況を示しており、もっとも統計が出るのが遅いGDPデフレーターが2四半期連続でマイナスだと分かった。つまり、こうした複数の統計に基づく総合判断だった。

だが、菅は「いや、俺は『機械的に』と聞いた。そう聞いたから、俺はデフレと言ったんだ」と怒りをあらわにした。菅と齋藤ら事務方との認識のズレは深刻だった。

だが、そう言ったところで、時計の針は元に戻せない。菅はこの日、たまたま、経済協力開発機構（OECD）のアンヘル・グリア事務局長と会談した。グリアは菅に対し、日本経済について「デフレ」と分析し、「量的緩和を含めてデフレと闘うべきだ」という見解を伝えていた。

菅は齋藤らの説明には納得していなかったが、「OECDも『日本はデフレ』と言っているのだから、デフレと言うことはやむを得ない」と、「デフレ宣言」自体は了解した。

二度目のデフレ宣言

「デフレの状況は、一時的というよりは、今後も気をつけなければしばらく続いていくという見通しを持ったなかで、緩やかなデフレ状況にあるという判断を示した」

二〇日夕、菅は月例経済報告後の記者会見で、こう語った。

菅はこの日の月例経済報告の閣僚会議で、事務方が用意したとおり、約三年五カ月ぶりに「(日本経済は)緩やかなデフレにある」と認定した。ただ、閣僚会議では、菅の「デフレ宣言」のやり方に疑問の声があがった。菅が危惧した通り、金融相の亀井が、「デフレ対策」がセットで示されないことに、いらだちをあらわにしたのである。

「何の対策も示さないで、うれしそうにデフレ宣言をしてどうするのか」

亀井はこう言って、需要不足を補うために、大規模な財政出動を求めた。

この時点で、鳩山政権は、二〇〇九年度の第二次補正予算を編成する方針ではあったが、中身は定まっていなかった。菅は、財政悪化を避けるため、「お金よりも知恵を絞りたい」と言って、亀井の主張をかわそうと試みていた。

閣内の混乱よりも深刻だったのは、日銀との認識の齟齬《そご》である。

菅は会見で「日銀には、引き続き政府との緊密な連携のもとで、適切かつ機動的な金融政策運営が行われることを期待している」と述べ、さらなる政策対応を迫っていた。

しかし、日銀はこの日の金融政策定会合で、金融政策の現状維持を決めた。さらに、景気判断を三カ月連続で上方修正したのだ。

白川はこの日の記者会見で、政府のデフレ宣言について尋ねられ、こう言ってしまう。

「デフレにはさまざまな定義がありますので、当然、論者によって異なる性格のものだ」

日銀としてデフレの定義を持ち合わせていないので、デフレと認定することはできない――。こういう論法だった。白川は記者の質問攻めに遭う。


(記者) 日銀のデフレの定義は？

(白川) 景気が悪くなることを「デフレ」と表現する場合もあるし、資産価格の下落を「デフレ」と表現する場合もあるし、消費者物価指数の下落のことを「デフレ」と言うケースもあるし、物価の下落と景気の悪化が併存するケースを「デフレ」と表記する場合がある。現実に、さまざまな定義がある。

(記者) 定義はないということか。

(白川)「物価が下落する」ということを「デフレ」と定義することに、異論があるという訳では……、そうした定義に従った場合に、日本はここ数年、長い期間、物価の下落が続くという認識には立っている。


白川は、政府の「デフレ宣言」に歩調を合わせようとはしなかった。さらに白川は、日銀の政策手段についても「日本の（二〇〇一～〇六年の）量的緩和のときも、FRBも、超過準備も流動性もたくさん供給しているが、そのこと自体によって物価を押し上げていくという効果は乏しい」と述べ、できることは少ないと言い切った。

当時の日銀幹部は「政府がデフレ宣言をするとは、まったく聞かされていなかった」と話す。それゆえ、白川はまったく心の準備をせずに、記者会見に臨んでいた。政府・日銀がまったく連絡をとりあっていない事実が白日の下にさらされた。

いつしか、白川の原理主義的な態度は、永田町で江戸時代の狂歌の替え歌となって表現されるようになる。

白川の 清きに魚も 住みかねて もとの濁りの 福井恋しき

持論にこだわり、融通が利かない学者肌の白川を皮肉り、状況に応じて清濁併せのむ度量があった福井前総裁が懐かしいという意味である。政界の白川に対する不満は確実に高まっていた。

民主党の変節

一一月二五日、ある中東のニュースが国際金融市場を揺るがしていた。

アラブ首長国連邦（UAE）のドバイ首長国。ドバイの高層ビルなどの開発事業に行き詰まった政府系持ち株会社「ドバイ・ワールド」が、債務の支払い猶予を申し出たのだ。

ドバイ政府の債務不履行リスクに加え、中東に出資を積極的に行ってきた欧州の金融機関への影響が懸念され、世界的に株安が広がった。いわゆる「ドバイ・ショック」である。

こうしたなか、欧米に比べて影響が小さい日本円が買われ、円相場は二七日、一四年四カ月ぶりの高値となる一ドル＝八四円台をつける。輸入物価は下がる一方、輸出を減らすことは避けられず、景気への悪影響が懸念された。

　このころ、首相官邸は、政府・日銀の意見交換の場の具体化に向けて、結論を出そうとしていた。「首相－財務相－経済財政相」というマクロ経済政策のラインだと、亀井金融相を外しにくい。日銀正副総裁三人に対し、人数が増えすぎることは避けたかった。

　このため、首相官邸に部屋を持つ「首相－副総理（＝菅直人）－官房長官」をメンバーとすることにした。こうすることで、亀井を外すことができたが、同時に財務相の藤井裕久も参加できなくなった。第一回を一二月二日とすることも決めた。

　このため、財務省は、これとは別に、藤井と白川が意見交換する場をつくることにした。

　二七日、藤井は白川と向き合った。

「私は日銀の味方です。だが、政府のデフレ宣言には、歩調を合わせて欲しい」

　藤井は白川にこう言った。藤井はもともと白川の考え方に近かった。デフレをことさらに問題視して、日銀に圧力をかけても意味はない、という立場であった。

　だが、副総理の菅がデフレを宣言した以上、政権の方針に寄り添ってもらわないと困る。藤井は政府・日銀の正式な意見交換の前に、そういう政府の思いを白川に伝えた。白川は「三〇日に講演がありますから、そこではっきりさせます」と答えた。

　二九日、日曜日の首相公邸。鳩山首相は、菅、藤井、仙谷由人行革相、平野博文官房長官らを集めた。急激な円高や株高などへの対策を協議するためであった。

　この日の議題の一つは、政府と日銀との関係であった。

　菅は「当面は日銀に金融緩和をしてもらい、支えてもらう必要がある」と語った。藤井も「財政政策と金融政策と一体で対応しないといけない」と述べた。鳩山は、今年度第二次補正予算案に盛り込む追加経済対策に、円高・株安対策を加えるよう指示した。

民主党はこれまで日銀の独立性を重んじ、超低金利政策を批判してきた。だが、この場では、目の前の円高への対応が優先され、過去の民主党の主張が省みられることはなかった。

「日本銀行は、金融緩和と金融市場の安定確保の両面で、デフレ克服のために最大限の努力を行っていく」

三〇日、白川は名古屋の経済界代表者との懇談における挨拶《あいさつ》で、こう語った。白川はこの場で「デフレ」という言葉を繰り返し、ようやく政府と歩調を合わせた。

政府は一二月一日の閣議で、二〇〇九年度第二次補正予算に盛り込む追加経済対策の基本方針を了解する。需要を喚起する規制改革などに取り組む方針などが掲げられ、週内に経済対策を策定することを確認した。

藤井は閣議後の記者会見で、「新日銀法の精神から言えば、政府の政策に、自主的な判断で協力するのが筋だ」とあくまで日銀の判断を尊重しつつ「仮に、量的緩和になれば、経済効果はある」と述べた。菅も「円高を含め、金融面からの問題は、短期的に財政だけでどうこうできるわけではない」と述べ、日銀の対応を求めた。

日銀はこの日、政府の経済対策と歩調を合わせ、臨時の金融政策決定会合を開き、新たな資金供給手段(新型オペ)の導入を決めた。国債、社債やコマーシャルペーパー（CP）を担保に年〇・一％の固定金利で一〇兆円規模の資金を金融市場に供給するというものだ。

白川は会見で、この新型オペについて「広い意味での量的緩和だと言っていい」と踏み込む。実際は、このオペだけをもって、量的緩和と言うのにはかなり無理があるが、政治側の要請に応えているとアピールする狙いがあった。

さらに、白川は量的緩和について、「過去の多くのデフレの経験では（中略）物価に対し、金融で量をしっかり出していくことは大きな効果があった」と語った。このとき、量的緩和は金融市場の混乱を抑える効果はあったものの、物価を押し上げる効果はなかったという持論を封印したのである。

一二月二日、首相の鳩山、副総理の菅直人、官房長官の平野博文が、白川ら日銀正副総裁三人と首相官邸で向き合った。政府・日銀による第一回の意見交換の場だった。政府は経済対策を、日銀は「新型オペ」を、それぞれ報告。両者の密接な関係を演出した。

日銀は一八日、二〇〇六年に決めた「中長期的な物価安定の理解」を改定した。

物価安定を「〇～二％」とし、「委員の中心値は、大勢として、おおむね一％の前後」としていたが、「二％以下のプラスの領域にあり、委員の大勢は一％程度を中心と考えている」という表現に変えた。以前の表現ではゼロを許容しているという批判があったため、「プラスの領域」という表現を加え、デフレ脱却への決意を示したのである。

首相の圧力

政府と日銀の足並みはそろったかのように見えた。だが、菅は白川の努力に満足はしていなかった。それは翌二〇一〇年四月二日の衆院財務金融委員会のやりとりで、明らかになる。のちに「アベノミクスの仕掛け人」となる山本幸三衆院議員が、海外の「インフレ目標政策」を例に挙げながら質問に立ち、菅直人経済財政相と白川から興味深い答弁を引き出している。

（白川）インフレーション・ターゲティングという枠組みのもとで、あるいはこういう枠組みを採用しない場合もそうですけれど、短期的な物価の動向だけに目が奪われて、その結果、金融緩和を長期に続けた結果として今回のグローバルな金融危機が起きた。

（山本）日銀は、インフレターゲットをやられると自分たちの責任が出てくるから困るものだから、責任逃れするために、インフレターゲットでおかしなことになっちゃうんだという話をしたがる。そんなことをやっている国はありません。

（菅）インフレターゲットという考え方について、一般的には私もいろいろな時期に魅力的な政策だなと感じてきましたし、今でもその気持ちがある。

「インフレ目標政策」に否定的な見解を示す白川に対し、菅は「魅力的」と吐露したのだ。

六月二日、鳩山首相は沖縄県の普天間飛行場移設問題の迷走の責任をとって辞任した。六日後、後任の首相になったのは副総理の菅だった。最高権力者となった菅は、日銀への圧力を強めていく。

菅は官房長官に「反小沢」の仙谷由人を、与党運営の要となる幹事長には枝野幸男をそれぞれ起用した。菅は前任の鳩山政権で民主党幹事長として隠然たる力を持った小沢一郎元代表について「しばらくは静かにしていただいたほうが本人にとっても、民主党にとっても、日本の政治にとってもいい」（三日の民主党代表選への出馬会見）と発言。小沢の影響力を排除し、旧民主党系を中心に政権運営をすると宣言した。

だが、菅はさっそくつまずく。菅は七月一一日の参院選に向け「選挙の顔」としての役割が期待されていた。しかし、菅は六月一七日、マニフェストを発表する会見で、自民党の公約を引き合いに「自民党が提案している（消費税率）一〇％を一つの参考にさせていただく」と消費増税を打ち出してしまう。唐突な「増税宣言」がきっかけで支持率が急落し、現有の五四議席を一〇議席減らし、参院で過半数割れに陥ってしまった。

与党・民主党内には、菅の参院選敗北の責任を問う声が高まっていた。小沢を中心とするグループは、「反菅直人」の動きを強めていく。

一方、経済も厳しさを増していた。このころ、米国経済の景気回復の遅れが鮮明になっていた。だが、日銀は八月一〇日の金融政策決定会合で、「景気は緩やかに回復していく」という景気認識を変えず、金融政策を現状維持とした。

これをきっかけに、マーケットは大きく動いた。それまで徐々に進んでいた円高は、この日、一ドル＝八五円台になり、さらに進みそうな勢いだった。

菅は、円高対策を迫られた。夕方、首相官邸に、内閣府政務官の津村啓介、経産事務次官の松永和夫、財務省総括審議官の木下康司を招いた。菅は「どんな対策が考えられるか、教えて欲しい」と尋ねたが、各省からめぼしいアイデアは出てこなかった。

津村はこの場で、菅首相に「円高を食い止めるために、いま、必要なこと」と言って、三つの政策を殴り書きしたメモを手渡した。財政出動のビジョン、為替介入の検討、日銀との連携——の三つだ。つまりは、財政政策、為替政策、金融政策という、標準的なマクロ政策の組み合わせであった。

菅は「白川総裁とは、月内に会うことになっている」と明かした。ただ、この場で、経済対策について結論を出すことはできず、そのまま夏休みに入った。

日本時間翌一一日未明、米連邦準備制度理事会（ＦＲＢ）は、景気見通しを引き下げ、金融緩和に関する新たな方針を打ち出した。ＦＲＢが保有し、元本償還を迎えた住宅ローン担保証券（ＭＢＳ）から得られたお金を、米国債の買い入れにまわす、というものだ。

市場に出回るお金の量は減らないが、増えることもない。ただ、市場では、ＦＲＢの事実上の追加緩和と受け止められ、前日に現状維持を決めた日銀と、対比で語られる状態になっていた。円相場は一ドル＝八四円七〇銭と、一九九五年七月以来の円高を記録した。

八月二三日、日経平均株価は終値で九一一六円と年初来安値を更新する。菅は白川に電話をかけ、わずか一五分間ではあったが、二人は円高・株安について話し合った。だが、この日の電話会談では、何の対策も示されなかった。市場には失望が広がり、海外市場では一時、一ドル＝八三円台に突入する。

この日夜、菅は東京・赤坂の日本料理店「黒座暁楼」にいた。経済政策の指南役となっている小野善康阪大教授、宮崎徹の両内閣府参与に、教えを請うためであった。二人はすき焼きをつつきながら、口々にアドバイスを伝えた。

「日銀に金融緩和をさせて、そのときは一瞬円安になっても、短い時間しか効果はない」

日銀に圧力をかけようとする菅に、一人はこう釘を刺した。内需を拡大し、雇用の場をつくることが大切だとも説いた。

だが、菅は、助言を受け入れなかった。

「為替市場の過度な変動は、経済・金融の安定に悪影響を及ぼすものであり、私としては重大な認識を持っている。必要なときには断固たる措置をとる」

二七日、東京・大田区のめっきや研磨を手がける中小企業二社の視察を終えた菅直人首相は、手元に用意した文書を強い口調で読み上げた。政府の「経済対策の基本方針」をまとめる日程を「三一日」と明らかにし、さらに「日銀総裁が帰国され次第、首相官邸でお会いし、機動的な金融政策を期待する」とも付け加えた。

白川は前日、三〇日までの予定で米国出張に出発していた。首相が事前に、日銀総裁との会談日程を自ら記者団に明かすのは、きわめて異例だ。政府の経済対策と歩調を合わせて欲しい――。菅のそんなメッセージでもあった。

これには政治的な事情もあった。九月一日に公示、一四日に投開票を控えていた民主党の代表選である。このころ、小沢は代表選への出馬を決意しており、菅の「経済無策」を批判し始めていた。小沢は、高速道路の建設による内需拡大を主張し、その財源として、利子が付かない代わりに相続税を免除する無利子国債の発行を訴えていた。また、円高対策として為替介入するとも明言していた。

菅が、小沢の批判をかわすには、円高の進行を食い止める対策を、いち早く打ち出す必要があった。

白川は菅の発言を受けて、三〇日の予定を一日早めて帰国。三〇日には、臨時の金融政策決定会合を開くことを決める。

日銀は三〇日朝、臨時の金融政策決定会合を開き、追加の金融緩和を決めた。前年一二月に導入した新型オペによる市場への資金供給額を、これまでの二〇兆円から三〇兆円程度に拡大するという内容だった。政府は直後に「経済対策の基本方針」を公表した。

この日夕、菅と白川は首相官邸で会談した。菅は白川に対し、「現在の情勢に迅速に対応した措置だと思う」とたたえた。

「首相から評価の言葉をいただいた」

白川は会談後、記者団に、こう語った。

包括緩和

菅は九月一日以降、民主党代表選に全力を傾注し、小沢の批判を全力でかわして、一四日、再選を決めた。ところが、為替介入を明言していた小沢が敗れたことで、一気に円高が進み、この日、一時、一ドル＝八二円台をつける。

翌一五日、政府・日銀は急速に進行する円高を阻止するため、為替市場介入に踏み切った。野田佳彦財務相は緊急会見で「為替市場の動向を注視しながら、必要な時には介入を含めて断固たる措置をとっていきたい」と強調した。為替介入は六年半ぶりであった。

白川はこの直後、総裁談話を発表。「為替市場における財務省の行動が、為替相場の安定的な形成に寄与することを強く期待している」と強調。「強力な金融緩和を推進するなかで今後とも金融市場に潤沢な資金供給を行っていく」と表明した。為替介入の資金を市場から吸収せず、事実上の金融緩和（非不胎化）を行う——。市場には、こんな臆測が広がった。

だが、景気の悪化は避けられそうになかった。

二九日、日銀が発表した九月の企業短期経済観測調査（短観）では、企業の業況感の先行きが悪化することが鮮明となった。7四半期ぶりの悪化であり、円高や米国経済の不透明感が理由だった。

また、米連邦準備制度理事会（ＦＲＢ）が追加金融緩和の検討を本格化させていることも、拍車をかけた。ＦＲＢが国債の追加購入などの緩和に踏み切れば、円高が進んで、日本企業の業績をさらに悪化させる恐れがあった。

「需要が不足するなか、供給側がいくらコスト削減に努めても、値下げ競争になるばかりで、ますますデフレが進んでしまいます。これでは景気は回復しません」

二〇一〇年一〇月一日、衆院本会議場。菅首相は所信表明演説で、これまでにないくらい語気を強め、デフレに対する危機感を強くにじませた。さらに、菅は日銀を名指しして「政府と緊密な連携を図りつつ、デフレ脱却の実現に向け、さらなる必要な政策対応をとることを期待します」と要求をぶつけた。

これまで、財務相や経済財政相などの閣僚や与党幹部が会見などで、日銀への不満を漏らしたり、金融緩和などを要求することはあった。日銀はその圧力の大きさに応じて、何らかの政策を打ち出してきた。だが、最高権力者である首相が自ら所信表明演説で、日銀に対し、これほどストレートな要求をするのはめったにないことだった。日銀幹部は「これまでとはフェーズが違う。抜本的な対応が求められている」と受け止めていた。

一〇月五日、日銀は、大きく二つの措置を組み合わせた「包括的な金融緩和政策」（白川総裁）を打ち出す。

一つは、政策金利の誘導目標を現行の「年〇・一％前後」から「年〇～〇・一％程度」に引き下げた。四年三カ月ぶりの実質ゼロ金利政策の復活だった。白川は物価上昇率が前年比一％程度になるまで続けると約束した。

もう一つは、総額三五兆円の新たな基金創設である。従来の新型オペ（三〇兆円）に、長期国債や社債、不動産投資信託（Ｊ－ＲＥＩＴ）など五兆円分を加えた「買い入れ基金」をつくるというものだ。

白川は会見で、今回の措置について、市場に供給するお金の量を増やす「量的緩和」と、リスク資産を買い取って金利低下や資産価格の上昇を促す「信用緩和」という二側面を兼ね備えている、と説明した。それゆえ「包括緩和」と新たな名前を付けたのである。

新たに設置した「買い入れ基金」は、白川のこだわりでもあった。

日銀が買い入れる長期国債については、保有残高を、日本銀行券（お札）の流通残高以下に収めるという「銀行券ルール」がある。日銀が二〇〇一年三月、量的緩和政策を導入するときに、国の借金を肩代わりする「財政ファイナンス」にならないように設けたものだ。

新基金は五兆円のうち、一・五兆円を長期国債の購入に振り向けることにしていた。日銀が直接、この額の長期国債を購入すると、「銀行券ルール」違反になる可能性があった。だが、基金に任せれば、ルールの「適用外」とすることができる、と考えた。

いずれ景気が回復すれば、基金が購入した長期国債を市場に売り出せるようになり、基金はなくなるときがやって来る——。白川は、そう考えていたに違いない。

だが、包括緩和の効果はすぐに息切れした。

このひと月後の一一月三日、ＦＲＢが追加の金融緩和策を発表したからだ。翌一一年六月末までに六〇〇〇億ドルの米長期国債を購入し、市場に資金を供給することを決めた。のちに量的緩和策第二弾（ＱＥ２）と呼ばれる政策であった。

円相場は一ドル＝八〇～八一円台で定着した。有効な円高対策を打ち出せないまま、政界には日銀批判のマグマがたまっていくことになる。

第4章 日銀批判のマグマ

2011年12月12日憲政記念館にて、安倍晋三元首相と山本幸三衆議院議員

マグマの源流

二〇一〇年三月三〇日、政権与党・民主党内に新たな議員集団が誕生した。

その名は「デフレから脱却し景気回復を目指す議員連盟（デフレ脱却議員連盟）」。国会内の会議室で開かれた発足式には多くの議員が集まり、熱気に包まれていた。

会長には衆院議員の松原仁が就任。池田元久、宮崎岳志の両衆院議員と、金子洋一参院議員ら一〇〇人以上の議員がメンバーに加わった。

議連の狙いは、金融政策の転換である。

民主党の主流派は、日銀の超低金利政策には否定的だった。どちらかと言えば、日本銀行の立場に立ち、自民党政権が日銀に圧力をかけようとすると、それを批判してきた。

だが、四カ月前、菅直人経済財政相は戦後二度目となる「デフレ宣言」に踏み切った。その直後、白川方明総裁はデフレという認定を拒んだり、金融緩和を渋ったりした。さらに、リーマン・ショック後、米連邦準備制度理事会（ＦＲＢ）が大胆な金融緩和を進めるにつれ、ドルに対して円高が進み、一ドル＝八〇円台へと突入しつつあった。

松原らには円高が日本の産業を破壊するという危機感があった。さらに、こうした白川の態度の背景には、民主党政権への「甘え」があるとも考えた。白川を総裁にしたのは、民主党だったからだ。民主党内にも、日銀に対して厳しい姿勢の議員がいることを示そうと考えたのである。

この時期に発足したのは、民主党政権下で初めてとなる夏の参院選に向けて、マニフェスト（選挙公約）に金融政策を盛り込むよう党に働きかけるためである。

初会合には、元日銀副総裁で、元財務事務次官もつとめた武藤敏郎大和総研理事長が講師役として出席した。武藤は「金融政策の余地がなくなったと言うのはオーバーで、手段はまだある」と力を込めた。

武藤は日銀副総裁だった二〇〇八年、福田康夫内閣によって日銀総裁候補に指名された。しかし、民主党に反対され、不同意になった。その武藤が、因縁の民主党の議連に出席し、白川の政策を批判している。何とも不思議な光景である。

だが、この年の六月、松原らは思いもかけない発言を耳にする。

「（衆議院議員の任期の）四年間は消費税を上げない」と公約していた鳩山由紀夫首相は二〇一〇年六月に、沖縄県の普天間基地の県外移設の約束が果たせずに退陣した。その後を継いで首相になった菅直人は六月一七日のマニフェストについての会見で、自民党が参院選公約に盛り込んだ消費税率一〇％への引き上げを「参考にさせていただきたい」と述べ、一転して消費増税に取り組む姿勢を示した。

だが、この唐突な「増税宣言」に国民は猛反発。七月一一日の参院選で、民主党は惨敗し、参院で過半数割れを起こしてしまった。

もともと菅直人は財政への危機感は薄かった。ところが、その菅は二〇〇九年経済相就任の翌年二月五、六日にカナダのイカルイトで開催された七カ国財務相・中央銀行総裁会議（G７）に出席し、その立場を一八〇度、変えてしまう。欧州各国が、開催直前に表面化した「ギリシャ債務危機」について議論しているのを聞いたからだ。

同行した日銀出身の参院議員、大塚耕平はこう証言する。

「菅さんの考え方が、行きの飛行機と帰りの飛行機では、一変していた。ドイツや英国、フランスが、ギリシャをつぶすつぶさないと議論しているのを見聞きしているうちに、日本の財政への危機感が芽生えたのだろう」

このころ、日本国の借金である長期国債の発行残高は六〇〇兆円を超え、国の経済規模（名目国内総生産）の一三〇％に達していた。先進国では最悪の状況である。菅は、経済閣僚となり、勉強をしていくうちに、新たな財源の確保なしに、新政策を打ち出せない状況に危機感を募らせるようになる。

そこで、菅は参院選後、消費増税の増収分で社会保障を充実させる「社会保障と税の一体改革」を打ち出す。内閣府参与となった小野善康阪大教授のアドバイスが基礎となっていた。増税したとしても、その分の税収増をそのまま支出すれば、経済成長できるという考え方だった。菅は、不況のときに財政出動で政府が景気回復を主導するよう訴えた英国の経済学者、ジョン・メイナード・ケインズをもじって、「カインジアン」などと呼ばれた。

だが、民主党内には菅への批判が渦巻くようになる。

そもそも、経済財政相のときに「デフレ宣言」をして、日銀に円高対策の意味で金融緩和を求めておきながら、首相になったとたん、国民からお金を吸い上げて円高の要因となる消費増税を唱えることは、経済政策として矛盾している——。こう考えた松原らは、民主党内で「反菅直人」派の一つの軸となっていくのである。

「国民運動にしたい」

参院選後、松原仁は経済評論家、勝間和代にこう持ち掛ける。参院で過半数割れして民主党だけで法律を成立させられなくなったいま、超党派の取り組みとともに、世論の支持を喚起しようと考えたのである。

生きて、もっと歌いたい

片足のアイドル・木村唯さん、18年の軌跡

芳垣文子

1、188円 978-4-02-251494-3

「浅草花やしき」のアイドルだった木村唯さん。がんと闘いながらもステージに立ち続けた、18歳2カ月で亡くなるまでの軌跡を描く。

世界第3位のヘッジファンドマネージャーに日本の庶民でもできるお金の増やし方を訊いてみた。

塚口直史

1、404円 978-4-02-331546-4

20年以上世界の市場で勝ち続けた投資のプロが、大きなお金も投資の知識もない素人でもできる、最強の資産運用を伝授！

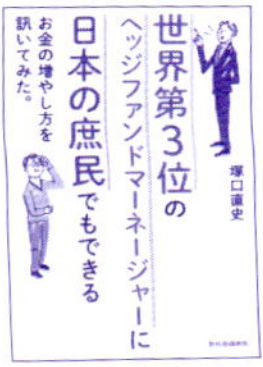

勝間らは、リフレ派の学者に声をかけ、米エール大名誉教授の浜田宏一や学習院大教授の岩田規久男ら、大御所が呼びかけ人になることを決めた。

八月三一日、国会内で第一回の「デフレ脱却国民会議」が開かれた。松原は冒頭、日銀への激しい批判を浴びせた。

「我々はこの円高を予測していた。米国が金融緩和をしているのに、日銀は何もしていない」

松原や自民党衆院議員の山本幸三、みんなの党の衆院議員、渡辺喜美らが、パネリストとして登壇。超党派の金融緩和派とリフレ派の学者らが集い、発信する舞台が整った。

だが、松原らは、これだけでは満足しなかった。

二〇一一年一月二一日昼、東京・永田町の日本料理店「個室会席 北大路 赤坂茶寮」。松原と金子は、自民党の首相経験者と向き合っていた。野党の一議員として「雌伏のとき」を過ごしていた安倍晋三である。

安倍と松原は拉致問題を通じて顔見知りであったが、経済政策について詳細に話したことはなかった。松原が安倍を会合に招いた狙いは、金融緩和を目指すこうした超党派の活動に、元首相で知名度のある安倍を巻き込み、影響力を高めることだった。

「デフレ脱却には金融緩和が必要です。自民党内で考え方を広め、民主党政権に圧力を掛けていただきたい」

金子の言葉に、安倍は「日銀はあんまり言うことを聞いてくれないんだよね」と日銀批判を口にしたという。だが、金子は「金融緩和についていいとか悪いとか、明確な反応はなかった」と振り返る。

安倍は二〇〇七年の参院選で敗北し、自民党が政権から転落するきっかけをつくった、という罪悪感にさいなまれていた。自民党の仲間に顔向けできないという気持ちから、人目につかないようひっそりと過ごしていた。

安倍は腹を決めかねていた。

復興増税

二〇一一年三月一一日に発生した東日本大震災は、死者一万五千人、行方不明者二五〇〇人を超える未曽有の大災害となった。経済的な損失も甚大で、内閣府は、住宅や工場などの被害額をおおよそ一六・九兆円と見積もった。これは阪神大震災の九・六兆円を大きく上回り、戦後最大であった。

しかも、この被害額には、東京電力福島第一原子力発電所の事故による放射能汚染の被害は含まれていなかった。復興には巨額のお金がかかることが見込まれ、その手当をどうするのかが早くも論争となっていた。

この問題で、いち早く動いたのは、自民党総裁の谷垣禎一である。

谷垣は一三日、首相官邸を訪ね、菅直人首相と会談した。谷垣は、未曽有の東日本大震災の復興を推し進めるためには、与野党の協力が不可欠だと考え、震災対応に限った協力を行う考えを示した。復興支援に向けた特別立法や財源確保について、自民・民主両党の幹事長間で、時限立法をすることも含めて協議することで一致した。

「国債発行だけで巨額の復興財源をまかなえるのか。国民の間にも協力しないといけないという気持ちもある」

菅に復興増税の提案をしたのは、谷垣の方だった。元財務相の谷垣は、ただでさえ巨額となっている国の借金が、復興事業によってさらに増えてしまうことを恐れていた。国民でその負担を分かち合うことは合理性があると考えていたのである。

菅はこの時点では、復興増税には慎重だった。

ところが、菅は谷垣の提案を受け入れ、増税によって復興財源を確保しようと考えるようになる。「民主党が参院で過半数割れをしている以上、円滑に復興を進めるためには、野党の考え方を取り入れるしかない」と考えたためだ。

菅は一九日、谷垣に電話をかけた。

「国家的危機に責任を分担してもらえないか」

谷垣に「副総理兼震災復興担当相」というポストを示し、入閣を要請したのだ。単なる与野党協力を超え、一緒に政権を形作る「大連立」を意味していた。

谷垣はとっさに「あまりに唐突な提案だ」と拒否した。だが、この後、菅からボールを投げられた谷垣は迷走する。

自民党は民主党政権を厳しく追及してきた。民主党政権が二〇〇九年の衆院選マニフェストで約束した「子ども手当」、「高校無償化」、「農家戸別補償制度」、「高速道路無料化」という四つの政策を「バラマキ四K」と名付け、撤回を求めてきた。

だが、未曽有の大震災を目の前に、国難には与野党が一致して対応すべきではないか——。谷垣にはそういう思いもあった。また、森喜朗ら自民党の首相経験者からも、「大連立」に賛成する声が上がり始めていた。

年度末となる三月三一日、谷垣は記者会見で「(二〇一一年度)予算も通り年度も替わるので、協力のあり方をいろいろ考えなければならない」と発言。「大連立」を含めた協力を排除しない考えを示すようになる。

このころ、菅は、谷垣の発言を受け、有識者や被災地の地元関係者でつくる「復興構想会議」を首相官邸に創設すると表明。自民党などとの「大連立」をにらみつつ、議論を進める姿勢を鮮明にする。

だが、谷垣は前向きな発言から一転、大連立を明確に否定するようになる。きっかけは、四月五日の小泉純一郎元首相との会談であった。小泉は大連立を「あり得ない」と一笑に付したのである。

谷垣は会談後、記者団に対し、こう述べた。

「私は今まで『連立したい』とひと言も言ったことはない。政策の擦り合わせもないところに連立なんてあり得ない」

「大連立」は幻となった。

四月一四日、菅首相が発足させた復興構想会議(議長・五百旗頭真《いおきべまこと》防衛大学校長)の初会合が開かれた。五百旗頭議長は「『震災復興税』を創設し、復興にかかる費用を国民全員で分かち合う必要がある」と問題提起した。

菅政権は、谷垣の提案をきっかけにした復興増税へと突き進んでいくことになる。

異端児起動

三月一七日、東京・永田町にある衆参七〇〇人余りの議員会館事務所を一軒一軒まわって、一枚の緊急アピール文を配る議員がいた。

そのアピール文にはこう記されていた。

「二〇兆円規模の日銀国債引き受けで救助・復興支援に乗り出すべきだ」

未曽有の大震災。復興には巨額のお金がかかることが明らかだった。アピール文は、政府が国債を発行して、日銀に引き受けさせることで、まかなうように求めていた。

アピール文を配っていたのは、元大蔵官僚で、自民党の衆議院議員の山本幸三である。

一九九三年に初当選した山本は、筋金入りの金融緩和論者として知られている。日本経済の停滞の原因を日銀の金融政策に求め、日銀批判を繰り返してきたが、自民党内では主流派になることはなかった。

「自民党が政権を失うことになったのは、デフレを放置した日銀の失敗を見抜けなかったからだ」

山本は二〇一〇年に出版した自著『日銀につぶされた日本経済』（ファーストプレス）で、二〇〇九年の政権交代の原因も、日本銀行の政策に求めている。

その山本をアピール文配布に走らせたのは、一三日の自民党の谷垣禎一総裁と菅直人首相の会談である。会談では、谷垣が復興財源を増税でまかなうよう求め、それが与野党一致した路線になりかけていた。

だが、山本は復興財源を増税でまかなうことは、断じてあってはならないと考えていた。

大震災後、円相場は急騰し、円高が進行していた。損害保険会社が保険金支払いのために、海外資産を売り、円を買うという「噂」がまことしやかに流布し、投機筋がその動きに乗じてドル売り円買いを仕掛けてきたから、だと言われている。

もし、ここで増税をすれば、政府が民間から強制的にお金を吸い上げてしまうことになり、さらに円高が進んでしまう要因となる。しかも、増税は、悲しみに明け暮れる被災地の人々にも税負担がのしかかることを意味する。

ここは、国が借金して復興財源をまかない、発行された国債は日銀が引き受ければ良い。被災地がある程度回復してから、返済すればいいのだ。しかも、日銀が引き受けた国債に見合う紙幣を刷れば、円高を和らげることもできる。いまこそ金融緩和しかない――。居ても立ってもいられない山本は一人、アピール文の配布に踏み切った。

だが、自民党内の反応は冷たかった。谷垣ら主流派は「山本の主張は、通貨の増発で財政資金をまかなう『財政ファイナンス』である」と聞き入れようとはしなかった。

山本はあくまで党内の「異端児」のままであった。

一人だけ仲間がいた。それが田村憲久衆院議員（のちに厚生労働相）である。二人は衆院本会議場の座席がすぐそばで、経済についての議論を重ねた。山本と田村は行動をともにするようになる。

同じ日に開かれた衆院本会議。アピール文を携えた山本らは本会議場で、首相の菅直人と財務相の野田佳彦に野党議員として異例の直談判に及んだ。アピール文を手渡し、山本のアイデアを採用するよう求めたのである。

反応はつれなかった。翌日の閣議後会見。日銀の国債引き受けの可能性を記者に問われた野田の答えは「政府内で具体的な検討をしているということはない」だった。

孤立する山本たち。だが、それはつかの間の孤立であった。この後、山本らの運動は、思わぬところから反響が寄せられる。

議長公邸の「謀略」

東日本大震災から一カ月ほどが過ぎた二〇一一年四月一二日。山本幸三事務所の電話が鳴った。民主党出身の参院議長、西岡武夫からだった。

「話を聞きたい」

山本はこのときまでに「復興増税反対」「財源は国債発行で」と求める緊急アピール文を計四回、全国会議員に配っていた。そのなかには「与野党の垣根を越えて」と超党派の運動を呼び掛けるものもあった。それが西岡の目に留まったのだった。

山本が議長室に飛んで行くと、西岡は言った。

「あなたに賛成だ。一緒にやろうじゃないですか」

このころ、民主党内は二つに割れていた。菅直人首相を支えるグループと、菅退陣を求めるグループだ。元民主党代表の小沢一郎は首相、菅直人の打倒で動き出していた。

一方の自民。震災直後の党首会談で、菅に復興増税のアイデアを伝えたのは、財務相経験者で財政規律派として知られる自民党総裁、谷垣禎一である。菅直人はそれに乗ろうとしており、与野党の主流派は復興増税へと走り始めていた。

五月一一日。山本と西岡の呼び掛けに応じて、超党派の復興増税慎重派の国会議員約一〇人が参院議長公邸に集った。もともと山本らと金融緩和の重要性を訴えてきた田村憲久（自民党）や松原仁（民主党）、渡辺喜美（みんなの党）といった面々である。

「こんな時に、増税は許せない」

西岡は菅首相が進めようとしている復興増税に強い不満を示した。そのうえで、各党で支持者を募って、超党派の会合を持つ運びとなった。

そこで課題となったのが、自民党のトップを誰に据えるのか、である。山本は言った。

「自民党内でリフレ派と言えば、私や中川秀直先生だ。だが、残念ながら、我々はあまり人望がない。仲間を増やすために、人気のある人を取り込もうと思う」

山本はこう力説した。出席者の一人が「誰か念頭にあるのですか」と聞くと、山本は言った。

「安倍晋三だよ。いま、説き伏せている最中だよ。彼も分かってきた」

出席者は、半信半疑だった。まさか、首相経験者が、自民党内で異端視されている山本の説得に乗ってくるとは考えていなかったからだ。

首相を辞めることになった安倍は、まだ五〇代後半。山本は、安倍がいつか首相に返り咲きたいという意欲があることを感じ取っていた。

「彼には憲法や安保のイメージしかない。そのままだったら、二度と復活できない。もし、もう一度、首相になりたいなら『経済の安倍』になるしかない」

山本は力を込めた。「雌伏のとき」を過ごす安倍の野心をくすぐろうという作戦だった。

この会合から一週間あまり経った五月一九日。山本は議員になって初めて安倍の議員会館の部屋を訪れた。

「金融政策の勉強会を始めたい。第一弾として、復興増税反対をやろうと思っている」

自民党に議員連盟、「増税によらない復興財源を求める会」を立ち上げ、幹事長には山本が、事務局長には田村憲久がなるので、会長には安倍になってもらいたいという依頼だった。

安倍はこれを受け入れた。

この時の心境を、安倍は二〇一二年一一月二九日のウェブサイト「現代ビジネス」で明かしている。

「この問題をずっと専門家としてやってきたわけではないので、会長をやるというつもりはなかった。しかし、民主党政権がデフレ容認、金融政策軽視の傾向が強いので、それだったら私もいっちょうやってやろうかということになった」

超党派の会合は、六月一六日に実現した。数十人が国会内の会議室に集まり、復興増税に慎重な対応を求める声明文への署名は、安倍ら七党二一一人分に上った。菅と対立する小沢のグループに所属する議員も大勢、名を連ねた。

「阿部知子先生（社民党）から安倍晋三までという、大変幅の広い集まりになった」

安倍の軽口に場内が沸いた。そのうえで、安倍はこう続けた。

「増税は明らかに、成長に大きな打撃を与えることになる。成長の歩みを止める、そしてもしマイナスになれば、復興財源どころか、財政再建はもっともっと遠のいてしまうことは間違いない。デフレを脱却し、しっかり成長していくことこそ、復興、そして財政再建の道である、私はそう信じている」


参考資料❺＝増税によらない復興財源を求める声明文

三月一一日の東日本大震災で被災された方々に対し、心よりお見舞い申し上げます。被災された方々の救済と共に、復興に全力を挙げるのが我々国会議員に課せられた責務であることは言うまでもありません。大震災から三ヶ月を過ぎ、復興財源の在り方が問われ始めています。増税で財源を賄おうという案もありますが、その場合国民一人当たり数十万円にも上る大増税になる可能性があり、これでは一〇年以上もデフレが続いている日本経済へのダメージは計り知れません。経済を破壊しては、復興も財政再建もあり得ません。被災者にとってもその負担は大きすぎます。震災復興にメドが立ち、デフレを脱却、経済が安定成長軌道に乗るまでは増税などすべきでなく、今は、国債や埋蔵金など増税によらない復興財源を見出すべきです。

よって、以下の理由から我々は、まず第一歩として、政府と日銀の間で政策協定（アコード）を締結し、必要な財源調達として政府が発行する震災国債を日銀が原則全額買い切りオペするよう求めます。

一．国債の買いオペは既に行われており、米国ＦＲＢが量的緩和政策（ＱＥ２）で大量の国債買いオペを実行し成功した例から見ても、有効であることは明らかです。

二．日本は今デフレで大幅な需給ギャップを抱えている上に東日本大震災という景気後退ショックが重なったのですから、これに増税するのは自殺行為です。歴史的にも経済が縮小しているときに増税に成功した国はありません。財政再建のためにも、デフレを脱却、過度の円高を是正し、名目成長率を上げるようにするのが基本であり、一層の金融緩和がどうしても必要です。それと復興対策が同時に可能になるのですから、一石二鳥です。

三．上述したような日本経済の現状では、相当規模の買い切りオペを行ったとしても、物価の安定を目指した適切な金融政策運営で過度なインフレを防ぐことは十分可能です。米国のバーナンキFRB議長は、「自分達はインフレをコントロールできる能力を十分に有している。」と自信満々であり、日本でできないことはあり得ません。これによって、激しいインフレにならないようにすれば、「円の信認」が失われることはありません。

四．財政規律が失われ「国債が暴落」しかねないと心配する向きもありますが、財政破綻を防ぐためには基礎的財政収支のGDP比をプラスにする必要があり、その要は名目成長率を引き上げることです。現時点で増税すれば、名目成長率は下がってしまい税収も上がりません。他方、買いオペで貨幣供給が増えれば、デフレ脱却、円高是正、名目成長率の上昇が期待でき、真の意味での財政再建に資するのです。経済が安定成長路線に回復したときに進めるべき「基礎的財政収支改善の工程表」を予め明確にしておくことも有用でしょう。

まず、政府・日銀間で政策協定（アコード）を締結し、震災国債の原則全額を日銀が買い切りオペするよう求めます。

以上、決議する。

平成二三年六月一六日

増税によらない復興財源を求める会

■署名した主な議員
【民主党＝一一五人】池田元久、松原仁、石田勝之、川内博史、山岡賢次
【自民党＝六五人】安倍晋三、小里泰弘、古賀誠、中川秀直、森喜朗、山本幸三、佐藤ゆかり
【みんなの党＝一六人】渡辺喜美、江田憲司ら全員
【国民新党・新党日本＝五人】亀井静香、亀井亜紀子、田中康夫
【社民党＝四人】阿部知子
【公明党＝二人】遠山清彦
【無所属＝三人】西岡武夫、鳩山邦夫

菅おろし

五月一九日の読売新聞朝刊一面。西岡武夫参院議長の寄稿が波紋を呼んでいた。

「菅首相、貴方は、即刻、首相を辞任すべきです」

菅直人首相に対する退陣勧告だった。

寄稿は菅首相の震災対応の問題を六項目にわたって列挙。「大震災に対する施策も、原発事故の処理費用も、新たな電力政策も、それらに要する財源は明らかではないのです。もし、それらが、政権担当能力

を超えた難題なら、自ら首相の座を去るべきです」と訴えていた。

与党・民主党に推されて参院議長に就任した西岡。本来、国会を中立的な立場で運営する議長が、首相に退陣要求を突きつけるのはきわめて異例だ。西岡はこのころから公の場で、菅批判を繰り返すようになる。

「三権の長」による異例の政局介入に対し、民主党内からは批判の声が相次いだ。だが、民主党の小沢一郎や鳩山由紀夫らのグループ、野党・自民党などが西岡と歩調を合わせるようになる。震災対応が一段落したら辞めてもらう――。与野党で「菅おろし」の動きが活発化していた。

「災害という傷を負った子どもに、重荷を背負わせるようなものだ」

二〇一一年六月三〇日、復興増税に反対する自民党議連「増税によらない復興財源を求める会」の第一回勉強会が自民党本部で開かれた。超党派の会合で申し合わせたとおり、各党の運動にしていくためのものだ。自民党本部の会議室には議連会長の安倍晋三や、安倍を会長に据えた衆院議員、山本幸三がいた。

この日の講師役は米エール大名誉教授、浜田宏一（現内閣官房参与）である。浜田は、民主党政権の復興増税構想に反対していた。

「六重苦」――。大震災後、経済界からはこんな悲鳴が上がっていた。

長引く円高、原発がストップしたことによる深刻な電力不足、高い法人税、自由貿易協定（ＦＴＡ）交渉の遅れ、厳しい労働規制、そして温暖化対策である。

このうち、もっとも深刻なのは円高だった。二〇〇八年のリーマン・ショック後から一ドル＝八〇円台が定着し、震災後、七〇円台に突入しようとしていた。しかも、所得税や法人税の増税によって復興財源をまかなうとなれば、それ自体が円高要因となってしまう。

浜田によれば、こういう大災害のときこそ、国が借金をすればいいと主張する。破壊された住宅などの復旧は大きな需要を生み出す。それはめぐりめぐって、現役世代だけでなく将来世代にも恩恵を及ぼす。それを将来の世代が負担するのはむしろ公平である。

そのうえで、デフレで円高が進んでいる状況では、日銀が政府の借金を肩代わりし、デフレや不況を和らげる金融緩和こそ、もっとも効率的なやり方だというのだ。

浜田は「まずすぐにできる金融緩和で政府が歳入を増やし、増税をなるべく少なくするのが経済学の定石だ」と説いた。

浜田は尋ねられると、「ドンドン主張して下さい」と安倍や山本らにお墨付きを与えた。

一方、菅首相は高まる「菅おろし」の動きに対し、自ら退陣を決断する条件をつきつけた。それが「再生可能エネルギー促進法案」（再エネ法案）の成立である。

この法案は、太陽光や風力などの再生可能なエネルギーを利用してつくった電気を、大手電力会社に固定価格で買い取るよう義務づける内容だった。緊急性の乏しい法案だったが、大震災のとき原発対応に苦慮した菅は、将来の「脱原発」のために必要だと考えていた。それを、自らの「花道」としようというのである。

菅は六月一五日夜、超党派の国会議員や市民団体の会合で、こう力を込めた。

「『菅の顔だけはもう見たくない』という人が結構いるんですよ。国会のなかには。本当に見たくないのか、本当に見たくないのか、それなら、早いとこ、この法案を通した方がいいよと」

菅は「菅おろし」に参加する与野党の議員たちを挑発するように、この法案の早期成立こそ、菅退陣を実現する近道だと言っていた。

与野党には、菅首相を早く辞めさせるために、この法案の成立に協力する動きが広がる。与野党が修正協議を終え、八月二六日に参院で法案が成立すると、菅は退陣を表明した。

後継の首相に野田佳彦財務相が選ばれた八月三〇日。「増税によらない復興財源を求める会」の第二回勉強会で、安倍は運命の人に出会った。それが、リフレ派の親分で、学習院大教授、岩田規久男（のちの日本銀行副総裁）であった。

講師役の岩田がこのとき強調したのは、デフレの恐ろしさであった。

二〇一〇年、日本は国内総生産（ＧＤＰ）で中国に追い抜かれ、四〇年以上守ってきた世界第二位の経済大国の座を明け渡した。岩田はその原因はデフレにあると説いたのだ。日本経済がこの一〇年ほどで世界経済のなかでみるみる存在感を失っていく様子をデータで紹介した。

岩田の資料は、それを理解しやすくする工夫がされていた。それが、仮に日本経済がデフレに陥らずに、一九九一年から名目四％の成長を続けていれば、二〇一〇年段階で、経済規模は実際の数字の二倍になっていたという試算だった。それが本当なら、日本はまだ世界第二位の経済大国のままだったということになる。

岩田はこう締めくくった。

「これは明らかな失政です。政府・日銀が緩やかなインフレを起こす政策を打ち出せば、凍り付いたお金は再び動きだし、デフレから脱却できます」

岩田は、説明を終えて、ひな壇の席に戻った。すると、安倍は隣の岩田にこう声をかけた。

「もっと早くあなたのデータや理論に出会っていればよかった」

岩田の説明は、安倍の琴線に触れていた。それは、安倍の「強い日本」を取り戻すという国家像とシンクロするものだったからだ。のちに安倍は、野党・自民党の総裁として、こんなことを語っている。

「強い外交力は強い経済力の裏打ちを要します。中国を始めとする昨今の我が国領土に対する挑発行為の頻発は、我が国経済の脆弱《ぜいじゃく》化の結果とも考えられる」

「デフレは日本経済低迷の根源であり、我々は、あらゆる手段を総動員し、その脱却を果たしていく」

（二〇一二年一〇月三一日の衆院本会議）

「経済政策」と「外交・安全保障」――。安倍にとって、この二つは表裏一体であり、「強い日本」を取り戻す両輪となっていくのである。

同じ八月三〇日、民間団体「日本経済復活の会」の勉強会に出た安倍は一時間以上、経済政策などについて熱弁を振るった。

「一五兆円から一〇兆円、新たにお札を刷ってもらう」

「これによって間違いなく、円安そしてインフレに誘導される」

復興財源は国民への増税でなく、国が借金して日銀に肩代わりさせる。世の中に出回るお金の量が増えることで円高から円安に向かい、デフレ脱却、経済成長も可能となる。浜田や岩田らから学んだリフレ派の理論を、自らの言葉で語るようになっていた。

「（第一次）安倍政権の時はデフレ下だった。インフレが二％乗れば、名目成長率は三％になるんだから、（それが続いていれば）三倍になったということだ」

安倍は、金融緩和が経済成長を後押しするという持論を展開した。

だが、安倍らのこうした議論は、与野党双方で主流の議論とは言えなかった。

安倍はこの講演で、金融緩和に傾く安倍を第一次政権時代の元秘書官、田中一穂（財務省出身）が引き留めようとした、というエピソードを披露した。

田中は安倍のもとを訪れ、「とんでもないことですよ」「国債の金利が上がります」と説明。山本らリフレ派の運動にはあまり近づくべきではないと進言したという。ただ、安倍は田中の忠告を受け入れることはなかった。そして、こう語った。

「山本さんの言っていることの方が正しい」

一一月二四日、安倍は復興増税法案の採決で賛成した。ただし、その理由について、同日の集会で、こう語っている。

「気持ちの上では反対。党員として賛成した」

デフレと消費増税

二〇一一年八月三〇日、菅直人の後を継いで首相になったのは野田佳彦財務相だった。前日の民主党代表選で、海江田万里経済産業相、前原誠司外相、鹿野道彦農水相、馬淵澄夫前国交相ら四人を破った。

勝因は二つあった。一つは野田と前原の連携である。二人はもともと、党内の同じ保守系グループの出身であった。このため、決選投票にもつれ込んで、どちらか一方がそこに残った場合、互いに協力すると約束していた。いわゆる「二、三位連合」である。

もう一つは、野田の人柄だった。市民運動家だった菅は、他人の問題点を鋭く追及するのは得意だったが、自らが権力者になると、野党や小沢派の攻撃にすぐにいきり立ち、堪え性がなかった。「イラ菅」というあだ名がついていた。野田は大平正芳元首相を師と仰ぐ「調整型」の政治家だった。代表選ではこんな演説をしている。

「政治に必要なのは、夢、志、矜持、人情、血の通った政治だ。一人ひとりを大切にする政治をやり遂げたい。『どじょうがさ　金魚のまねすることねんだよなあ』という相田みつをさんの言葉が好きだ」

民主党政権三人目の首相は「どじょう宰相」と呼ばれるようになる。

野田は九月二日の就任会見でこう言った。

「税制の抜本改革は二〇一一年度中に法律を提出することになっている。二〇一一年度中ということは、来年三月までに、その準備はきちっとやっていきたい」

野田が菅直人政権時代から引き継いだ「社会保障と税の一体改革」の消費増税法案提出の期限を区切り、政治生命をかけると宣言したのである。消費税率を五％から一〇％へと引き上げ、その増収分で社会保障を充実させるとともに、財政健全化を進めようという構想である。

このとき問題になったのが、「消費増税」と「デフレ」の関係であった。

このころ、日本国の借金である長期国債の発行残高は、国の経済規模（名目国内総生産）の一四〇％に当たる七〇〇兆円に迫ろうとしていた。先進国では最悪の状況であった。

消費税は、モノやサービスの付加価値に対して課税される。ある期間に一国で生み出された付加価値を数字にしたものが名目国内総生産（ＧＤＰ）である。つまり、消費税の税収は「名目ＧＤＰ×税率」ということになる。

デフレは、名目ＧＤＰが下がっていき、国の経済規模がしぼんでいく現象である。日本の名目ＧＤＰは一九九七年の五三〇兆円超をピークに、その後はそれを超えたことがない。一九九八年には物価が下がり続けるデフレに陥っている。デフレを放置したままだと、いくら消費税率を上げても、税収が増えない。

しかも、消費増税慎重派の間では、一九九七年四月の消費税率三％から五％への引き上げが、一九九八年からのデフレの引き金を引いたと考える人が多かった。金融危機のさなかの消費増税が人々のマインドを押し下げ、個人消費を冷え込ませて、物価の下落を招いた。そのデフレの泥沼からいまも抜け出せない、という主張である。

いずれにしても、デフレと消費増税の相性が悪いのは確かであった。

民主党内には二種類の消費増税反対派がいた。

一つは、馬淵澄夫元国土交通相らである。あくまで政策論として、デフレ下の消費増税には賛成できないという姿勢だった。「消費増税法案」に賛成する条件として、経済をデフレではない状況にすることを挙げていた。

もう一つは、小沢一郎元代表らの一派である。こちらは政策論というよりは、菅直人首相時代から続く「小沢外し」「反小沢」に対する反発から生じたグループである。

消費増税法案の内容次第では、党分裂の可能性があった。馬淵らをいかに納得させるかが、民主党の大分裂を避けるカギを握っていた。

この難しい調整を担ったのが前原誠司政策調査会長だった。野田首相は「デフレ脱却」を消費増税の条件とすることには慎重だった。馬淵らとの間には大きな乖離《かいり》があった。

前原がひねり出した知恵が「景気条項（附則第一八条）」である。法案は、二〇一四年四月に消費税率を五％から八％に、二〇一五年一〇月に八％から一〇％へと引き上げると定めている。だが、これを実際に行うためには「経済状況を好転させること」を条件としたのである。そのうえで、望ましい経済成長率の姿を「名目三％、実質二％」とした。

つまり、消費増税をするなら、一%ほどの物価上昇率となり、名目成長率が実質成長率を上回り、デフレではない状況をつくり出すことが「望ましい」という意味であった。数値の達成は「条件」ではないものの、具体的な数字を盛り込んだことで、馬淵らの離反を食い止めることに成功した。前原は三月二八日、野田首相が約束した「年度末まで」に法案のとりまとめに目処《めど》をつけたのである。

この二日後、東京・元麻布にある隠れ家風ワインバーで、与野党の国会議員や民間の消費増税慎重派、リフレ派が集った懇親会が開かれていた。この場には、安倍晋三元首相や馬淵の姿があった。

安倍はこのとき、馬淵にこう耳打ちした。

「財務省が、景気条項をふたたびなくそうと、自民党の大物に働き掛けを始めた」

財務省にとって「景気条項」は邪魔だった。消費増税を先送りする根拠となりかねないからである。日本の財政状況を考えれば、一刻の猶予もないというのが財務省の立場であった。だが、馬淵や安倍は、景気条項を外した消費増税法案には賛成できない。

結局、この心配は杞憂《きゆう》に終わり、景気条項は残った。政府・与党は、馬淵らの離党回避を優先したのである。野田政権はこの日、景気条項を含む消費増税法案を国会に提出した。

野田は自民、公明両党に法案成立への協力を求めた。「消費税率一〇%への引き上げ」はもともと二〇一〇年参院選の自民党の公約である。両党は協議に応じることにした。

六月はじめから、三党の実務者が断続的に協議を行い、一五日には「社会保障・税一体改革に関する確認書」に合意した。二一日には、民主党の輿石東幹事長、自民党の石原伸晃幹事長、公明党の井上義久幹事長が「三党確認書」に署名した。これが「三党合意」である。

六月二六日、衆院本会議は消費増税法案を三党の賛成で可決した。

小沢一郎ら民主党議員五七人は反対したが、馬淵らは賛成した。安倍も賛成に回った。

だが、参院の審議はすんなりいかなかった。小沢らの逆襲が待っていたからだ。

小沢らは即座に民主党を離党し、新党「国民の生活が第一」を立ち上げた。小沢は消費増税に反対する共産党や社民党などと協力し、八月七日、衆院に内閣不信任案を、参議院に首相問責決議案を提出した。野田首相は、消費増税法案を成立させるために、内閣不信任案と問責決議案を否決しなければならない状況に追い込まれた。

自民党内には、谷垣禎一総裁に対する不満がたまっていた。結局は、民主党政権の延命に力を貸しているだけではないか、という疑問が出始めていたのである。八月一日、国民的人気があった小泉純一郎元首相の二男で、自民党青年局長の小泉進次郎を中心にした若手議員は谷垣に直談判に及ぶ。消費増税法案を否決して野田首相を内閣総辞職や衆院解散に追い込むべき、という主張だった。

九月には自民党総裁選が控えている。野田首相に協力するなら、目に見える見返りを求めるべきではないか——。こんな声が渦巻いていた。この局面で何の成果も得られなければ、谷垣の再選は難しくなるという見方も広がった。

八月八日、野田首相、自民党の谷垣禎一総裁、公明党の山口那津男代表は三党首会談を開いた。野田は「(消費増税)関連法案が成立した後、近いうちに国民の信を問う」と述べ、衆院の解散を約束した。谷垣と山口はこの約束と引き換えに、不信任案などの否決と消費増税法案成立に協力することにした。

八月一〇日、消費増税法案は参院で可決、成立した。

五%の消費税率を二〇一四年四月に八%、二〇一五年一〇月に一〇%に引き上げることが決まった。

参考資料❻＝消費税率の引上げに当たっての措置（景気条項＝消費増税法附則第一八条）

消費税率の引上げに当たっては、経済状況を好転させることを条件として実施するため、物価が持続的に下落する状況からの脱却及び経済の活性化に向けて、平成二三年度から平成三二年度までの平均において名目の経済成長率で三％程度かつ実質の経済成長率で二％程度を目指した望ましい経済成長の在り方に早期に近づけるための総合的な施策の実施その他の必要な措置を講ずる。

2 （略）

3 この法律の公布後、消費税率の引上げに当たっての経済状況の判断を行うとともに、経済財政状況の激変にも柔軟に対応する観点から、第二条及び第三条に規定する消費税率の引上げに係る改正規定のそれぞれの施行前に、経済状況の好転について、名目及び実質の経済成長率、物価動向等、種々の経済指標を確認し、前項の措置を踏まえつつ、経済状況等を総合的に勘案した上で、その施行の停止を含め所要の措置を講ずる。〔傍線は筆者〕

FRBの「インフレ目標」

二〇一二年一月二五日、米連邦準備制度理事会（FRB）は、中長期的な政策金利の予測を柱とする初の金融政策戦略「FOMC（米連邦公開市場委員会）の長期目標と政策戦略」を公表した。長期的な物価上昇率について「年二％を目標（Goal）にする」と説明。二〇〇八年一二月に始めたゼロ金利政策を、少なくとも二〇一四年後半まで続けるとした。

ＦＲＢが「インフレ目標政策」を導入したのである。

前年一一月には、欧州の政府債務危機が深刻さを増していた。ギリシャから始まった危機は、スペインやイタリアなど、南欧へと広がり、欧州各国の国債価格が軒並み下がった。そうした国債を保有する金融機関は経営が悪化し、金融危機が再燃しかけていた。さらに、物価が継続的に下落するデフレの様相を見せていた。

米国も無縁ではなかった。二％以下の低インフレが定着し、デフレに陥りかけているという認識が広がっていた。

いったんデフレになってしまえば、なかなか抜け出すことはできない――。日本の教訓を熟知しているＦＲＢ議長のベン・バーナンキは、インフレ目標の公表に踏み切った。

ＦＲＢのインフレ目標導入は、日本の政治家を大きく刺激した。明確な物価の目標を持っていない先進国の中央銀行は、日銀とＦＲＢの二カ国だった。ＦＲＢの導入によって、日銀だけが取り残されることになるからだ。

この日の為替相場は荒れた。欧州リスク回避やＦＲＢのインフレ目標導入により、ドルやユーロを売って円を買う動きが広がり、一ドル＝七五円まで円高が進んだ。

日銀は集中砲火を浴びた。

「ＦＲＢがインフレ目標二％を導入すると発表した。これは、バーナンキ議長の長年の意向を反映した、歴史的政策転換です。先進国でインフレ目標を持たないのは日本だけだ。日銀との一体政策を進めるというのなら、日本も物価安定目標を採用すべきだ。いかがか」

二〇一二年一月二七日、衆院本会議。みんなの党代表の渡辺喜美は、野田佳彦首相にこう詰め寄った。野田は正面からの回答は避けた。

二月三日、国会内の会議室。民主党のデフレ脱却議連（デフレから脱却し景気回復を目指す議員連盟）の勉強会には、講師役の元日銀審議委員の中原伸之の姿があった。

中原はFRBのインフレ目標導入に触れつつ、日銀をこう批判した。

「名目成長率を二～三％に引き上げるには、五〇兆円規模の金融緩和が必要。そうすれば円相場も一〇〇円から一一〇円程度になる。重要なのは雇用であり、雇用を維持するためには金融緩和するしかない。日銀はやるべきことをやっていない」

拉致・消費者担当相になった松原仁から議連の会長を引き継いだ池田元久は「米連邦準備制度理事会（FRB）が物価目標を決めたのは大きな動きだ。政府・与党内に改めて働き掛けたい」と力を込めた。会場からは大きな拍手が巻き起こった。

日銀は対応を余儀なくされる。

二〇一二年二月一四日、日銀は金融政策決定会合で、「中長期的な物価安定の目処（The Price Stability Goal in the Medium to Long Term）」という新しい数値目標を決定した。消費者物価の前年比上昇率一％を「物価安定の目処」と位置づけ、それが見通せるようになるまでゼロ金利政策を続けるというものであった。この日、そのための手段として、国債などの資産買い入れのための基金も、五五兆円から一〇兆円増やした。

日銀は二〇〇六年三月に「中長期的な物価安定の理解」を公表している。ただ、これは、「二％以下のプラスで中心は一％程度」の物価上昇率を、政策委員が一致して「物価安定」と「理解（understanding）」している、という「数値イメージ」にすぎなかった。今回はこの「理解（understanding）」から「目処（Goal）」へと一歩進めた。「Goal」という英語を用いることで、ＦＲＢと同じ政策を導入したとアピールする狙いがあった。

「日銀の今回の枠組みは、物価の長期的な目標を示した米連邦準備制度理事会（ＦＲＢ）に近い」

日銀総裁の白川方明は会見で、こう胸を張った。

同じ日、財務省二階の廊下。安住淳財務相は記者団に、日銀の決定についてこう語った。

「実質的にインフレ目標を設定されたと受け止めている」

安住は白川よりも踏み込んで、「インフレ目標」と言い切った。

この日は「バレンタインデー」。市場は「バレンタイン緩和」と呼んで、沸き立った。東京外国為替市場も一ドル＝七八円台に円安が進んで、一カ月半前の水準に戻った。

白川は翌一五日午前、首相の野田佳彦と東京都内のホテルで会談した。白川は「中長期的な物価安定の目処」について、野田に説明をした。

だが、効果は一時的だった。その後は、これ以上、円高が改善されることはなかった。

その理由を分析し、批判を強めていたのが岩田規久男学習院大教授である。

岩田は六月八日発売の雑誌『Ｖｏｉｃｅ』七月号（ＰＨＰ研究所）に「日銀・白川総裁を解任せよ」と題する論考を寄せた。

岩田は「『(中長期的な物価安定の）目途』の効果が今後も続くかどうかは、市場が日銀の『目的達成の本気度』をどう判断するかに依存する」と強調。そのうえで、二〇〇九年三月と四月の日銀当座預金残高がそれぞれ前年同月比で減っていることを指摘し、「市場はこの減少を知って、日銀の本気度を疑うようになった」と批判した。

さらに、岩田は「いい加減に、政府と国会と多くのマスメディアの金融政策に関する無知のために『デフレの番人』である日銀をいつまでも責任を問うことなく放置する状態に終止符を打つべきである」とし、日銀の正副総裁と審議委員を「解任し、責任をとらせるべきである」と断罪した。

リフレ派の親分の怒りは、与野党の政治家にも広がっていく。

参考資料❼＝「中長期的な物価安定の目途」について（抜粋）

「中長期的な物価安定の目途」について、現時点では、「消費者物価の前年比上昇率で二％以下のプラスの領域にある」とある程度幅を持って示すこととした。そのうえで、「当面は一％を目途」として、金融政策運営において目指す物価上昇率を明確にした。

燃えさかる日銀法再改正論

二〇一一年一一月二四日、衆院第一議員会館の大会議室。国家ビジョン研究会という民間団体主催のシンポジウムが開かれていた。テーマは「日本再生のカギは日銀法改正にあり」。会場には、五〇人以上の国会議員などが集まった。

国家ビジョン研究会の代表理事、中西真彦元東京商工会議所副会頭は、かつて金融制度調査会（蔵相の諮問機関）のメンバーとして、日銀の独立性を高める新日銀法（一九九八年四月施行）づくりに参加した。その中西が日銀法の再改正を主張する会合を主催したのだ。

基調講演をしたのはリフレ派のリーダー、岩田規久男学習院大教授である。岩田は日銀を「デフレの番人」と揶揄《やゆ》し、「日銀の高すぎる独立性のために、国民の代表である政治家がその間違いを正すことができない。日銀法を再改正して、インフレ目標を導入することこそ、最大の日本経済の処方箋《せん》だ。それができるのは政治家しかいない」と力を込めた。

このあと、安倍晋三元首相（自民党）のほか、鳩山由紀夫元首相（民主党）、渡辺喜美みんなの党代表ら超党派の三人がスピーチを行った。三人とも、それぞれ日銀法再改正の必要性を訴えた。

日銀法再改正は超党派のうねりとなっていた。

二〇〇八年秋のリーマン・ショック後、一ドル＝八〇円台が定着。二〇一一年三月の東日本大震災後には、一ドル＝七〇円台に突入し、日本企業は悲鳴を上げていた。輸出をするときに、ライバルの韓国製品などと比べて不利な状況に立たされていたためだ。

与野党を超えて、日銀の不適切な政策が、超円高の原因だという認識が広がっていた。政治家はたびたび白川総裁を国会に参考人として呼び、その政策運営を改めるよう求めたが、効果はなかった。このため、日銀の金融政策決定の「自主性」を尊重している新日銀法を変え、政治家が金融政策に関与しやすくする必要があると考える議員が増えていた。

二〇一二年三月八日、野党・自民党本部の一室には、安倍や元自民党幹事長の中川秀直ら二、三〇人が集まっていた。「増税によらない復興財源を求める会」を改め、議員連盟「日銀法改正でデフレ・円高を解消する会」を立ち上げた。その初会合である。

与党・民主党や野党・みんなの党にも、同じ考え方の議員がいる。安倍らはそうした動きをにらみつつ、「日銀法再改正」というテーマを通じて、民主党の分裂を引き起こしたり、野党共闘を実現したりする可能性を探っていた。そのために、まずは自民党に議員連盟をつくり、党内の支持者を増やそうと考えていた。

自民党の執行部にも、安倍らの活動に呼応する動きが出始めた。四月四日、自民党政務調査会の財務金融部会（西村康稔部会長）が、日銀法再改正案の検討を本格的に開始したのだ。

経産官僚出身の西村はもともと、白川総裁の政策運営に憤っていた。前年の一〇月五日には、白川や野田首相を前に「日本経済は大変な危機、空洞化をして、雇用が失われようとしている。（中略）大胆な緩和をやって雇用をふやす、（日銀に）その意識がないなら、我々は日銀法改正（法案）をぜひ出したい」（衆院復興特別委）と宣言していた。

党三役の一人、茂木敏充政調会長も同じだった。茂木は二〇一二年二月一〇日にこう言っていた。

「日銀に任せていても円高、デフレは解消されない、そのことを断言しておきます。政治のリーダーシップ、これがまさに求められているんだと思います。財務大臣、総理大臣、我々だったら、日銀法を改正してでも、絶対にデフレ、円高から脱却します」（衆院予算委員会）

自民党の正式な意思決定ルートで、日銀法再改正が初めて正式な議題となったのである。

さらに、日銀法再改正は二つの問題とリンクしながら、議論が進んでいった。

一つは、四月四日に任期を迎える日銀の中村清次審議委員の後任人事である。政府は三月二三日、ＢＮＰパリバ証券の河野龍太郎経済調査本部長をあてる人事案を提示した。河野は、さらなる金融緩和の効果には懐疑的で、自民、公明、みんなの党など野党各党が反対で一致する方向だった（のちに否決）。つまり、「野党共闘」の文脈で日銀法再改正がクローズアップされるようになっていたのである。

もう一つは、野田佳彦首相が政治生命をかける「消費増税法案」である。消費税率を引き上げて税収が増えるためには、デフレから脱却して名目国内総生産（ＧＤＰ）を増やす必要がある。その手段の一つが、金融政策を転換することだとして、民主党が主導する「消費増税法案」に協力する条件に、日銀法再改正を挙げたのである。与党・民主党の消費増税に批判的なグループの分裂を誘う狙いもあった。

みんなの党は四月一〇日、いち早く独自の日銀法再改正案を国会に提出した。自民党でも財務金融部会で議論が進むなか、与党・民主党政調会長の前原誠司も、党内で検討を進めるよう指示した。

四月二七日、自民党の財務金融部会は、日銀法の再改正案をとりまとめた。その内容は、かなり過激なものだった。

まず、日銀の金融政策の目的に「雇用の安定」を加えた。これは、米国にならっており、「物価の安定」とともに、失業率などの悪化を防ぐ役割を日銀に課した。

また、英国の制度にならい、日銀は、物価上昇率の目標やその達成時期などを定めた協定を政府と締結。その目標が達成できなかった場合には、政府がその理由を問いただすことができるとしている。

さらに、目標と現実があまりに乖離しているときは、国会の同意を得て、正副総裁や審議委員を解任できるという規定まであった。

この日、講師役として部会に招かれていたのは、米エール大名誉教授の浜田宏一である。浜田は「非常によくできた改正案だと思う」と持ち上げた。

だが、さまざまな異論も出た。

「日銀の独立性を高める法改正をしたのは自民党政権だった。こんな法律を出したら、世界の笑いものになるだけだ」(塩崎恭久元官房長官)

「正副総裁の解任権はやりすぎじゃないのか」(林芳正元経済財政相)

だが、西村は意に介さなかった。

「いまは、強力な金融政策が必要だ。消費増税は、日銀法の再改正と同時にやるべきだ」

西村はこう語り、法案の取り扱いについて、茂木敏充政調会長の一任をとりつけた。

ただ、この法案は、党の正式な提案になることはなかった。自民党総裁の谷垣禎一が「さすがにここまでやる必要はないのではないか」と述べ、保留扱いとなったのだ。このため、この法案は自民党財金部会に留め置かれることとなった。

二〇一二年五月三一日、国会内の会議室。与党・民主党の有志議員でつくる「円高・欧州危機等対応研究会」(会長・小沢鋭仁元環境相)の会合には、五〇人ほどが集まっていた。

「デフレ脱却に向け中央銀行の誤った独立性をただす」

馬淵はこう力を込めた。この日、研究会は、政府の日銀への影響力を強めるための日銀法改正案を公表した。

その内容は自民党とほぼ同じである。一部違うのは、政府と日銀が協定を結ぶのではなく、政府が日銀に物価上昇率の目標を与え、日銀に指示するという形式をとっている。

研究会が最大の目玉と位置づけたのが総裁の解任権である。いったん任命された総裁が任期途中でクビを切られることはないという身分保障が、中央銀行の独立性を担保している。政府が解任権を持つことによって、金融政策に影響を与えやすくしようというものだ。

財政出動という手段が限られているなかで、消費増税できる経済環境をつくるには、金融政策しかない。その協力を得られるようにする、という理屈であった。

だが、こうした見解は、与党・民主党の主流ではなかった。首相・野田佳彦は、馬淵に日銀法改正について の見解を尋ねられ、「『中長期的な物価安定の目処』というものをみずから日銀がつくられたわけでございますから、当面、それを実現するための努力というものを私は期待をしたいと思いまして、まだ日銀法改正云々という段階ではない」(二〇一二年五月二三日、社会保障と税の一体改革特別委員会の答弁)と否定的だった。

ただ、政府・与党内には、一向に円高が改善されない状況に、いらだちが募っていた。民主党政権が三年目を迎え、そう遠くない時期に選挙があるという事実も、日銀への風当たりを強めていた。

日銀法再改正を求める声は、与野党問わず、日増しに強くなっていった。

[参考資料❽] 日本銀行法の一部を改正する法律案抜粋(自民党案)

一．通貨及び金融調節の目的

日本銀行は、通貨及び金融の調節を行うに当たっては、物価の安定を図ることを通じて、雇用の安定を含む国民経済の健全な発展に資することをもって、その目的とする(第二条関係)

二．物価変動率に係る目標等を定める協定の締結等

1. 日本銀行は、物価変動率に係る目標（達成すべき時期を含む。）等を定める協定を、政府との間で締結する（第四条第2項関係）

2. 1の協定に係る事項は、政策委員会の議決による（第一五条第1項第1号関係）

三. 政府及び国会に対する説明責任の明確化

2. 政府は、日本銀行が二の1の目標を達成できなかったときは、次の各号に掲げる事項について、日本銀行に説明を求めることができる

（1）目標を達成することができなかった理由

（2）目標の達成に向けた方針

（3）（2）の方針と政府の経済政策の基本方針との整合性

（4）目標を達成するために必要な期間

（第四条第4項関係）

四. 総裁、副総裁又は審議委員の解任

1. 内閣は、二の1の目標に定められた時期における現実の数値が当該目標の数値と著しく異なると認める場合においては、両議院の同意を得て、総裁、副総裁又は審議委員を解任することができる（第二五条第3項関係）

五. 物価変動率に係る目標の達成を目的とする外国為替の売買

1．日本銀行は、その行う外国為替の売買であって本邦通貨の外国為替相場の安定を目的とするもののうち、二の1の目標の達成を目的とするものについては、財務大臣及び経済財政政策担当大臣と連携を図りながら、必要に応じ自ら行うことができるようにする（第四〇条第3項関係）
2．政府は、1の外国為替の売買により日本銀行に損失が生じた場合に、予算の範囲内で、当該損失の全部又は一部を補償することができる（第四〇条第4項関係）

安倍復活

「ずっと景気が低迷してきた。原因は分かってきた。構造改革を進める副作用としてデフレが生じた」

二〇一二年九月一九日、自民党本部。三年ごとに行われる自民党総裁選に出馬した元首相・安倍晋三は公開討論会でこう語った。第一次安倍政権のときに、前任の首相、小泉純一郎から引き継いだ「構造改革」がデフレを長引かせた一因だと「自己批判」したのだ。

その一カ月ほど前、自民党内は、直前に成立した「社会保障と税の一体改革」を行うための消費増税法の対応をめぐって、揺れていた。八月八日には、谷垣が自公民三党党首会談において、野田佳彦首相から「関連法案が成立したら、『近いうちに』国民の信を問う」という言質を得た。八月一〇日、民主、自民、公明の三党の賛成で、消費税増税法が成立した。

ところが、野田に衆議院解散をする気配がまったくなかった。野党・自民党を率いてきた谷垣は追い込まれた。そもそも、谷垣は、解散総選挙を「近いうちに」やるという野田を引き出して、「内閣不信任案に賛成すべき」という自民党内の声を抑え、消費増税の成立に尽力した。ところが、肝心の「近いうち」解散の約束が反故《ほご》にされ、谷垣の政治手腕に黄色信号がついたのである。

自民党総裁選は九月二六日。谷垣は立候補の期限が近づくにつれ、自らの続投を支えてくれると信じていた人々に次々に裏切られてしまう。元自民党幹事長の古賀誠ら党重鎮から続投に支持を得られなくなったほか、党ナンバー2の石原伸晃幹事長が出馬に意欲を示し、勝利の見込みがなくなった。谷垣は九月一〇日、出馬断念に追い込まれた。

谷垣不出馬を見届けた安倍は一二日、代表候補に名乗りを上げた。だが、代表選は石破茂と石原伸晃の「石・石対決」と言われた。党員からの熱烈な支持がある石破と、党の重鎮たちがこぞって支持を表明した石原に比べると、安倍は泡沫《ほうまつ》候補扱いであった。

その安倍を支えたのは、第一次安倍政権時代の仲間である菅義偉元総務相（のちに官房長官）、高市早苗元沖縄北方相（のちに総務相）、塩崎恭久元官房長官（のちに厚労相）、世耕弘成元首相補佐官（のちに経産相）、柴山昌彦衆院議員（のちに首相補佐官）らだった。そこに、元首相の麻生太郎（のちに副総理兼財務相）、同じ山口県出身の高村正彦（のちに自民党副総裁）、経済政策に詳しい元経産相の甘利明（のちに経済再生相）ら重鎮が加わった。

安倍がとりわけ強調したのは、経済政策である。第一次安倍政権のときには、「美しい国」を掲げ、教育基本法改正や憲法改正など、タカ派なイメージが強かった。だが、今回は、そうした抽象的な「国家像」よりも、「経済再生」を前面に掲げた。

安倍は「若者が将来に夢や希望を見いだせないでいる。デフレから脱却し、経済を力強く成長させないといけない」と主張。経済成長とデフレ脱却を重視する路線を前面に打ち出した。

その一つ目の柱が、大胆な金融緩和である。安倍の総裁選公約には「政府・日銀の連携強化のもと格段の量的緩和政策を推進」するという記述が盛り込まれた。安倍は演説で「日銀には無制限の金融緩和をしてもらう」と繰り返した。市場に出回るお金の量を増やして、意図的にインフレを作り出す量的緩和を、経済政策の大黒柱としたのである。

ただ、金融緩和については、安倍の支持者の間でも、意見は分かれた。

のちに第二次安倍政権の経済政策の司令塔となる甘利明も、このときは金融政策にこだわる安倍の姿勢に、疑問を持っていた。甘利は「金融緩和だけでデフレ脱却できるとは思っていなかった。当時は邪道だと思っていた」と振り返る。

もう一つが財政政策である。

「未来への投資となる公共投資は堂々と行っていくべきだ。デフレから脱却し、経済を力強く成長させないといけない」

安倍は公開討論会で、こう力を込めた。

一次政権のときの安倍は、公共事業費を徹底して削った。二〇〇七年度予算編成では、公共事業費を二〇年ぶりに、七兆円割れにしている。「小さな政府」を目指した前任の小泉純一郎首相の「構造改革」を受け継いだからだった。

コンクリートから人へ――。二〇〇九年に発足した民主党政権は、公共事業費をさらに大幅にカットし、子ども手当や農家の所得保障などの財源をひねりだした。二〇一二年度の公共事業費は四兆六千億円。ピークの一九九七年度の約半分に落ち込んでいた。

安倍は公共事業を「デフレ脱却」のために必要だと、その意義を再評価していた。その契機となったのが、藤井聡京大院教授（のちに内閣官房参与）との出会いである。この約三カ月前の六月一五日、東京・永田町の衆院議員会館。安倍は藤井と向き合っていた。

「首都直下地震の恐れもある。安心・安全な国土を求める国民の要望に応えて、公共事業をちゃんとやらないといけない」

藤井は分厚い資料を片手に訴えた。日本を災害に「しなやか」に対応できる国土にするため、防災や減災に役立つ公共事業にはお金をかけるべきだと説いた。その額、一〇年間で二〇〇兆円。藤井は「列島強靱化《きょうじん》」と呼んでいた。

これだけなら自民党の族議員と何も変わらない。安倍が興味を示したのは、次のような説明だった。

「公共事業で雇用を生み出し、お金がまわれば、デフレから脱却できる」

藤井は、「列島強靱化」を、戦前の世界恐慌のときに、米ルーズベルト大統領が推し進めたニューディール政策になぞらえた。

「国土を強くしないといけない。これからは公共事業が必要だね」

安倍はこう応じた。安倍はこの一カ月半後、都内のホテルで開いた支援者向けの「安倍晋三昼食セミナー」に藤井を講師として招いている。

確かに、野党・自民党の国会議員は、民主党政権の公共事業の削減に悲鳴をあげていた。

象徴的なのは、農協と深い関係にある全国土地改良事業団体連合会（全土連）である。自民党幹事長の経験もあり、自民党の政治手法を熟知していた小沢一郎は民主党幹事長だったとき、農道などを整備する土地改良事業費を半減させた。全土連のトップは自民党元幹事長の野中広務である。自民党政権は各地の全土連の自民党への選挙協力の貢献度を参考にしながら、土地改良事業の「箇所付け」を決めているとされる。

小沢は自民党の支持母体に流れる「水」を、元栓から閉めたのである。それは、農協と自民党の友好関係を分断し、農家への戸別所得補償政策を掲げた民主党の支持者に変える戦略だった。

野中は、民主党政権に取り入って予算を確保しようと、全土連の政治的中立性をアピールして、わざわざ自民党を離党した。自民党の農水族や建設族などは、野党の悲哀を味わっていた。

安倍は総裁選で、こうした自民党議員の心もつかんでいた。泡沫候補だった安倍は徐々に支持を広げた。その理由の一つが、有力候補とされた石原の伸び悩みである。

谷垣総裁を押し退ける形で出馬を強行した幹事長の石原には、批判がつきまとった。特に、安倍の盟友・麻生太郎が九月一三日の会見で放った一言が、致命傷となった。

「『下克上』とか『平成の明智光秀』（という）、ありがたくない冠をこの人は当分いただくことになる。私の人生哲学には合わない」

石原は、主君（谷垣）を裏切り自害させた「平成の明智光秀」――。こんな麻生の巧妙なレッテル貼りによって、総裁選レースから脱落した。

九月二六日、総裁選当日。一回目の投票では、地方党員から圧倒的な支持を得た石破が一位、安倍が二位になったが、いずれも過半数に達しなかった。

このため、党所属国会議員による決選投票となった。安倍は一〇八票を獲得、石破に二〇票近い差をつけて勝負を制した。党内には、離党・復党という経歴を持ち、無派閥で一匹狼のように振る舞う石破に対するアレルギーがあり、議員票が安倍に集まったのである。

安倍は、ふたたび自民党総裁となった。野田が「近いうち」に解散をしなかったために、谷垣は総裁の座を追われ、安倍が返り咲いたのである。

安倍は当選直後、こう挨拶した。

「まず、この三年間、野党のリーダーとして大変な苦労をされ、自由民主党を守っていただいた谷垣総裁に感謝を申し上げたい」

「日本を取り戻す、強い日本をつくっていく。自民党のすべての力を尽くして、政権奪還を果たしていきます」

金融緩和、自民党公約に

「いつ選挙があってもいいとの思いで準備を進めていく」

二〇一二年八月三日、自民党本部。政務調査会長の茂木敏充は政調全体会議で、こう強調した。野田佳彦政権が政治生命をかけた消費増税法案が成立に近づき、総選挙が近いという観測から、自民党は選挙公約の検討に入っていた。

この日、自民党は次期衆院選の政権公約の最終案を示した。

経済政策には、法人税率の二〇％台への引き下げや、今後五年間を集中改革期間とする「日本経済再生・競争力強化基本法」の制定などが盛り込まれていた。

最終案のなかに、こんな文言があった。

「政府・日銀の物価目標二％協定など日銀法改正を含めた金融緩和」

日銀法再改正が盛り込まれていたのだ。

自民党財務金融部会（西村康稔部会長）は四月下旬、日銀法改正法案をつくった。リフレ派の山本幸三衆院議員らは、この法案を自民党全体の統一見解にしようと、次期衆院選の公約に「日銀法再改正」を盛り込む運動を始めていた。

だが、異論が相次いだ。

第一次安倍政権の官房長官で日銀出身の塩崎恭久や、元経済財政相の林芳正らが反対の声を上げた。塩崎や林らは、一九九六〜九七年、橋本龍太郎内閣が推し進めた日銀法改正のプロセスで、日銀の独立性を高める改正となるよう党内世論を盛り上げた。

塩崎は党政調の会議で、こう訴えた。

「日銀の独立性を高める方向で日銀法改正をしたのは自民党政権だ。なのに、今更、その逆ベクトルのことをやるのはおかしいでしょう」

だが、山本らは「いまの日銀は円高にまったく対処しきれていない」とあくまで日銀法改正を政権公約に盛り込むよう求めた。安倍晋三に近い衛藤晟一参院議員（のちに首相補佐官）らも山本らに同調し、「もうこれは決まったことだ」などとごり押ししようとした。

塩崎は、かつて官房長官として仕えた安倍にも、しっかり説明しておく必要があると考え、サシで面会した。塩崎は安倍にこう釘を刺した。

「日銀法改正となれば、相当の労力と時間をさかないといけない。実現しにくいことを盛り込むと、政権をとったあとでリスクになる」

安倍は「分かった」と答えたという。

結局、日銀法改正をめぐる公約の文言が確定しないまま、九月には自民党総裁選へと突入。二六日には、安倍晋三が自民党総裁に返り咲いた。総裁となった安倍は人事に着手し、党の政策全般を取り仕切る政務調査会長に、第一次安倍政権で経済産業相をつとめた甘利明をあてた。それまでのタカ派のイメージを一新し、経済政策を重視する姿勢を示したのである。

さらに安倍は一〇月九日、自民党内に安倍を本部長とする「日本経済再生本部」を設置し、具体的な成長戦略策定に着手した。次期衆院選の政権公約に反映させるためであった。

甘利は、日銀法改正について、どのように選挙公約に書き込むか、悩んでいた。そこで、旧知の経産官僚に「各国の中央銀行の設置法と、自民党の日銀法再改正案を比較した資料をつくって欲しい」と頼んだ。

数日後、この官僚は甘利に各国の法制をまとめた一覧表を持参し、こう報告した。

「中央銀行の総裁解任権を、ここまではっきり政府に与えている国は、先進国では見当たらない」

もし、自民党が政権を取り返したら、環太平洋経済連携協定（TPP）交渉や成長戦略策定など、金融政策以外にやるべきことはたくさんある。仮に、日銀法改正に取り組むなら、法案作成から国会審議まで最低丸一年はかかるだろう。甘利は「日銀法改正をあまり明確に『やる』と書き込むと、政権をとったときの裁量の幅がなくなる」と考えた。

甘利は安倍にこう相談した。

「まず、いまの日銀法のままで、大胆な金融緩和をやってもらえるよう努力をしましょう。それでもダメなら、次のステップとして日銀法改正に踏み込む、というのはどうでしょうか」

安倍は甘利の提案を受け入れた。そこで、生み出されたのが、次のような文言である。

「日銀法の改正を視野に、政府・日銀の連携強化の仕組みをつくり、大胆な金融緩和を行います〔傍線は筆者〕」

「視野」というのは絶妙な表現だった。日銀法改正を「やる」とは書いていないが、将来の検討事項だというのである。日銀にとっては「もし、我々の言うことをきかなければ、あなたたちが一番イヤな日銀法改正に着手するぞ」という「脅し」に聞こえる。

この表現であれば、政権奪取後、日銀法再改正を必ずやるとは言い切っていない。塩崎や林ら日銀法再改正反対派も、最後は納得した。

参考資料⑨＝自民党重点政策二〇一二

名目三%以上の経済成長を達成します

明確な「物価目標（二%）」を設定、その達成に向け、日銀法の改正も視野に、政府・日銀の連携強化の仕組みを作り、大胆な金融緩和を行います

外債購入論争ふたたび

二〇一二年一〇月一日、野田佳彦内閣は内閣改造に踏み切った。このとき、経済財政相に就任したのは前民主党政策調査会長の前原誠司である。前原は着任早々、内閣府審議官の松山健士に対し、こう相談した。

「日本銀行に外債購入をさせる方法はないだろうか」

前原は政調会長時代、政府・日銀の超円高放置に腹を据えかねていた。

米欧でもデフレ懸念が強まり、中央銀行が「無期限・無制限」という異例の金融緩和を打ち出していた。日銀の包括緩和策の効果は薄れ、一ドル＝七〇円台の円高が定着していた。

民主党の支持母体である全国の造船や機械、自動車などの労組や中小企業をまわると、「この円高を何とかしてくれ」という声であふれていた。日本企業の競争力は大きく低下し、日本経済は壊滅しかねないという悲鳴だった。民主党の地方組織からは、「このままでは選挙を闘えない」という悲痛な声が上がっていた。

二〇一二年九月一三日には、米連邦準備制度理事会（ＦＲＢ）が量的緩和政策の第三弾（ＱＥ３）を打ち出した。ゼロ金利政策を継続しつつ、市場から住宅ローン担保証券（ＭＢＳ）を、月額四〇〇億ドル（約三兆円）追加的に購入し、市場にお金を供給するというのだ。

しかも、インフレ率が抑制されている限り、失業率が改善するまで継続するという。日銀の姿勢に比べて、非常にアグレッシブで、円高解消は遠のいたと感じた。

一〇月五日、前原は、日銀本店で開かれた金融政策決定会合に自ら政府代表として出席し、こう力を込めた。

「日銀は当面目指すこととしている消費者物価上昇率一％をできる限り早期に実現し、結果を出すことがきわめて重要である。デフレ脱却が確実になるまで、強力な金融緩和を継続するよう期待する」

「具体的な手段について最終的に決めるのは日銀であるが、国債の購入額を増やしたり、あるいはそれを避けたいのであれば、外国債券の購入も選択肢とすべきではないか」

「デフレ脱却に向けて、政府とアコード（協定）を結んでもらいたい」

決定会合には、政府代表として副大臣や政務官、事務方が出席するのが通例だ。閣僚が出るのは二〇〇三年四月に経財相として出た竹中平蔵以来、九年半ぶりであった。

「円高基調が続き、デフレが脱却できていないことへの危機感を出席で示したいという思いがあった。日本経済を良くするために、今後も強力な金融緩和を求めていきたい」

内閣府本府一階のロビー。決定会合から戻った前原は、記者団にこう語っている。

日銀の外債購入はかつて金融政策決定会合で議論されたことがある。二〇〇一年一一月に、当時の中原伸之審議委員が、市場に出回るお金を増やし、デフレから脱却するために外債購入を提案したときである。

日銀法は、日銀が外貨債権の売買ができる（日銀法第四〇条一項）と規定する。ただし、為替相場の安定を目的とするものについては国の代理人として行う（日銀法第四〇条二項）とも記されている。つまり、為替介入を目的とする場合は、財務省の代理人として日銀が委託を受けるという仕組みになっている。

中原の提案は、為替介入ではなく市場に出回るお金の量を増やすためであれば、法律違反にはならない、という理屈であった。だが、当時、この提案は受け入れられることはなく、葬り去られた。

松山らは「市場のお金の量を増やすために、外債購入を手段とする中央銀行は海外では一般的だ」とする資料をそろえ、為替介入の権限を持つ財務省と交渉を始めた。

ところが、財務省はかたくなに反対した。いくら「デフレ脱却のため」「市場のお金の量を増やすため」と言っても、結局、円安誘導のためであることは目に見えていた。外国債券を買うときには、外貨を購入し、日本円を売ることになるため、「円売り」の為替介入と同じ効果を持つことになる。財務省にしてみれば、「領空侵犯」であることは明らかだった。

白川も決定会合後の会見で、前原の提案を拒否した。

「日銀による外国債券の購入について、日銀法で認められていない」

白川はこう述べたうえで「デフレ脱却の実現には金融緩和だけでなく、政府による規制緩和などが不可欠」と述べ、政府の側に努力をするよう促した。

だが、白川への風圧はどんどん強くなっていった。

民主、自民、公明の三党合意によって、八月には消費増税法が成立した。このとき、野田佳彦首相は前の自民党総裁、谷垣禎一らに「消費増税法案が成立した後、近いうちに国民の信を問う（＝衆議院を解散し、総選挙する）」と約束した。

それから二カ月以上が経過していた。「近いうち」という言葉は流行語になり、嘘の代名詞として使われるようになった。世論は野田に厳しい視線を向けていた。さすがに、野田もこのまま政権の座にしがみついているわけにはいかないという見方が広がっていた。

このままでは、とても選挙を闘えない。選挙の前に、少しでも経済を好転させなければならない——。政府・民主党内はそうした悲壮感につつまれていた。

白川が、ゼロ回答を貫ける状況にはなかったのである。

「共同文書」

外債購入が難しいと分かり、前原は政府と日銀の「協定（アコード）」の締結へと力点を移すことにした。

一〇月一〇日、前原は首相官邸で、野田にこう訴えた。

「デフレ脱却ができなければ、（一年半後に迫った）消費税率八％への引き上げも難しくなる。日銀とアコードを結んで、しっかりと金融緩和をしてもらおうと考えている」

野田が政治生命をかけた消費増税にからめて、金融緩和の重要性を訴えたのである。アコードのアイデアを提供したのは、日銀出身の参院議員、大塚耕平であった。大塚は前原に「口でいろいろ言うと『圧力』ととられかねない。紙にすると、オープンになるし、全然拘束力が違いますよ」と、政府と日銀の取りきめを持つよう進言をしていた。

前原は政調会長時代、賛成・反対で党内を二分していた消費増税法案のとりまとめを任された。このときの妥協の産物が「附則第一八条（景気条項）」であった。

同法は二〇一四年四月に消費税率を五％から八％に、二〇一五年一〇月に八％から一〇％へと引き上げると定めていた。ただ、消費増税は大きな国民負担となることから、「経済状況を好転させること」を増税の条件とし、望ましい経済成長率の姿を「名目三％、実質二％」としていた。これが「附則第一八条」である。

民主党内では、白川の金融政策に強い不満を持つ勢力が、消費増税に反対していた。法案成立前の春ごろ、民主党政務調査会長だった前原は、そうした勢力に法案に賛成してもらうために、「附則第一八条」を編み出した張本人だった。

だが、足元の経済成長率は名目、実質ともにマイナスのままであった。さらに、物価上昇率はマイナスであり、名目成長率が実質を下回っていた。このままでは、附則第一八条の「経済状況の好転」とは言えず、増税をする環境が整いそうもなかった。

野田は前原のアイデアを受け入れた。

一方、白川の悩みは深かった。「協定」という形になれば、日銀法第三条一項の「日本銀行の通貨及び金融の調節における自主性は、尊重されなければならない」という「自主性尊重」の精神とは相いれない、と考えたからだ。

実際に調整をしたのは、日銀理事の門間一夫、財務省総括審議官の佐藤慎一、内閣府審議官の松山健士である。三人は前原の意向と白川の危惧を踏まえつつ、具体化を進めた。

政府と日銀がそれぞれ自主的に責任を負うという形ならいいだろう——。三人は前原提案に対する回答を、こう整理した。政府・日銀の「協定」ではなく、あくまで「文書」とすること、文面も日銀、政府、共通部分の三つに分けて記す形に工夫した。

二五日、首相官邸。前原と城島光力財務相は野田に「共同文書」を報告していた。

「白川さんと一緒に共同会見をやって、この円高に対するメッセージをちゃんと出した方がいい。それが目的ですから」

前原は、政府と日銀で共同会見を開きたいと考えていた。

だが、野田は「白川さんの対応や発表の仕方は私に任せて欲しい」と応じた。野田は財務相時代に、さまざまな国際会議で白川とともにする場面が多かった。白川の意向を確認してから判断した方が良いと考えていたようだ。

結局、共同会見は幻となり、それぞれバラバラの会見の形となった。

「一〇年以上にわたる我が国の課題であるデフレ脱却に向けた重要な一歩となる。政府・日銀の一体的な取り組みが、これによって担保されるのではないか」

三〇日、日銀から戻ってきた前原は、記者団にこう言った。この日、前原は金融政策決定会合に出席し、政府・日銀による「共同文書」をまとめた。

「デフレ脱却に向けた取り組みについて」と題した共同文書は、白川、前原そして城島光力財務相が連名で署名した。政府・日銀が「デフレから早期に脱却し、物価安定のもとでの持続的成長経路に復帰することが極めて重要な課題であるとの認識を共有」し、「一体となってこの課題の達成に最大限の努力を行う」としている。

そのうえで、日銀は「当面、消費者物価の前年比上昇率一％を目指して、それが見通せるようになるまで、実質的なゼロ金利政策と金融資産の買入れ等の措置により、強力に金融緩和を推進していく」と約束した。

この日、日銀はその実現に向けた具体的な金融緩和策も決めた。国債などを買い入れる基金を一一兆円程度増額し、基金の期間が終了する二〇一三年末以降も、一％達成の見通しがつくまで継続。金融機関の貸し出し増加を促す「貸出支援基金」も新設し、金融機関が貸し出しを増やした分に応じて無制限に資金供給することも決めた。

政府と日銀が連名で文書を出すのは、過去に例がない。

前原は、こう胸を張った。

「デフレからの早期脱却を政府・日銀共通の課題として確認し、連名の文書として内外に明確な形で共同して発表することはこれまでになかったことだ」

ただ、円安にする効果は乏しかった。前原は「共同会見ができなかったことで、政府・日銀の本気度が感じられなかったため」と考えていた。

参考資料⑩ ＝デフレ脱却に向けた取組について（共同文書）

政府及び日本銀行は、我が国経済のデフレ脱却に向けて、当面、以下のとおり取り組む。

一．政府及び日本銀行は、我が国経済にとって、デフレから早期に脱却し、物価安定のもとでの持続的成長経路に復帰することが極めて重要な課題であるとの認識を共有しており、一体となってこの課題の達成に最大限の努力を行う。

二．日本銀行としては、上記一．の課題は、幅広い経済主体による成長力強化の努力と金融面からの後押しがあいまって実現されていくものであると認識しており、政府が成長力強化の取組を強力に推進することを強く期待する。日本銀行としては、「中長期的な物価安定の目途」を消費者物価の前年比上昇率で二％以下のプラスの領域にあると判断しており、当面、消費者物価の前年比上昇率一％を目指して、それが見通せるようになるまで、実質的なゼロ金利政策と金融資産の買入れ等の措置により、強力に金融緩和を推進していく。その際、金融面での不均衡の蓄積を含めたリスク要因を点検し、経済の持続的な成長を確保する観点から、問題が生じていないかどうかを確認していく。

日本銀行は、『経済・物価情勢の展望』（平成二四年一〇月三〇日）において消費者物価の見通しを公表した。日本銀行としては、引き続き「一％」を目指して、強力に金融緩和を推進していく。今後の物価動向については、「デフレ脱却等経済状況検討会議」において定期的に報告する。

また、日本銀行は、金融政策運営の考え方を市場にわかりやすく説明していく努力を続ける。

三．政府は、日本銀行に対して、上記二．の方針にしたがってデフレ脱却が確実となるまで強力な金融緩和を継続することを強く期待する。

政府は、デフレからの脱却のためには、適切なマクロ経済政策運営に加え、デフレを生みやすい経済構造を変革することが不可欠であると認識している。このため、政府としては、足下の景気下押しリスクに対応し経済活性化に向けた取組を加速すべく、平成二四年一〇月一七日の内閣総理大臣指示に基づき、経済対策を速やかに取りまとめる。また、政府は、「日本再生戦略」(平成二四年七月三一日閣議決定)に基づき、平成二五年度までを念頭に、「モノ」「人」「お金」をダイナミックに動かすため、規制・制度改革、予算・財政投融資、税制など最適な政策手段を動員する。

デフレ状況を含めた経済状況及び経済運営については、「デフレ脱却等経済状況検討会議」において、定期的に点検を行う。

平成二四年一〇月三〇日

日本銀行総裁　白川方明

内閣府特命担当大臣(経済財政政策担当)　前原誠司　　財務大臣　城島光力

「安倍相場」出現

一一月一四日昼、衆院第一委員室。党首討論に臨んだ野田佳彦首相は高揚していた。

「私は、いずれにしてもその結論を得るため、後ろにも区切りをつけて結論を出そう。一六日に解散をします。やりましょう、だから」

野田は、国債発行のために必要な特例公債法案の成立や、議員定数削減の実現で協力を呼びかけつつ、その約束が得られれば、衆院を解散すると明言した。

八月一〇日、野田が政治生命をかけていた「社会保障と税の一体改革」の消費増税法が自民、公明の両党の協力で成立した。自民党の谷垣禎一前総裁らに約束した「近いうち」の衆院解散が引き換えだった。

この約束から三カ月余り。「ウソつき」批判で手ぐすねをひいていた新自民党総裁の安倍晋三は、野田の提案について「民主党というのは、改めて、思いつきのポピュリスト政党だなぁ、本当にそのように思いました」と返した。

野田が条件付きで示した「一六日解散」。だが、首相が「解散」の二文字を発したことで、流れは止まらなくなり、選挙戦は事実上、スタートした。一六日は、野田が「近いうち」解散を約束した日からちょうど一〇〇日目であった。

衆院解散当日の一一月一六日昼。安倍は都内のホテルで、東芝の西田厚聰会長ら財界人一二人とともに、定期的に経済情勢について意見交換をする会合に参加していた。名前は「晋如会」。設立したのは元日本銀行審議委員の中原伸之である。

東亜燃料工業の社長だった中原は、安倍家とは特別な関係であった。中原は安倍晋三の父、安倍晋太郎とも、同じような勉強会を持っていた。中原は、晋太郎の秘書官だった息子の晋三をよく知っていた。

一九八八年、晋太郎は膵臓《すいぞう》がんになり、入退院を繰り返すようになる。中原は最新の治療薬を手に入れ、晋三に「試してごらんなさい」と渡したこともあった。

安倍と中原は以来、三〇年間のつきあいが続いている。

第一回の「晋如会」は二〇〇五年四月一一日。中原が、日本を代表する大企業の次の時代を背負う人々と、人脈をつくってもらいたい、と人を集めた。

中原はこの日、特別な資料を用意していた。過去三代続いた日銀出身の総裁

速水優、福井俊彦、白川方明——。過去三代続いた日銀出身の総裁が、が、日本経済をいかに破壊し、「失われた二〇年」へと陥れたか。中原の言う「失政」を書き綴《つづ》ったものだ。中原は「日銀は未曽有の円高を放置して、日本の輸出産業を消滅させようとしている」と訴えた。

選挙戦が始まると、安倍の金融政策をめぐる発言は、世間の注目を集めるようになる。政権交代をすれば、安倍が首相となるためである。

この前日（一五日）、安倍は読売国際経済懇話会で、こう言った。

「二〜三％のインフレ目標を設定し、それに向かって無制限緩和をしていく」

安倍は目標とする物価上昇率を「二〜三％」としたうえで、日銀が市場に流し込むお金の量を「無制限」と強調した。

この発言は、数日前、友人からのアドバイスを受けたものだった。その友人が財務省出身の静岡県立大教授、本田悦朗である。

本田は若手官僚だった一九八〇年代初頭に、大蔵省の上司の結婚式に出たところ、隣に安倍がいた。「安倍晋太郎さんによく似ていますね？」と声をかけると、安倍が「息子です」と答えた。ここから、年齢の近い二人は時々ディスコに行く仲となり、三〇年来の友人となった。

本田はモスクワ大使館勤務だったとき、晋太郎外相の秘書官だった晋三と再会した。旧ソ連との北方領土交渉などを行う晋太郎を支えつつ、晋三をモスクワの名所めぐりに案内をしたこともある。

本田は大蔵省の研修で、リフレ派のリーダーである学習院大教授の岩田規久男が講師となった。そのと

き以来、岩田と本田は師弟関係になった。海外勤務が多かった本田だが、国内勤務になったときには、安倍に経済政策をレクチャーしにいくようになる。選挙戦が始まると、本田は安倍の演説について、アドバイスするようになっていた。

「強力な言葉を使わないといけない。理屈を説明しても国民は分からない」

本田のアドバイスはこれだけだった。

だが、安倍の大げさとも言える表現は、市場には大きなインパクトを与えた。

一六日には、八〇〇〇円台に低迷していた日経平均株価が九〇〇〇円台を回復した。安倍はこのとき、上機嫌で本田に電話をしている。

「本田君、効いたよ！『無制限』ってすごいねぇ」

安倍はまだ野党党首であり、政策を実行に移せるわけではない。だが、市場は安倍政権の誕生と金融緩和を折り込み始めた。

安倍の言葉が市場参加者の期待を生み出す「安倍相場」の出現であった。

金融政策が争点に

一一月一七日、安倍が熊本市内で行った講演の発言が大きな波紋を呼んでいた。

「東南海地震に備えるための公共投資は必要だ。建設国債は、できれば日本銀行に全部買ってもらう。これによって新しいマネーが強制的に市場に出て行く」

この発言が波紋を呼んだ理由は、二つあった。

一つは、「国土強靱化」という政策を連想させたことである。自民党は東日本大震災のような大災害にも耐えられる国土をつくるためには、老朽化したインフラを徹底して立て直す必要があると主張していた。安倍が政権を奪取したら、そうした「国土強靱化＝公共事業」をたくさんやると言っているように聞こえたのである。

もう一つは、公共事業を行うときの借金の証文である建設国債を、政府が日銀に直接引き受けさせ、借金の手助けをするよう求めていると受け取られた。日銀が政府の発行した国債を、市場を通さずに引き受けることを「直接引き受け」と呼ぶ。財政法第五条はこれを禁じている。安倍の発言は、法律違反をやろうとしているように聞こえたのである。

日銀総裁の白川方明は二〇日の記者会見で、即座に反論した。

「国際通貨基金（ＩＭＦ）が発展途上国に助言する際、『やってはいけない』リストの最上位にある。中央銀行が通貨の発行権限をバックに国債引き受けをすると、通貨の発行（＝政府の借金）に歯止めがきかなくなる。これは歴史の教訓を踏まえたものだ」

白川の反論は容赦なかった。事実上の選挙戦に突入している状況のなかで、野党第一党のトップである安倍の主張について、ほとんど「ゼロ回答」としたのだ。

（記者）自民党の安倍晋三総裁が金融緩和を求める声を強めている。

（白川）大量の長期国債の買い入れが、財政ファイナンス（借金の肩代わり）だと誤解されると、長期金利が上昇（国債価格が下落）し、財政再建だけでなく実体経済にも悪影響を与える。日本の政府債務残高は多く、金融市場で（国債買い入れが）どう受け止められるかは注意が必要だ。

(記者)日銀は物価上昇率の目標を「一%」としているが、「二、三%」を目指すことはできるのか。

(白川)現実的ではない。日本ではバブル期の一九八〇年代後半でも物価上昇率は平均一%台で、先進国の中でも低い。経験がない物価上昇率を掲げて、それだけが信じられれば、長期金利が上がり、財政再建や実体経済に悪影響を及ぼす。物価は緩やかに上げるべきだ。

(記者)日銀法を改正すべきだとの声も上がっている。

(白川)中央銀行は目覚まし時計のようなもので、一定の条件がそろえば、長い目で見た経済の安定を考えて警告を発していく。中央銀行の独立性は長い歴史で培われたもので、各国で尊重されている。法改正には慎重な検討が必要だ。


安倍も黙ってはいなかった。

同じ日、安倍はフェイスブックで白川への反論を試みた。安倍はこう書き込んだ。

「『建設国債の日銀の買い切りオペによる日銀の買い取りを行うことも検討』と述べている。国債は赤字国債であろうが建設国債であろうが同じ公債であるが、建設国債の範囲内で、基本的には買いオペで(今も市場から日銀の買いオペは行っているが)と述べている。直接買い取りとは言っていない。言っていない事を言っているとした議論は、本来論評に値しない」

安倍は「オペ」と言った、と主張し、日銀が市場から国債を買うという意味だと釈明した。

翌二一日、安倍は自民党の公約発表に臨んだ。「デフレ・円高からの脱却を最優先に、名目三%以上の経済成長率を達成」という目標を掲げた。その方策として、政府と日本銀行が協定を結び、物価目標二%を目指すことも盛り込んだ。金融政策の転換が自民党の政権公約の冒頭に掲げられ、「一丁目一番地」となっていた。

「金融政策」を争点にして闘う。そんな異例な選挙になっていた。

参考資料⑪＝財政法第五条

すべて、公債の発行については、日本銀行にこれを引き受けさせ、又、借入金の借入については、日本銀行からこれを借り入れてはならない。但し、特別の事由がある場合において、国会の議決を経た金額の範囲内では、この限りでない。

安倍の勝利

「安倍です。この考え方は間違っていますか？」

安倍晋三は一一月一七日夜、米国に国際電話をかけていた。

受話器の先の人物は米エール大名誉教授の浜田宏一である。安倍が森喜朗、小泉純一郎政権で官房副長官をつとめていたとき、内閣府経済社会総合研究所の所長であり、金融緩和の効用を訴える経済学者だ。

浜田は突然の電話に驚いた。安倍が選挙戦で訴えている政策の中身をぶつけると、浜田は「まったく先生のおっしゃる通りです」と答えた。

この日、浜田は電話で話しきれなかった論点について、追加でファクスを送った。

「日本経済の望ましくない症状として、デフレ、円高という貨幣的な症状が出ているのですから、それに対するのは金融拡張が当たり前の処方箋です」

「野田首相は、金融に訴えるのは世界の非常識と言われますが、金融に訴えないという議論こそ、現在の世界の経済学から見れば非常識です」

野田や白川の主張を真っ向から批判したのだ。

浜田が白川と初めて出会ったのは一九七〇年のことだ。浜田が東大経済学部の教員、白川が学生という関係であった。浜田はそのころの白川について、こう記している。

「その聡明さには、たいへんな感銘を受けた。経済学者には、数理的な能力と、そこで得た洞察を政策問題に適用して考える能力が必要だ。白川氏には、その二つが兼ね備わっていた」(『アメリカは日本経済の復活を知っている』、講談社、二〇一二年)

ところが、白川が日銀に就職した後、二人の関係は冷え込んでいった。浜田は「彼は出世への道を進むと同時に、世界でも異端というべき『日銀流理論』にすっかり染まってしまっていった」(同)と酷評するようになった。

浜田は二〇一〇年六月にも、総裁となっていた白川に公開書簡を送り、それを著書『伝説の教授に学べ！　本当の経済学がわかる本』(東洋経済新報社、二〇一〇年)で披露している。

「日本銀行は二〇〇八年のリーマン・ショック以降、各国が金融緩和に大わらわだったときに、金融政策をほとんど変化させなかった。(中略)日本円の独歩高になった。その結果、日本のデフレはいっそう深刻化した。自動車のような輸出産業はもとより、繊維など輸出競争産業でも、日本製品は価格競争力を失った。その結果として失業があり、新規卒業者の就職難がある」

「不適切な金融政策で苦しみを味わっている国民のこと、産業界のことを考え、あえてお手紙にする決心をいたしました」

「白川君、忘れた『歌』を思い出してください。お願いです」

それは白川に対する痛烈な批判だった。

安倍は浜田と白川の関係をよく知っていた。それゆえ、安倍は白川に対抗するには、浜田の言葉が有効だと考えたのである。

安倍は二〇日、都内の会合で、このファクスを披露する。

「浜田宏一教授から『非常識なのは野田さんの方だ』とのファクスが来た。金融の泰斗（権威）にお墨付きをいただいた」

国際的な権威の浜田から太鼓判をもらったと胸を張った。

そして、安倍はこう力を込めた。

「われわれは政権を失う以前の自民党とは次元の違うデフレ脱却政策を実行していく。野田首相も題目を述べてきたが、デフレ脱却、円高是正ができなかった。私たちはご託を並べるのではなく、しっかりと結果を出していく」

安倍相場の勢いは止まらなかった。一一月一四日を起点に、株価は一カ月で一〇七二円（一二・三％）上昇した。円相場は一ドル＝四円ほど下がった。

安倍が発言するたびに市場は動き、有権者もその勢いを感じていた。安倍は自身の発言を追いかけてくる現実に背中を押され、ますます自信を深めるようになる。

一二月一六日、衆院選の投開票日。自民党二九四議席、民主党五七議席。自民党が公示前の三倍近い議席を得て圧勝した。

そして、安倍は翌日の会見で、こう宣言した。

「選挙戦での我々の主張に多くの支持を得ることができた。その結果も十分に受け止めていただいて、日銀には適切な判断をしていただきたい」

安倍は自らの主張が国民の信認を得られたと胸を張った。その民意をバックに、日銀の政策を転換しようと試みることになる。

参考資料⑫＝浜田宏一米エール大名誉教授が安倍晋三自民党総裁に送ったファクス（安倍晋三自民党総裁のフェイスブックより）

日銀法改正以来、日本経済が世界諸国のほぼテールエンドの足跡を示していることから、そこでの金融政策が不十分であったことは明らかです。日本経済の望ましくない症状として、デフレ、円高という貨幣的な症状が出ているのですから、それに対するのは金融拡張が当たり前の処方箋です。

野田首相は、金融に訴えるのは世界の非常識といわれますが、金融に訴えないという議論こそ、現在の世界の経済学から見れば非常識です。

野田首相は、地動説の世界で天動説（日銀流金融理論）を信奉しているようなものです。このことは、最近私がマンキュー、ハバード、ノードハウスなど超一流学者とインタビューして確認しました。政策手段としてはインフレ目標が望ましいと思います。ＩＭＦのチーフ・エコノミストのブランシャールも四％まではいいといっているようなので、これだけ長いデフレが続いて、人々のデフレ期待が定着している日本経済に活を入れるのは、安倍総裁の二〜三%がまさに適当といえると思います。

また、インフレ目標は、金融緩和が行過ぎてインフレが始まりそうになるのを防ぐという、インフレから国民経済を保護する機能を持っています。

デフレ脱却のためには、日銀の国債引き受けでもいいですが、それが強すぎるというのなら、総裁のおっしゃったように日銀が国債を大規模に買い入れればよいのです。ただ、ゼロ金利に近い現状では、買い入れ対象が短期国債では効きません。長期国債、社債、株式の買い入れも必要となるわけです。バーナンキ議長がやっている抵当証券の買い入れも必要となるわけです。バーナンキ議長がやっている抵当証券の買い入れも、このような考え方に基づいています。

日本経済の高度成長期には一桁、五%未満のインフレが通常でした。二度の石油危機の時には二桁のインフレになったこともありましたが、それを日銀は見事に克服しました。言い換えれば日本経済の奇跡的成長は緩やかなインフレと共存していたのです。そして日銀はインフレが昂進しそうになればいつでも制御した実績があります。このような歴史から見れば、デフレを克服するとハイパーインフレになるというのは非現実的な脅しにすぎないのです。

ゴルフにたとえれば、今の日銀は雇用改善、景気回復という目標のホールを目指さずに、ホールの向こう側には（ありもしない）崖があると称して、バンカーに入ったボールをホールの方向に打たない、あるいはパターでしか打たないゴルファーのようなものです。

第5章 レジーム・チェンジ

2013年1月22日、政府と日銀の共同声明を安倍晋三首相に手渡す麻生太郎財務相。左から白川方明日銀総裁、甘利明経済再生相

白川の選択

衆院選の興奮冷めやらぬ一二月一八日、東京・永田町の自民党本部の四階の総裁室には、日本銀行総裁の白川方明の姿があった。

白川は、政権に返り咲くことになった自民党総裁、安倍晋三と向き合った。白川の任期は翌二〇一三年四月八日まで。総裁任期を三カ月余り残しており、今後の政策運営を考えると、顔を合わせておく必要があった。会談は、白川が申し入れたものだった。

白川は挨拶《あいさつ》を終えて席を立とうとした。だが、安倍は白川にこう詰め寄った。

「私が選挙で訴えた『二％のインフレ目標』を実現するため、日銀と政策協定を結びたい。衆院選を踏まえた判断をお願いしたい」

安倍は金融政策を、正面から争点にして選挙を闘い、国民の圧倒的な支持を得た。日銀は圧倒的な民意に逆らえないはずだ――。安倍の言葉には、自信が満ちあふれていた。

一方の白川。金融政策を選挙公約に掲げて闘う安倍に対し、静観せず、記者会見などで真正面から反論した。学者肌の白川らしい行動ではあった。だが、のちに自らの行動がどのような政治的な意味を持つのか、理解していなかった節がある。

白川が安倍に真正面から反論したことで、安倍ＶＳ白川の構図がつくられた。このため、日銀は選挙によって国民に裁かれてしまう構図となったのである。

白川には、いくつかの選択肢があった。

一つは、選挙結果を踏まえ、総裁を即座に辞任することだった。自分の意に沿わない政策を飲まされるくらいならば、潔く退くのも手ではある。しかし、次期総裁候補が決まらないまま、任期を残して辞任すれば、「無責任」のそしりを免れない。

もう一つは、苦しい決断ではあるが、任期中、安倍の言う「政策協定」に協力しつつ、一九九八年に制定された新日銀法の改正を食い止め、日本銀行の「独立性」を守ることである。

白川は後者を選択した。

当時の日銀幹部はこう話す。

「自民党に日銀法改正を『視野』と公約され、最後通牒《つうちょう》を突きつけられているようなものだった。日銀法再改正を阻止する。このために、白川は『人柱』になる決意をしたのだろう」

白川は会談で、日本銀行法第四条に触れつつ、安倍にこう話したという。

「日銀は、政府の経済政策の基本方針と整合的なものとなるよう、常に政府と連絡を密にするよう求められている。日銀は今までも『〇～二％』の物価上昇を目指している。安倍総裁とそれほど大きな距離がある訳ではない」

白川が言う「〇～二％」というのは、二〇一二年二月に決めた「中長期的な物価安定の目処《めど》」のことである。物価安定を「二％以下のプラスの領域」と定義し、「当面は一％」を目指すとした物価上昇率の目標である。

白川はこのうち、「二％以下のプラスの領域」を持ち出し、安倍の主張に寄り添う姿勢を示したのである。

選挙中、野党のような立場で反論した白川は、安倍の公約の最大の目玉である金融政策の実現に協力することになる。

一方、安倍は、政府と中央銀行の関係について、理論武装をしていた。それは、中央銀行の目標設定の独立性（goal independence）と、政策手段の決定についての独立性（instrument independence）の区別である。

この考え方を安倍に指南したのは、元財務官僚で、第一次政権のときに内閣参事官として安倍を支えた髙橋洋一嘉悦大教授である。

新日銀法は、金融政策の目的を「物価の安定」と定めている。だが、この「物価の安定」がどの程度の物価水準を指すのかという目標設定は、政府が行うのであって、日銀はその手段の選択において「独立性」を持つにすぎない、という考え方だ。髙橋はこうした考えを安倍に詳細に説明していた。

安倍はのちにこんな答弁をしている。

「大切なことは、政策目標については政府と日本銀行が共有しなければ財政金融政策がうまく回っていかない（中略）大切なことは、やはり目標を共有することではないか」

「我々（政治家）は選挙においてその結果責任を問われる（中略）では、日本銀行は果たしてどこでその責任を問われるのか、それは政策目標について達成できたかできなかったかではないか（中略）手段においては、これはまさに日本銀行は独立をしていなければならない。ですから、私は、総理になって一度も、手段について何か物を申したことはない」（二〇一三年四月二日、衆院予算委員会）

この解釈は、従来の政府の日銀法解釈とは異なっていた。「物価の安定」の定義は日銀にゆだねられているというのが通説だからだ。

だが、安倍は独自の日銀法解釈に基づいて、日銀との「政策協定」の締結に動き出すことになった。

デフレ克服内閣

「長引くデフレで額に汗して働く人たちの手取りが減っている。デフレ脱却は政権に課せられた使命です」

安倍は一二月二六日の組閣会見で、政権の最大の使命を、日本経済が二〇年近く苦しんだデフレから脱却することと位置づけた。

「デフレ脱却」をこれほど明確なアジェンダに掲げた政権は初めてだった。

その手段と位置づけたのが、「三本の矢」である。

「それは三ツ矢サイダーですか」

数日前、盟友・麻生太郎は、安倍に冗談めかして聞き返したのを覚えている。

衆院選に圧勝した一六日以降、安倍と麻生は新政権の課題は何か、陣容をどうするか、話し合ってきた。経済政策をどう打ち出すか。安倍のアイデアが「三本の矢」だった。

「三本の矢」の内訳はこうだ。「第一の矢」は日銀が世の中に出回るお金の量を増やす「金融緩和」、「第二の矢」は政府が公共事業などでお金を使う「機動的な財政政策」、「第三の矢」は企業の投資を引き出す「成長戦略」である。

なぜ三本の「矢」なのか。一本だと折れるが、三本を重ねると折れにくい――。安倍の地元・山口の戦国武将の毛利元就が三人の息子に結束の大切さを教えた逸話からヒントを得た。学生のときアーチェリー部だったことも「矢」にした理由だった。

安倍が「三ツ矢サイダーではなく、毛利元就です」と返すと、麻生は「私は『三本の柱』などの方がいいと思うけどね。『三本の矢』では山口県人にしか分からんだろう」と笑いつつ、安倍のアイデアを受け入れた。

安倍は、麻生に副総理兼財務相を任せた。麻生は安倍より一〇歳以上年長であり、首相経験者でもあるため、首相という仕事の苦労をよく知っている。しかも、双方の自宅に呼び合うほど気心知れた仲でもある。経済財政相や総務相など経済閣僚を歴任しており、経済政策に詳しかった。

マクロ経済政策の「司令塔」役となる経済再生相には、甘利明を起用した。

それは、衆院選投開票日の一二月一六日、自民党本部での突然の辞令だった。衆院選のテレビの開票速報を見ているときに、安倍は甘利にこう告げた。

「甘利さん、あなたには閣内に入ってもらう。経済再生の舵《かじ》取りをお願いしたい」

甘利は第一次安倍政権時代に経産相をつとめた。野党・自民党時代は、政調会長として安倍総裁を支え、政権公約のとりまとめに当たった。「政策通」として知られている。

安倍は、民主党政権が休止した「経済財政諮問会議」を復活させるつもりだった。内閣府設置法に明文で規定された会議であり、経済政策で首相のリーダーシップを発揮する舞台として、ふたたび活用しようと考えたのである。甘利にはこの会議のとりまとめ役を期待したのである。

安倍はまた、「国際金融」のアドバイザーとして、米エール大学の浜田宏一名誉教授と、静岡県立大教授の本田悦朗の内閣官房参与への起用も決めた。

浜田はこれまでの日銀の金融政策に批判的な立場を取り、大胆な緩和政策を唱える安倍の主張の理論的支柱となってきた人物だ。

本田は財務官僚出身で、安倍とほぼ同年代。三〇年来の友人でもある。経済閣僚を早々と決めたのは、日銀と結ぶ「政策協定」の策定作業をすぐにでも進めなければならなかったからだ。急がなければ、衆院選中に期待先行で盛り上がった「安倍相場」が崩れてしまう恐れがあった。

一二月二六日の組閣を待たずに、麻生や甘利のもとには、財務省や内閣府、経産省の役人が次々にやってきた。すでに「政策協定」の文案づくりは始まっていた。

安倍首相は二六日の組閣に合わせ、麻生と甘利に「政策協定」づくりの指示を出した。麻生が日銀との交渉窓口になり、甘利に協力してもらう、という体制が決まった。

ちなみに、安倍の経済政策を「アベノミクス」と名付けたのは、「増税によらない復興財源を求める会」で事務局長として安倍会長を支えた田村憲久衆院議員である。衆院選の最中の一二年一一月二五日、安倍は田村の地元である三重県を訪問。津市の津センターパレスで開かれた自民党政経セミナーで講演した。この前後、田村は待合室にいた安倍とこんなやりとりをしている。

(田村)レーガン(元大統領)の経済政策はレーガノミクスですから、安倍総裁は「アベノミクス」ですね。

(安倍)あー、そうかぁ、そうだねぇ。

この後、田村らが「アベノミクス」という言葉を使うようになり、広まっていくのである。

慌ただしい年末年始だった。

安倍・白川の隔たり

麻生副総理兼財務相と甘利経済再生相は、政府・日銀の「政策協定」づくりを始めた。

だが、そう簡単には進まなかった。そもそも、安倍がどのような「政策協定」であれば満足するのか、分からなかったからだ。

物価目標二%をどう表現するのか、達成期限を設定すべきかどうか、その目標を達成する責任は誰にあるのか、日銀の取り組みを検証する仕組みをどうするのか――。翌年一月六日ごろまでは、こうした論点を列挙する作業が中心だった。

その後、日銀も含めた事務レベルで、具体的な文章の作成作業に入った。

だが、政府と日銀の隔たりは大きかった。当初、日銀がつくった原案は、非常に分かりにくかった。ベースは民主党政権時代の昨年一〇月三〇日に公表した「共同文書」である。

そもそも白川は、「物価」は市場に出回る金の量だけで決まるのではなく、人口動態や需給関係などを反映する、と考えていた。つまり、日銀だけが物価を目標に向かって誘導していく力を持っているのではなく、政府や民間の役割も重要というわけだ。政府も成長戦略を描き、日本経済の成長力を高めていく必要がある、という主張を展開した。

一方、内閣府がつくった原案はシンプルなものだった。

「日銀が物価上昇率二%をターゲット（Target）にして、政策運営を行う」

ターゲット（Target）という言葉がポイントだった。日銀がさまざまな金融緩和の手段を用いて、目指すべき「目標」であり、全面的にその責任を負っている。この言葉づかいに、そういう意味を込めていた。

一月九日、首相官邸。政権交代後初の経済財政諮問会議が開かれ、安倍や麻生、甘利、官房長官の菅義偉、民間議員に任命された伊藤元重東大教授、そして白川方明総裁ら、新政権の経済政策運営を任された面々が顔をそろえた。

司会役の甘利が出席者の紹介を終えると、それぞれ所信を述べ合うことになった。順番が回ってきた白川は言った。

「昨年一二月には、安倍総理から物価目標に関する検討の要請をいただいた。日銀としては、今月二一、二二日の金融政策決定会合でしっかり議論し、結論を得たい」

「(すでに）日銀は、物価安定のもとで持続的な成長を実現するために、現在、強力な金融緩和を推進している」

「日本の財政状況が厳しい中、グローバル化した金融市場において、内外の投資家が、日銀が財政ファイナンスを行っているという疑念を抱くと、長期金利が上昇する恐れがある。そうすると、企業の資金調達コストが増加するだけではなく、国債を保有する金融機関の経営に多大な悪影響が生じて、結果として経済を支える力を失う」

五分ほどの「演説」だった。白川は安倍の要請を「検討する」としつつ、政府に対し、財政再建の努力をするよう注文をつけたのだ。

この直後、安倍は「あとでまとめて発言をするが、一言お話させていただく」と割り込み、興奮気味で反論を始めた。

「一〇年以上デフレがずっと続いているわけで、デフレ期待の定着を変えるというのは、相当なことをしなければできない。人々のマインドを変えるのは容易ではない」

「デフレから脱却できなければ、税収は増えないわけだから、財政健全化はできない」

「二％という目標に向けて、これはもう大胆な金融緩和をやってください、日銀はひとつ責任をもってやってください」

安倍はたたみかけるように言った。言葉にはトゲがあり、命令口調だった。

会議の終了直前にも、安倍は改めて白川に念押しした。

「私は、先の衆議院選挙を通じて、デフレ脱却のため、日本銀行が二％の物価目標を設け、大胆な金融緩和を行うように訴えてきた。日本銀行においては、このことも十分に踏まえて、金融政策をお願いしたい」

安倍は衆院選の結果という「国民の民意」を前面に出して、従うよう迫った。

心配をしたのは麻生だった。

麻生は「白川総裁が辞めてしまうのではないか」と危機感を持っていた。あまり白川を追い詰めすぎれば、任期を残して辞めてしまい、発足したばかりの新政権が揺らぎかねない——。そう考えていた。

麻生はもともと、伝統的なケインジアンの考え方に近い。金融緩和の効果は限定的で、むしろ、財政出動で需要を生み出すことに意味があると考えていた。副総理兼財務相に就任時の各社インタビューではこう話している。

「日銀はかつて量的緩和でお金を大量に刷った。しかし、銀行の先に実需がなく、何の効果もなかった。白川さんは福井総裁のときに、理事だったのでよく分かっている」

麻生は、白川の主張に理解を示しつつ、安倍が選挙中に主張してきたこととの折り合いをつけようと考えていた。

雪の日の氷川寮

南岸低気圧が首都圏に近づいた一月一四日。成人の日で祝日のこの日は、朝から雨が降っていた。気温は予報よりも低く、ひんやりとして、時折、みぞれ混じりになっていた。

財務相の麻生太郎と財務省総括審議官の佐藤慎一、経済再生相の甘利明と内閣府審議官の松山健士の四人は、東京・内幸町の帝国ホテルの一室に集まった。

安倍が二〇一二年末の衆院選で「一丁目一番地」と訴えた金融政策。その第一歩となる政府・日銀の「協定」をどう実現するのか。財務省と内閣府の素案をつくるためである。

この日を選んだ理由は、マスコミの目を避けられるからだ。平日なら、二人の大臣が一緒の場所にいるだけで、注目を浴びてしまう。だが、さすがに祝日まで追いかけてくる記者はいない。記者の目を欺けると考えた。

麻生、甘利は、事務方が用意したＡ４の紙を読みながら、鉛筆を片手に修文作業を進めていた。財務省・内閣府がつくった素案は、日銀が物価目標二％の実現に努力するという非常にシンプルなものであった。

二人はこの日午後二時から、日本銀行総裁の白川方明と協議に入る予定だった。その前に、二人の意見をすりあわせておく必要があった。

作業がほぼ終わり、昼ご飯にカレーを食べることにした。ふと、外を見ると、「終日雨」という気象庁の天気予報は見事に外れ、雨はいつの間にか大雪に変わっていた。最終的に東京は八センチの雪がつもった。

日銀が話し合いの場所に指定してきたのは、東京・赤坂の日銀の接遇施設「氷川寮」である。氷川寮は高台にあり、たどり着くには坂を登り切らなければならない。だが、雪で車はスリップし、なかなか前に進まない。近くには、戦前の一九三六年二月二六日、反乱軍に殺された高橋是清元蔵相の旧居宅もある。

参加者の一人は、道すがら、こうつぶやいた。

「七〇年前もこんな雪だったに違いない。白川さんは今、高橋是清の心境だろう」

二・二六事件で犠牲になった高橋元蔵相は、軍事費の増額要求を断り続けて、軍部の恨みを買い、反乱軍に殺害された。政治からの金融緩和要求をかわし続けてきた白川も、いま、きっと同じような気持ちだろう、と心中を察していた。

麻生と佐藤、甘利と松山、そして白川と日銀理事の門間一夫の六人が、氷川寮にそろった。麻生、甘利、白川の三人は、寮一階の応接室にこもり、麻生・甘利が持参した素案を囲み、鉛筆を走らせていた。祝日のため、六人のほかには、管理人や警備員がいるだけで、部屋にはお茶やコーヒー、それにクッキーが置かれただけだった。

白川は緊張した面持ちで、言葉少なだった。白川は麻生の選挙区のある福岡県の出身であり、麻生とは長年、つきあいがあった。ただ、甘利とじっくり話すのは初めてであった。

学者肌の白川である。甘利は白川から「とっても生真面目で、人柄の良い方だ」という印象を受けた反面、『市場を動かしていこう』という迫力はないな」と感じていた。

それゆえ、甘利は白川の意識変革を促そうと、いくつかの注文をつけた。

「白川さん、日銀は傍観者でいちゃいけませんよ。安倍総理が厳しいことを言うのは、そういう印象を受けているからです」

甘利は安倍の心境を解説した。さらに「米国のＦＲＢの歴代議長のような、もっと良い意味で、ワルになってもらわないといけません。『デフレ脱却は絶対にできる』という顔をしてもらわないと困ります」と声をかけた。

甘利はそれほど深刻に話したつもりはないのだが、白川は真顔で話を聞いていた。

議論はまず、文書の名前から始まった。

安倍は、政府が日銀と取り交わす文書を「アコード」や「政策協定」と呼んでいた。

安倍は、政府が物価目標を設定し、日銀がそれに従うべきだと考えていた。日銀に目標を決める自由はなく、日銀にあるのは「政策手段の選択」の自由だけであり、しかも、物価目標については、目標達成の責任は日銀にある、という立場だった。

一方、白川総裁は「政策協定」という名称は、日銀の独立性を損なうと考えていた。そもそも、新日銀法では、「物価安定」の定義は日銀にゆだねられているというのが通説である。政府と日銀が「協定」を結ぶとなれば、日銀の「自主性」はなくなったも同然であり、歴史に禍根を残すと考えていた。

白川の考えに一定の理解を示したのは麻生だった。

この日に先立ち、麻生は一月七日、大臣室を訪ねてきた元財務官でアジア開発銀行総裁の黒田東彦に、政府と日銀の関係について相談した。黒田はこう言った。

「米国では、『アコード』は中央銀行の独立性を高めるために結んだものを言います。この名前はむしろ誤解を招きかねません。カナダに政府・中央銀行の『共同声明（Joint Statement）』というのがあります。これを参考にするといいのではないでしょうか」

麻生は、黒田のアドバイスを受け、「共同声明」という表現を提案した。「政策協定」に比べて拘束力が低いように聞こえる「共同声明」である。白川はこれを受け入れた。

物価目標をどう「共同声明」に盛り込むか、は意見が割れた。

安倍首相はいわゆる「インフレ目標政策」の導入を求めていた。政府が目指すべき「物価目標」を数値で設定して日銀と共有する。日銀がさまざまな金融政策の手段を用いてその目標達成を目指し、責任を負う、というものだ。

この政策の背景には、経済学の「貨幣数量説」という考え方がある。世の中に出回っているお金の総量とその流通速度が、物価の水準を決めるというものだ。安倍のブレーンは、金融政策が中長期的には、物価水準を決めることができる、という考え方を固く信じていた。

一方、白川はこれとは対極にいた。白川は、物価は世に出回るお金の量で決まるというよりは、むしろ、経済の供給力と実需の差「需給ギャップ」などを反映した「結果」だと考えていた。つまり、金融政策だけではなく、足元の経済がどこまで回復して、供給過剰を解消できるのか、が重要ということになる。

ただ、白川は、安倍の公約にある「二％」を盛り込むことは反対しなかった。先進各国が物価目標を二％とするなかで、日本だけが低い数値を示してきたことが、円の独歩高を招いた。安倍の批判も、そこが核心であることを理解していたからだ。

ただ、問題は「二％」の表現の仕方である。この日は、決着がつかなかった。

リフレ派の反撃

大雪となった同じ日、内閣官房参与の本田悦朗、元日銀審議委員の中原伸之、学習院大教授の岩田規久男ら、リフレ派の首相ブレーンの四人が集っていた。場所は氷川寮から約一キロメートル離れた東京・六本木の国際文化会館。米国在住の内閣官房参与、浜田宏一の当時の宿泊先だった。

首相・安倍晋三にいかに初志貫徹をさせるか——。これがこの日のテーマであった。

四人が心配していたのは、安倍の盟友である副総理兼財務相・麻生太郎の動向である。

麻生は就任後、「金融政策だけでデフレ脱却はできない」と、日銀寄りの発言を繰り返していた。麻生はもともと金融政策の効果は限定的だと考えており、デフレ脱却のためには政府が財政出動した方が良いと考えていた。

白川と麻生が近いことも危惧していた。白川は麻生の選挙区がある福岡県出身であり、二人は長年、交友関係があった。安倍首相の意に反して、麻生と白川が手を握り、安易に妥協してしまうのではないか——。そんな疑念を持っていた。

さらに、四人は安倍と麻生の関係にも思いをめぐらせた。麻生は首相経験者であり、安倍より一〇歳以上、年長であった。安倍が、麻生のような大先輩の意見を無碍《むげ》にできない性格であることも知っていた。

この日の議論は「首相に代わって、いかに麻生を説得するか」という一点に絞られた。

この日、共有したシナリオは、そのまま翌日、首相官邸で繰り広げられることになる。

一月一五日昼、首相官邸五階の首相会議室には、本田、中原、岩田、浜田ら首相ブレーンと、麻生、経済再生相の甘利明、官房長官の菅義偉の姿があった。両者は部屋の真ん中に置かれた大きなテーブルを間に挟んで、向かい合うように座った。

安倍が「金融の専門家から意見を聞く」という題目で集めた昼食会である。だが実際には「安倍の意向をブレーンに代弁させ、麻生や甘利に聞かせる会」（首相秘書官）だった。

テーブルには箱弁当があった。招待客がそれを食べ終えたら本題に入る算段だった。

中原はこのとき、会議室を抜けだした。本田とともに、こっそり首相執務室に入った。中原は「金融政策に関する政府と日本銀行の協定」と題した協定私案を安倍に手渡した。

その主な内容は以下のようなものだった。

①物価目標は二％
②達成期限は最長二年
③日本銀行は、物価目標の期限内の達成に責任を負う
④日本銀行は経済財政諮問会議に定期的に達成度合いを報告する

協定私案の下段には、首相と白川方明総裁の署名欄までつくられていた。

安倍は協定私案をまじまじと読みながら、言った。

「私がこの署名をすることはないです。この署名欄は消していただけますか」

中原は、政府代表と日銀代表というつもりでつくった署名欄だったが、よくよく考えてみると、これでは首相と日銀総裁が対等な立場のようにも見えてしまう。そう思い直した中原は「それでは、この部分は

消して、皆さんにお配りします」と答えると、下の部分を折って見えないようにし、本田にコピーを依頼した。

ふたたび首相会議室。食事を終え、議論が始まった。

安倍が挨拶をした後、日銀との政策協定に何を盛り込むべきか、ブレーンたちは代わる代わる意見を述べた。この間、麻生と甘利はノートを開き、メモをとっていた。

出席者が一通り話し終えると、中原は協定私案を配った。

「これが我々の協定案です。このようにやってもらいたい」

中原はこう力を込めた。中原が一通りの説明を終えると、浜田と岩田は「これが実現できないのなら、日本銀行法を改正するべきだ」と付け加えた。首相ブレーンはこの四つを、骨抜きにされてはならない一線として、関係閣僚に示したのである。

安倍は終始、静かだった。だが、中原らの主張が安倍の意向であることは明らかだった。

麻生と甘利は中原私案を持ち帰り、どう反映させるのかを考えることになった。

①と③と④は、大きな方向性としては、採用する方向だった。

特に④は、英国の制度を参考にしたもので、麻生と甘利は法改正を伴わない形で導入する方法を模索していた。経済財政諮問会議の活用は、非常に良いアイデアだった。

経済財政諮問会議は首相や官房長官、主要な経済閣僚、日銀総裁、民間の経済学者や財界代表などが構成メンバーだ。しかも、政令などで根拠づけられているほかの諮問会議とは違い、内閣府設置法に基づいている。ここに定期的に報告させるようにすれば、恒久的な仕組みにもなり、日銀に対する拘束力は高くなる。

日本銀行は毎年春と秋の二回（二〇一五年からは年四回）、今後数年間の実質成長率と物価の見通しを「展望レポート」という形でまとめている。これを経済財政諮問会議に報告させれば、物価目標が達成に向かっているのかどうか、政府が定期的に検証できると考えた。

①は、麻生らが、どのような書きぶりにするか、日本銀行と詰めている最中であった。ただ、いずれにしても、「二％」という数字を盛り込むことは決めていた。

残された焦点は、物価目標の達成時期である。

麻生、甘利、白川の三者間では結論が出ていなかった。物価の見通しを予測するのは難しく、いつまでに達成すると約束することはできないと考えていたからだ。

だが、中原私案によって、麻生らは、この点についても、何らかの具体的な表現で記すことが求められることとなった。

「共同声明」

一八日、東京・内幸町の帝国ホテル。麻生、甘利、白川の三人はふたたび集まり、詰めの協議を行った。この場で、声明の中身はほぼまとまった。

この間、白川は安倍の選挙公約を踏まえつつ、自らの妥協が将来の日銀に禍根を残さないように必死だった。白川がこだわったのは「日銀と政府の共同責任」である。白川は、物価を金融政策のみによって上昇させることはできないと考えていた。規制改革などによって日本経済の成長力を高めるなどの政府の取り組みが必要と主張していた。

また、財政健全化を進める政府の責任をしっかり書き込むよう求めた。日銀の金融緩和の手段は、政府の借金の証文である国債の大量購入である。もし、政府から財政健全化の約束を取り付けなければ、日銀は単に政府の借金を手伝っていることになってしまうためだ。

麻生や甘利は、白川の意見に一定の理解を示したものの、「共同責任」という意見をそのまま受け入れるわけにはいかなかった。二％の目標を達成する一義的な責任は、日銀にあるということを明確にする必要があった。

このため、日銀が取り組むべき責任分野と、政府の責任分野を分けて記し、政府の部分に財政再建や成長戦略といった責任を書くことは受け入れた。ただし、「物価目標」は日銀の部分に書き込まれ、「政府」という言葉が入らないように、腐心した。

その結果がこうだ。

「日本銀行は、今後、日本経済の競争力と成長力の強化に向けた幅広い主体の取組の進展に伴い持続可能な物価の安定と整合的な物価上昇率が高まっていくと認識している。この認識に立って、日本銀行は、物価安定の目標を消費者物価の前年比上昇率で二％とする〔傍線は筆者〕」

ここのポイントの一つは「幅広い主体」という言葉だ。曖昧《あいまい》な表現ではあるが、「幅広い主体」には、政府や民間企業も入る。「幅広い主体」の取り組みが最終的に物価を決めるのであって、金融政策だけではないと読み取れる表現になっている。

もう一つは「この認識に立って」という言葉だ。日銀は、前段の「幅広い主体」が物価上昇率を決めていくという「認識に立って」物価上昇率二％を実現する、と書いてある。

この二つの文章の主語はあくまで「日本銀行」である。ただ、文章はつながっておらず「この認識に立って」で区切られている。この文章の区切り方（つなげ方）に、物価目標二％達成の責任は、あくまで一義的に日銀にある、という意味を込めた。政府・日銀のそれぞれの立場に配慮した「ガラス細工のようなもの」（甘利）に仕上がった。

中原私案で「二年」とされていた物価目標の達成期限は、「できるだけ早期」という表現に落ち着いた。共同声明で「二年」と明記してしまうと、もし達成できなかった場合、首相も政治責任を問われかねない。そうした懸念も考慮した。

この日、もっとも議論になったのは、英訳であった。

安倍がこだわった「インフレ目標政策」という名称は、「物価安定目標」と言い換えることにした。「インフレ」という言葉にはネガティブなイメージがあるためだ。

日銀は「物価安定目標」の英訳を「Price Stability Goal」とするよう求めた。「Goal」という英語は、これまで日銀が掲げてきた「中長期的な物価安定の目処（The Price Stability Goal in the Medium to Long Term）」でも用いている。さらに、米連邦準備制度理事会（ＦＲＢ）も「物価目標」を「Goal」と表現していた。

だが、甘利は「インフレ目標政策」を導入したという政府の意図を明確にするため、より強い「Target」という単語を使うよう求めた。「Goal」と「Target」では、それぞれ語感が異なる。「Goal」は将来成し遂げたいと思う到達点であり、長期的な概念である。目標というよりも結果というニュアンスもにじむ。一方、「Target」は達成したい具体的な成果であり、短期的で現実的な目標という意味だ。

この日、甘利と白川の間で激論となったが、結局、「Price Stability Target」という表現となった。二％という物価上昇率は、日銀が主体的に努力して目指す「目標（Target）」であることを明確にする。安倍の意をくんだものであった。

日銀は二一日、金融政策決定会合を開き、「共同声明」を正式に決定した。政府代表として出席した甘利は、白川ら九人の政策委員を前に、こう力を込めた。

「共同声明は、できるだけ早期にデフレから脱却するという強い意思、明確なコミットメントを示す『レジーム・チェンジ（体制の転換）』とも言うべきものである。この新しい枠組みを通じて、デフレ予想が払拭《ふっしょく》されていくことを強く期待している」

甘利は「レジーム・チェンジ」という言葉を使って、政策委員らに対し、過去の金融政策と「決別」をするよう求めた。

この後、白川は、麻生、甘利とともに首相官邸を訪ね、安倍首相に政府・日銀の「共同声明」を手渡し、報告した。

安倍はこの直後、記者団の取材に応じ、高らかに勝利宣言をした。

「物価目標が一日も早く実現されるよう日銀が責任をもって努力していただきたい」

参考資料⑬＝デフレ脱却と持続的な経済成長の実現のための政府・日本銀行の政策連携について（共同声明）

一・デフレからの早期脱却と物価安定の下での持続的な経済成長の実現に向け、以下のとおり、政府及び日本銀行の政策連携を強化し、一体となって取り組む。

二．日本銀行は、物価の安定を図ることを通じて国民経済の健全な発展に資することを理念として金融政策を運営するとともに、金融システムの安定確保を図る責務を負っている。その際、物価は短期的には様々な要因から影響を受けることを踏まえ、持続可能な物価の安定の実現を目指している。

日本銀行は、今後、日本経済の競争力と成長力の強化に向けた幅広い主体の取組の進展に伴い持続可能な物価の安定と整合的な物価上昇率が高まっていくと認識している。この認識に立って、日本銀行は、物価安定の目標を消費者物価の前年比上昇率で二％とする。

日本銀行は、上記の物価安定の目標の下、金融緩和を推進し、これをできるだけ早期に実現することを目指す。その際、日本銀行は、金融政策の効果波及には相応の時間を要することを踏まえ、金融面での不均衡の蓄積を含めたリスク要因を点検し、経済の持続的な成長を確保する観点から、問題が生じていないかどうかを確認していく。

三．政府は、我が国経済の再生のため、機動的なマクロ経済政策運営に努めるとともに、日本経済再生本部の下、革新的研究開発への集中投入、イノベーション基盤の強化、大胆な規制・制度改革、税制の活用など思い切った政策を総動員し、経済構造の変革を図るなど、日本経済の競争力と成長力の強化に向けた取組を具体化し、これを強力に推進する。

また、政府は、日本銀行との連携強化にあたり、財政運営に対する信認を確保する観点から、持続可能な財政構造を確立するための取組を着実に推進する。

四．経済財政諮問会議は、金融政策を含むマクロ経済政策運営の状況、その下での物価安定の目標に照らした物価の現状と今後の見通し、雇用情勢を含む経済・財政状況、経済構造改革の取組状況などについて、定期的に検証を行うものとする。

白川が辞意

二月五日夕、首相官邸。日本銀行総裁の白川方明が突如、姿を現した。官邸のエントランスに入った白川は、記者団からの質問をすべて遮り、エレベーターに乗り込んだ。五階に到着すると、首相執務室へと入った。

わずか一〇分後、白川は記者団の前に姿を現した。

「総裁、副総裁の新体制が同時にスタートすることが可能となるよう職を辞すると首相に申し上げた」

白川はこう短く語ると、足早に官邸を立ち去った。

白川の任期満了は四月八日だが、二人の副総裁はこれに先立つ三月一九日に切れる。総裁と副総裁の任期が違うのは、二〇〇八年の前回の日銀総裁人事の爪痕だ。二〇〇七年七月、第一次安倍政権の下で行われた参院選で自民党は大敗し、参院第一党を野党・民主党に譲った。政権を引き継いだ福田康夫首相が提案した総裁人事案が次々に不同意となった。白川が総裁に就任するまで、戦後初めて一時、総裁職が空席となり、任期がずれた。

白川は自ら退いた後、日銀の体制をすべて一新できるよう、任期満了を待たずに、副総裁の任期と同時に身を引くと伝えたのだった。白川は「物価目標政策の導入も決定し、進退について話ができる環境が整った」とも語った。

だが、言葉通りに受け取る人は少なかった。

前年一一月以降、安倍は日銀に対し「二～三％の物価目標を設定し、実現してもらう」「輪転機をぐるぐる回してお札を刷る」と金融緩和を迫った。これに対し、白川は「非現実的」「やってはいけない政策の最上位」と正面から酷評したが、安倍は選挙で圧勝した。

日銀に戻った白川は記者団から「政府は金融緩和などで圧力を強めている。抗議の意味はないか」などと質問攻めにあう。白川は「そうした意味合いはまったくありません。あくまでも新しい総裁、副総裁二人の体制が同時にスタートすることを可能にするためだ」と否定した。

安倍が首相になってから、自らの意思に反して物価目標政策の実現に協力してきた白川だが、それと引き換えに得るものがあった。

それは、日銀法再改正の阻止である。

白川が麻生や甘利と「共同声明」の協議に応じたのは、法改正なくとも、日銀が政府の政策に寄り添う姿勢を示すためである。法改正なしに物価目標政策を実現することによって、日銀法再改正の議論が盛り上がらないように腐心していた。

麻生は白川の気持ちを痛いほど分かっていた。白川が持論を曲げて協力していたからだ。麻生は共同声明が決まった一月二一日、首相官邸で記者団にこう語った。

「日銀法改正は今のところ考えていない」

白川は自らの進退と引き換えに、新日銀法を守った。

野党の「人事案」

一月一九日、東京・永田町のザ・キャピトルホテル東急内にある日本料理店「水簾《すいれん》」。安倍晋三首相は第一次安倍政権時代の仲間に囲まれていた。日本銀行出身の塩崎恭久自民党政調会長代理（第一次安倍政権の官房長官）、みんなの党の渡辺喜美代表（同公務員制度改革担当相）、髙橋洋一嘉悦大教授（同内閣参事官）らだ。

「アビイロード（Abbey Road）の会」。仲間内ではこう呼んでいる。ビートルズの不朽の名盤と、安倍首相の「Ａｂｅ」にひっかけて命名した。定期的に食事をしている仲間だ。

渡辺や髙橋は、安倍が金融政策に目覚める前から、日銀に金融緩和を求めてきた「リフレ派」だ。髙橋は役人から学者に転身し、渡辺は二〇〇九年に自民党を離党して、みんなの党を立ち上げていた。

この日、話題は自然と日本銀行の次期正副総裁の人事になった。渡辺はこう切り出した。

「いい加減な人事をやると、期待感が剝落《はくらく》する。株価も暴落して、アベノミクスどころではなくなる。ちゃんとした人を選ぶべきだ」

渡辺は、いまの安倍とは考え方が一緒。そういう確信に基づいた助言だった。

そのうえで、渡辺は総裁候補として具体的な名前を挙げた。いわば渡辺の「人事案」だ。

浜田宏一米エール大名誉教授、岩田規久男学習院大教授、竹中平蔵慶應大教授、髙橋洋一嘉悦大教授、中原伸之元日銀審議委員の五人である。いずれも、日銀に徹底した金融緩和を求めている「リフレ派」の仲間たちである。

渡辺は野党の党首である。ふつうの環境なら、酒の席の会話で終わっていたかもしれない。ただ、それでは済まされない事情があった。「ねじれ国会」である。

自民党が衆院で圧勝したとはいえ、参院では公明党と合わせても過半数には届いていなかった。過半数（欠員、議長を除く）を得るには一一八議席が必要だが、自民、公明両党は一〇三議席（副議長を含む）しか有していなかったのである。

日本銀行の正副総裁ら政策委員会のメンバーの任期は五年。内閣が人事案を衆参両院の議運委員会に示し、衆参両院でともに過半数の賛成を得て任命される。

このため、人事案の承認を得るには、参院第一党の民主党（八七議席）に協力してもらうのか、それともみんなの党（一二議席）、維新の会（三議席）、新党改革（二議席）など少数野党の賛同を得て過半数を得るのか、いずれかの選択肢しかなかった。

野党の党首が人名を挙げて首相に人事案を示す——。みんなの党代表の渡辺の注文は、気脈の通じる友人のアドバイスというよりは、国会同意の行方に直結するメッセージでもあった。

安倍は何も答えなかった。まだ、人事案を決めていなかったからだ。ただ、渡辺がこの「人事案」を記者団にしゃべってしまうことで、日銀正副総裁人事の議論が盛り上がり始めた。

首相ブレーンの「候補者」

「このなかに記したどなたになっても、うまくやってくれると思います」

一月中旬、首相執務室。安倍から内閣官房参与に任命された米エール大名誉教授、浜田宏一は自らが著した一冊の本を安倍に手渡した。

その本は『アメリカは日本経済の復活を知っている』（講談社、二〇一二年）。これまでの日本銀行の政策を強烈に批判しつつ、安倍が行うであろう大胆な金融緩和によって「日本はいますぐ復活する」と唱えている。

安倍は金融政策を経済政策の「一丁目一番地」と位置づけており、「アベノミクス」が成功のカギを握る。その実現を託す相手が、三月に期限を迎える日銀の正副総裁である。

浜田はこの本の中で、日銀総裁にふさわしい七人の候補者を挙げた。過去のさまざまなエピソードの中に、七人の名前をちりばめてあった。

浜田は、安倍が絶大の信頼を置く理論的支柱である。その浜田が挙げた候補者には、注目が集まることになった。浜田が最初に挙げたのが、岩田規久男学習院大教授である。岩田規久男は一九九〇年代、日銀の金融政策をめぐり、日銀の翁邦雄らと「マネーサプライ論争（岩田－翁論争）」を繰り広げ、一躍有名になった。金利の上げ下げよりも、市場に供給するお金の量を操作することの方が有効であると主張していた。浜田は著書で「日本のミルトン・フリードマンが誰かと言えば、間違いなく彼だ」とたたえている。

浜田が次に挙げたのが、岩田一政元日本銀行副総裁だった。岩田一政は経済企画庁出身で、浜田が内閣府経済社会研究所所長だったときからつきあいがある。副総裁時代には、二〇〇六年の量的緩和政策の解除には賛成したものの、二回目の金利引き上げに反対票を投じた。浜田は「日銀政策委員会でも、正しい金融の論理に基づいて少数票を投じる大変貴重な存在」としている。

三人目は黒田東彦アジア開発銀行総裁である。浜田とは内閣府経済社会研究所所長だったときからのつきあいで、一九九九年七月から二〇〇三年まで財務官、その後は内閣参与をつとめた。バブル崩壊後の日銀の政策運営に一貫して批判的で、研究会などでは「日銀はやれることがたくさんあるのに、サボっている」と痛烈に批判していた。

伊藤隆敏東大教授は二〇〇一年に『インフレ・ターゲティング』（日本経済新聞社）という本を出すなど、早くからインフレ目標政策の導入を訴えてきた学者だ。一九九九年からは黒田東彦財務官のもとで副財務官をつとめ、金融政策にも明るい。ただ、浜田は「財政政策に関する意見は別にしても」と記しており、すべての経済政策で意見が合うわけではないと留保をつけた。

竹中平蔵慶應大教授は、浜田が内閣府経済社会研究所所長だったとき、上司に当たる経済財政相だった。日銀に対し、物価上昇の期待を高めるインフレ目標政策や、政府と中央銀行で政策協定を結ぶよう求めた初の閣僚でもある。浜田は「細かなことを気にせず、世間の印象とは違って、黙々と政策の正道を歩む大臣であった」と絶賛している。

あと二人は、元日本銀行審議委員の中原伸之と元経済企画庁長官の堺屋太一である。ただ、中原はこの時点で七八歳、堺屋は七七歳であり、現実的な候補者とはなり得ないというのが一致した見方であった。

この七人に共通しているのは、デフレについて強い危機感があり、金融政策にもっとやれることがあると信じている点である。すべての経済政策で一致しているわけではないが、大きな意味では「金融緩和派」と言うことができる。

浜田は安倍に「この中の誰が総裁をやっても大丈夫だ」と太鼓判を押した。

絞り込み

浜田は著書で挙げた七人の日銀総裁候補に優劣をつけなかった。浜田は「最後はあくまで安倍総理がお決めになることだ」として、実際の政治決断からは距離を置こうとした。

浜田のリストなどをもとに候補者を絞り込んだのは、浜田と一緒に内閣官房参与に任命された財務省出身の本田悦朗静岡県立大教授である。本田は「アベノミクスを成功させるためには、日銀総裁の人事を誤ってはならない。安倍首相に適切な判断材料を与える必要があった」と振り返る。

本田はまず、調査対象の候補者を七人にした。

浜田が挙げた総裁候補者からは、岩田規久男学習院大教授、岩田一政元日本銀行副総裁、黒田東彦アジア開発銀行総裁、伊藤隆敏東大教授の四人に絞った。高齢の中原、堺屋をリストから除いた。竹中は、政策面で申し分なかったが、麻生太郎財務相との折り合いが悪かったので、検討の対象から外した。

リストには、武藤敏郎元財務事務次官を加えた。武藤は、前回五年前の日銀総裁人事のときに、野党・民主党の反対で不同意とされたが、財務省がいまも総裁に推しているためである。

また、副総裁の候補者として、日本銀行の中曽宏理事と雨宮正佳大阪支店長を調べることにした。日銀を掌握するうえで、副総裁のうちの一人は日銀出身者が就くことになる。誰がふさわしいか、調べておこうと考えた。

本田はこれらの候補者の過去の論文や発言、講演などを徹底して洗い出した。岩田一政と武藤は日銀副総裁だったこともあり、日銀の政策決定会合の発言議事録なども調べた。

評価項目は「リーダーシップ」「マネジメント能力」「国際性」「理論的な一貫性」など幅広い項目に及んだ。ただ、もっとも重要な判断基準は、「ぶれない金融緩和派」であるかどうかである。候補者には項目別に◎、○、△と採点した。

最初に候補者から外されたのは、武藤敏郎である。武藤は日銀副総裁時代、二〇〇六年三月の量的緩和政策の解除に賛成した。また、以前はインフレ目標政策の導入に慎重な立場を表明していた。財務事務次官や日銀副総裁の経験があり、「リーダーシップ」や「マネジメント能力」には優れていたが、アベノミクスを実現する日銀総裁にはなり得なかった。

伊藤隆敏東大教授はリーマン・ショック後の円高を容認する発言が問題になった。例えば、二〇一一年の北海道の講演会では「実質実効レートで見ると必ずしも円高ではない。トヨタやキヤノンなど大企業は海外で七割生産して稼いでいる。海外のお金を日本に持ってくるときにちょっと困ったなという程度だ」(一〇月二七日)と発言していた。金融緩和によって円安をもたらし、交易条件の改善を狙うアベノミクスの方向性とは相いれないと結論づけられた。

同じく日銀副総裁だった岩田一政は、量的緩和解除に賛成した。ただ、続く利上げ(二〇〇七年二月)に副総裁の立場で反対し、のちに「量的緩和解除に賛成したのは誤りだった」と反省の弁を述べていた。金融政策の方向性は申し分なかった。財務省出身ではないのに行政経験が豊富な点も、野党の協力を得やすい面もあると分析した。

岩田規久男は日本のリフレ派の親分のような存在である。ただ、岩田は学者であり、組織や人を動かした経験はほとんどない。「リーダーシップ」や「マネジメント能力」を期待することは難しいという点がネックとなった。

黒田東彦は財務省の通貨政策のトップである財務官時代、一九九九年七月から二〇〇二年一二月にかけて、円高を阻止するために、当時としては過去最大の一三兆五六一八億円の為替介入を行った(のちに後任の溝口善兵衛が記録を抜く)。デフレの責任を「日銀にある」と明言し、一貫して大規模な金融緩和を訴えていた点も高評価だった。

黒田はアジア開発銀行総裁として組織のトップの経験もある。「リーダーシップ」や「マネジメント能力」も申し分なかった。ただ、任期途中に、アジア開銀総裁を辞めることになれば、中国がそのポストを狙ってくるかもしれない。そんな懸念があった。

政府・日銀の共同声明がまとまった直後の一月二一日、本田は安倍に分析の結果を報告した。安倍はこうつぶやいた。

「もし、黒田さんにした場合、（アジア開発銀行総裁の）後任の問題があるんだよな」

安倍は政策面・マネジメント面の双方でバランスがとれている黒田が気になった様子だった。ただ、もし、黒田を総裁候補にするなら、アジア開発銀行総裁の後任人事の問題を解決する必要があった。

為替誘導批判

「日本が通貨戦争で最初の一撃」（一月二三日の英紙フィナンシャル・タイムズ）――。

安倍政権が発足して一カ月余り。こんな見出しの記事が海外の有力紙に躍るようになった。「日本発の通貨安戦争」。そんな議論が国際的に広がっていた。

民主党政権時代には一ドル＝七〇円台のときもあったが、このころには九〇円台にまで円安が進んでいた。安倍が前年末に「大胆な金融緩和」を選挙公約に掲げて圧勝し、政府・日銀が二％の物価目標政策を掲げた「共同声明」を打ち出したことが理由だった。

円安になれば、輸出企業は同じ商品から、より高い利益をあげることができるようになる。「デフレ脱却」を掲げているアベノミクスに対し、海外から「本当の目的は円安誘導では」という批判が出始めていた。

一月二四日、スイス・ダボスで開催された世界経済フォーラム年次総会（ダボス会議）。ドイツのアンゲラ・メルケル首相は演説で「為替操作は敏感な問題になりつつあり、日本に対する懸念が出ている」と日本を名指しで批判した。会議前には、英イングランド銀行のマーヴィン・キング総裁が「いくつかの国は自国通貨安によって景気刺激を図ろうと行動している」と名指しを避けながらも、日本を批判した。

ダボス会議に出席した経済再生相の甘利明は釈明に追われた。国際通貨基金（ＩＭＦ）のクリスティーヌ・ラガルド専務理事らと相次いで会談し、「アベノミクスは円安誘導が目的ではなく、デフレから脱却するのが最大の目的だ」と強調した。

この海外世論は、日銀総裁人事に微妙な影響を与え始めていた。

金融緩和にはさまざまなやり方がある。リフレ派の多くの人が主張しているのが、日銀が金融機関から国債を購入し、その代金を金融機関に渡して、市中にお金を送り込むという手法である。貨幣供給量を増やすことで、物価上昇を促し、デフレ脱却を目指す。

ただ、岩田一政は、ほかの候補者とは別の手段を提唱していた。それが、外国債券の購入であった。日銀が外国債券を購入すれば、円を売り、外貨を買うことになる。国債購入よりもストレートに円安に導くことができるからだ。そうすれば、輸入物価は上昇するし、日本企業の輸出も有利になる。本来なら財務省が決定権を持つはずの為替介入を、日銀が自ら主体的に行うのと同義でもある。

首相官邸では、岩田一政は最有力候補の一人であった。国会対策という観点からも、財務省ではなく経済企画庁出身の岩田一政の方が、野党の理解を得やすい。

だが、「通貨安戦争」の批判が国際的に盛り上がるなかで、外債の購入を主張する岩田一政を日銀総裁に起用すれば、さらに海外からの批判の的となりかねない。

首相の口から「岩田一政」の言葉は出なくなった。総裁候補は岩田規久男と黒田東彦に絞られた。

事前聴取

「黒田さんは有力候補になっていらっしゃいます。どうお考えですか?」

二月はじめ、内閣官房参与の本田悦朗は首相官邸からマニラのアジア開発銀行の総裁室に電話をかけた。本田の分析で高得点をあげ、安倍の反応も悪くない黒田だが、肝心の本人の意向がまったく分かっていなかったからだ。

黒田は突然の電話にとまどっている様子だったが、「非常に光栄です」と回答した。かなり前向きなサインであった。

本田はこの日まで、旧知のアジア開発銀行の理事らに、黒田本人の意向や総裁の後任をめぐる情勢などをリサーチしていた。だが、ほとんど内容のある回答は得られなかった。

黒田本人と話すチャンスである。本田は思い切って疑問を全部、ぶつけてみることにした。

一つは、アジア開銀の後任問題である。黒田が任期途中で総裁を辞めれば、中国が後任の総裁の席を狙ってくる可能性があるのか。もし、中国にポストを譲ることになれば、日本のアジアにおける地位の低下に拍車をかけることになりかねない。

だが、黒田は明快に答えた。

「まったく心配は要りません。中国は借り入れ国です。インドは強硬に反対しているし、日本と米国とASEAN（東南アジア諸国連合）が組んだら、日本人が後任になれますよ」

さらに本田が「任期の途中で辞めさせたら、日本の評判が落ちませんか？」と尋ねると、黒田は「これまで総裁はずっと任期途中に代わっている。誰も問題にすることはないです」と一蹴した。これで、黒田が任期途中に辞任することはネックではなくなった。

黒田がざっくばらんに回答するので、本田はさらに踏み込んだ質問をすることにした。「もし、安倍首相から依頼があった場合、受ける気はありますか？」と直球で尋ねたのだ。黒田の回答は、もっとストレートであった。

「非常に光栄です。財務省は武藤さんを強く推しているのを知っているので、希望するとは言いません。ただ、大変光栄に思いますとお伝え下さい」

黒田をめぐるハードルはなくなった。本田はすぐに首相執務室を訪ね、このやりとりを安倍に伝えた。安倍は何も答えなかったが、深くうなずいて報告を聴き入った。首相が黒田に興味を持っていることは明らかだった。

八日の衆院予算委員会。安倍は日銀総裁に必要な資質を尋ねられ、こう答えている。

「国際金融マフィアになり得る能力も重要だ」

通貨政策の責任者である財務官は「通貨マフィア」と呼ばれる。その経験者である黒田を念頭に置いた発言であることは明らかだった。

バラバラの野党

日銀正副総裁の人事は、衆参両院で過半数の支持を得る必要がある。参院は野党が過半数を占めており、一致して反対すれば否決する力はある。

だが、野党は共闘できる状況ではなかった。

参院第一党は民主党である。だが代表の海江田万里は戦略を決めあぐねていた。

前回（二〇〇八年）のときには、政府提案の人事を次々に否決し、二〇日間、総裁不在の状況が続いた。このときは、批判の矛先が民主党よりも、自民党政権に向かった。だが、今の民主党は、直前の衆院選で大敗を喫し、民主党政権時代の混乱の記憶も消えていない。対応を誤れば、民主党に批判が集まりかねない。

そこで、海江田は日銀総裁人事の賛否を決める判断基準をあらかじめ示すことにした。参院第一党が政府に同意の条件を明確に示すことで、基準に沿った人選を促すことにもなる。また、反対するときにも、「事前に言っていたのに、政府がそれを無視して出してきた」と説明しやすくなると考えた。

二月五日の「次の内閣」で、決まった基準は六項目だった。

（1）金融・財政・経済への識見
（2）金融行政の独立性を堅持する能力、胆力
（3）情報発信を行うのに十分な語学能力

（4）市場の急激な変化に対応できる危機管理能力
（5）国会や政府への説明能力
（6）政府に財政規律堅持を求めるに足る識見

ポイントは二つある。一つは、財務省ＯＢなど、その人物の出身母体で拒否する規定を盛り込まなかったことだ。前回の日銀総裁人事で、財務省ＯＢの起用に反対、という硬直的な基準をつくってしまい、身動きがとれなかったことへの反省である。

もう一つは、財政規律堅持の姿勢を求めたことだ。日銀が国の借金を手助けする行為（マネタリゼーション）を容認するような極端なリフレ派は認めにくい、とメッセージを込めた。

ただ、そうは言っても、六つの要素はそれぞれ抽象的な基準にすぎない。海江田は「日銀総裁に空白があってはならない」としており、基本的には、政府に賛成できる人事案を提案するよう促すことに主眼があった。民主党には政府案に反対する体力は残っていなかったのである。

一方、みんなの党は、ハードルをどんどん上げていった。

みんなの党代表の渡辺喜美は八日、日銀法改正を目指す超党派の勉強会を発足させた。リフレ派を日銀の正副総裁にするために、民主党を除く超党派連合をつくろうとしたのだ。

発起人には渡辺のほか、自民党衆院議員の山本幸三、日本維新の会国対委員長の小沢鋭仁、新党改革代表の舛添要一らが名を連ねた。

「正副総裁には筋金入りのリフレ派で、日銀法改正に理解ある民間人を起用すべきだ」

渡辺は記者団にこう強調した。

その後、みんなの党は基準をどんどんつり上げていった。

江田憲司幹事長は一二日の記者会見で、「財務省OBは総裁・副総裁には適しない」と言明。渡辺も一五日の記者会見で、「財務事務次官OBや財務官OBにみんなの党は反対する」と話し、財務省OBは一切認めない姿勢を明確にした。

みんなの党の賛同を得ようと思えば、岩田規久男ということになる。一方、黒田を選ぶなら、みんなの党の賛同は得られないため、民主党の同意に賭けるしかなくなる。

いずれにしても、必ず同意を得られるとは言い切れなかった。

環境整う

日銀正副総裁の同意を得るうえで、大きな障害になりかねない国会の規則があった。それが「事前報道ルール」である。このルールは、国会の同意人事案が報道機関に事前に漏れ、報道されてしまった場合、原則として政府案の提示を認めないというものだ。

二〇〇七年、NHK経営委員会委員など一四機関二八人分の人事案が国会提案前に報道されたことをきっかけに定められた。当時は民主党が参院第一党。西岡武夫参院議運委員長（民主党）が「新聞辞令が既成事実化されて報道されれば、国会の形骸化につながる」と訴え、衆参議運委員長間の合意によってつくられた。

このルールは二つの意味で、その後の国会同意人事の審議を混乱させることになった。

一つは、与野党がこのルールによって、正式提示前に水面下の調整ができなくなった。これが、二〇〇八年の日銀正副総裁人事で不同意が相次ぐ原因にもなった。

もう一つは、ルールの悪用である。このルールを逆手にとれば、意図的に情報を漏らせばその人事をつぶせることになる。人物本位ではなく事前報道の有無で人選が左右されるということもしばしば起きていた。


自民党は、このルールの撤廃をしようと民主党に交渉を持ちかけていた。前回の日銀総裁人事の二の舞を避けたいからである。民主党代表の海江田万里や幹事長の細野豪志は撤廃に前向きだった。

だが、西岡らとともにルールづくりを主導した参院の輿石東議員会長は交渉カードとして残すべき、と譲らなかった。


このルールの問題が表面化したのが、公正取引委員会の委員長人事だった。

安倍政権は八日に元財務事務次官の杉本和行をあてる案を提示した。だが、人事案は一部の新聞で報道されてしまった。このため、民主党はルールに基づいて提示前に議運理事会を退席した。

この強硬姿勢を主導したのは輿石だ。

「自民党も野党時代、今まで事前報道をされた場合はダメと言ってきた。そう簡単に引き下がってはいけない」

輿石は幹事長の細野に念押しした。

だが、この民主党の姿勢は世間の賛同を得られなかった。新聞には国会同意人事の対応について「ふたたび政争の具」「知る権利を妨げる」などの見出しが躍るようになる。民主党が政権奪取前の二〇〇七～〇八年、このルールを武器に同意人事を次々とはね除《の》けたときとは、雰囲気は一変していた。

公取委員長人事以降、与野党の国対委員長間の協議は進んだ。

自民、公明、民主など与野党一一党の国対委員長は一九日、事前報道ルールの撤廃で合意した。情報漏れをした場合の新たなルールもつくられ、「情報漏洩《ろうえい》を調査させ、政府に衆参両院の議運理事会に報告させる」ことにした。

自民党の鴨下一郎国対委員長は記者団に「日銀正副総裁人事の環境が整った」と語った。

首相私邸の密会

「行政や組織の運営経験のない方が日銀のような大きな組織を運営していくのは、問題を抱え込みやしませんかな、というのが正直な実感だ」

二月五日、財務省の会見室。財務相の麻生太郎は、学者の総裁起用には反対と明言した。みんなの党の渡辺喜美が最有力候補として、学習院大教授の岩田規久男を挙げていたことを念頭に置いた発言であった。

麻生はこの日、総裁候補の条件を示した。①語学力　②組織の運営経験　③国際金融の知見——の三つである。

このとき、麻生の念頭にあったのは武藤敏郎元財務事務次官である。日銀副総裁をつとめた経験があり、組織の運営経験に優れている。財務省も長年、日銀総裁に推していた。

ただ、麻生は、安倍の「国際金融マフィア」（八日の衆院予算委員会）という国会答弁も気になっていた。通貨政策を担う財務官経験者であり、「共同声明」という名称のアイデアを授けてくれたアジア開発銀行総裁、黒田東彦も念頭に置くようになっていた。

麻生がもう一つ、人事の考え方として持ち出したのが、正副総裁のセット論であった。総裁と総裁を補佐する副総裁について「同じようなのが二人いても仕方ない。それぞれ性格の違った人を呼ぶのが組織運営の常識だ」とし、正副総裁はそれぞれ出身母体や得意分野が異なる人物を「セット」で考えようというものであった。

麻生はのちに、周囲にこう振り返っている。

「極端な考え方の集団にしちゃいけない。バランスのとれた構成をする必要があった」

日本銀行正副総裁の人事原案を首相に示すのは財務相である。麻生の発言は重かった。

三連休最後の二月一一日夜、東京・富ケ谷の安倍晋三首相の私邸には、麻生の姿があった。マスコミに見つからないよう、麻生の妻の乗用車を自ら運転して、地下駐車場に入った。政権の重要課題だった日銀総裁人事について話し合うためだ。

麻生はウィスキーを片手に、安倍にこう切り出した。

「(総理は)武藤(敏郎)は、ダメなんでしょう?」

麻生の問いかけに対し、安倍は深くうなずいた。麻生は続けた。

「だけど、学者は勘弁して下さい。組織を動かしたことのない奴は、絶対、日銀総裁は無理です」

安倍やその周囲は、「リフレ派」の親分、学習院大教授の岩田規久男を日銀総裁に強く推している。だが、麻生はこの岩田を念頭に、総裁候補への任命はあきらめるよう求めた。

そして、麻生は安倍にこう提案した。

「アジア開発銀行総裁の黒田(東彦)でどうですか? いいんじゃないですか?」

黒田は財務省出身ではあるが、デフレ脱却のために、インフレ目標政策や大胆な金融緩和に踏み出すよう訴えていた。安倍の「国際金融マフィア」という答弁から、財務省出身者の中でも、財務官経験者なら受け入れてもらえると考えたのだ。

安倍は「黒田でいいですか？」と麻生に聞き返した。安倍はこのとき、友人の本田悦朗らのアドバイスから、黒田を有力候補の一人だと考えていた。

黒田東彦日本銀行総裁の人事案が決まった瞬間だった。

安倍はさらに続けた。

「副総裁は岩田にしてくれませんか」

麻生は「岩田？　岩田一政ですか？」と聞き返した。すると、安倍は小さな声で「いやいや、岩田規久男教授です」と言った。

安倍は日銀執行部を「リフレ派」で固めようとしており、「日本のフリードマン」と呼ばれている岩田規久男は欠かせないと考えていた。総裁か副総裁のいずれかにしようと考えていたのである。

一方、麻生も、総裁がアジア開銀総裁として組織運営経験豊かな黒田であれば、執行部に学者が一人いても、うまくやれるだろうと考え、これを認めた。

問題は、もう一人の副総裁だった。

「総裁と副総裁が大蔵と学者なら、もう一人の副総裁は、日銀のプロパーがいないとダメです。山口（廣秀）副総裁を残せませんか」

麻生は安倍にこう提案した。

麻生の提案にはウラがあった。麻生は白川から「一人は日銀から山口副総裁を入れてもらいたい」というお願いを受けていたのである。正副総裁三人が全員、「リフレ派」に占拠され、日銀内部が混乱することを恐れての「遺言」であった。

安倍は日銀にはほとんど知り合いがいなかった。ただ、黒田東彦と岩田規久男が入るのであれば問題はないだろう、と考え、いったんは了承した。

リフレ派の高揚

二月一六日夕、学習院大中央教育研究棟の国際会議場。三月末で定年退職するリフレ派のリーダー、岩田規久男教授の最終講義に当たる「岩田規久男先生の学恩に感謝する会」には、二〇〇人を超える教え子や学者仲間らが集まった。

そのなかには、内閣官房参与で米エール大名誉教授の浜田宏一や元日銀審議委員の中原伸之、内閣官房参与の本田悦朗、自民党衆院議員の山本幸三らの姿があった。長年、岩田とともに大胆な金融緩和によるデフレ脱却を主張し、日銀と対立関係にあった面々で、いまは安倍首相の経済ブレーンとなっている人たちだ。

リフレ派の親分、岩田はすでに七〇歳になっていた。その退職に合わせ、みんなでその業績をたたえようというのである。

浜田はこう力を込めた。

「多くの人たちが日銀の圧力に屈して転向するなか、岩田さんは一貫して意見を変えなかった。だからこそ、『日本のフリードマン』と呼ばれている。その岩田さんに大きな拍手を送って欲しい」

会場は割れんばかりの拍手につつまれた。

この後、東京・目白駅前のホテル内にあるイタリア料理店へと会場を移し、懇親会となった。だが、退官を祝うはずの懇親会は、岩田の日銀執行部入りを見越したかのような作戦会議と化した。

「先生、日本銀行に入っても絶対に心を許してはいけません」

「日銀内で排除され、くすぶっている職員をすくい上げ、主流派でない執行部をつくってください」

出席者は岩田に思い思いのアドバイスを加えた。

とりわけ、岩田の教え子で大学教授になっていた元日銀職員の鈴木亘学習院大教授のアドバイスは激烈だった。

「日銀の職員はとにかく親切に近づいてくる。だけど、日銀の職員だけに頼るのは危険です。我々、外部の仲間をブレーンとして使うことが大切です」

鈴木はこう語ったあと、「ここにいるメンバーでチームをつくればいい」と付け加えた。岩田は「日銀は、そんなに怖いところなの?」と目を丸くしながら、おどけて見せた。

長年、学会の主流から追いやられてきた。そんな被害者感情が、激しい高揚感を生み出していた。「これからは我々の時代だ」。挨拶《あいさつ》に立った山本幸三はこう力を込めた。

懇親会の途中、本田は岩田を、ほかの出席者に気づかれないよう、会場外へと連れ出した。出席者の高揚感とは裏腹に、人事は正式には公表されておらず、日銀正副総裁の人選の進み具合を説明する必要があると考えたからだ。

「まだ、決まっていませんが、いずれにせよ、先生には執行部に入ってもらうことになりそうです。総理からの連絡を待ってください」

本田はそう伝えた。

岩田は定年後、海外に移住する計画を進めていた。だが、本田の話を聞いて「移住は難しくなりそうだ」と腹を決めた。

レジーム・チェンジへ

日銀総裁に黒田東彦アジア開銀総裁、副総裁に岩田規久男学習院大教授と山口廣秀（続投）――。安倍・麻生会談後、首相官邸はこんな人事案をもとに、動き出していた。

この人事案に疑問を持ったのは、内閣官房参与の本田悦朗である。

本田はこの人事案を聞いた当初は、黒田や岩田規久男らの起用を認めてくれた麻生に感謝の気持ちもあり、「山口副総裁の続投で妥協してもいいかな」と思っていた。

しかし、しばらくすると、強い違和感が襲ってきた。

安倍は日銀の「レジーム・チェンジ（体制転換）」を訴えてきた。そんななかに、旧白川体制の人間である山口が副総裁で残れば、レジーム・チェンジにはならないのではないか。そんな思いが日に日に強くなっていたのだ。

本田は一五日、思い切って、筆頭首相秘書官の今井尚哉に電話をかけた。

「やはり、山口副総裁を残すのは良くないのではないか。今からでも代えられないか」

今井の反応は厳しかった。

「本田さん、遅すぎますよ」

しかし、本田はあきらめきれずにいた。「ここであきらめたら、私だけではなく、総理も後悔する」。そう考え、思い切って安倍の携帯にかけた。

「一人を続投させるとレジーム・チェンジになりません。日銀が『変わった』と思わせなければいけません。やっぱり、全員代えましょう」

安倍はしばらく考えていた。だが、本田の説得に応じた。そして、本田に人選を依頼する。

本田は数日後、候補者を日銀の中曽宏理事と雨宮正佳大阪支店長の二人に絞って、安倍に説明した。

中曽は英語がネイティブ並に堪能で、国際感覚がある。金融政策よりも金融機関との取引などのプロである。一方、雨宮は白川体制で企画局長をつとめ、金融政策に精通している。

「二人とも申し分ない。ただ、雨宮さんは白川体制でやったことにこだわりがあるかもしれない。これまで金融政策から遠かった人の方が、いいのではないか。雨宮さんには側面支援にまわってもらうといいと思う」

本田は、中曽を副総裁に推薦した。安倍は「それなら、中曽さんにしよう」と了解した。

一月二二日昼、首相官邸の執務室には、本田と今井が集まっていた。

二人は気持ちを落ち着かせ、安倍に「じゃあ、電話をよろしくお願いします」と受話器を差し向けた。

安倍は黒田、岩田規久男、中曽の三人にそれぞれ「よろしくお願いします」と正式に打診した。

安倍はこの直後、米国に向けて羽田空港から旅立った。

「日銀総裁、黒田氏軸に調整」。翌二三日の朝日新聞は一面トップで、黒田東彦が日銀総裁候補になったことを伝えた。他紙がまだ報じていない特ダネであった。

この新聞が配達されるころ、安倍は米ワシントンに到着し、日米首脳会談に臨んでいた。

この訪米には、財務省の中尾武彦財務官が同行していた。米国側と、黒田の後任のアジア開発銀行総裁に中尾をあてる調整に入るためであった。アジア各国に影響力が強いアジア開銀総裁のポストを維持するには、米国との連携が不可欠だった。

安倍は首脳会談翌日の二三日、ワシントンを訪れたブレーンの浜田宏一と朝食をともにした。アベノミクスの理論的支柱である浜田に人事案の了承を得るためだ。浜田は安倍に「良い人事だと思います。ありがとう」と感謝の気持ちを伝えた。

帰国した安倍は与党との調整に着手した。二五日昼、公明党代表の山口那津男と官邸で会談し、人事案を伝えた。

「金融緩和への姿勢や海外当局との交渉能力、組織運営の能力などを考慮して決めた」

安倍はこう協力を求めた。

政府は二八日、三人の人事案を衆参両院の議院運営委員会理事会に正式に提示した。

「達成できなければ辞職」

三月四日、衆院議院運営委員会。政府が人事案を国会に提示後、アジア開発銀行総裁の黒田東彦は初めて公の場に姿を現した。紺色のスーツ姿で、緊張した面持ちだった。

黒田は冒頭、所信を述べた。

「日本経済は一〇年以上、一五年近くデフレに苦しんできた。世界的にもきわめて異例のことです」

「日銀はデフレ脱却に向けて国債だけでなく、社債、その他の資産を買い入れてきた。この点は評価されるが、その規模、具体的な買い入れ対象等は、早期に二％の物価目標を達成するという強いコミットメントを達成するにはまだ十分ではない」

黒田は政府・日銀が交わした共同声明の「二％」という物価目標を評価しつつ、その達成のための手段はそろっていないと指摘した。

また、過去の日銀の政策についても歯切れ良く否定した。

日銀が二〇〇〇年にゼロ金利政策を、二〇〇六年に量的緩和政策を、それぞれ政府の反対を押し切ってやめた。黒田はこうした政策判断を「いまから見ると明らかに間違っていた」と指摘。日銀が長期国債を買う量を制限している「銀行券ルール」についても、「私の知る限り、日銀だけにしかないルールだ」として見直しを示唆した。

また、目標の達成時期についても踏み込んだ。

「(目標を) いつ達成できるのか分からないのでは物価安定目標にならない。グローバルスタンダードでは二年程度であり、二年は一つの適切な目処《めど》だ」

「二年で二％」を公約にしたのである。

ただ、財務省出身であることを垣間見せる場面もあった。

日銀出身の津村啓介衆院議員（民主党）の「事実上の財政ファイナンスになるのではないか」という質問に対し、黒田は「いわゆる財政ファイナンスは中銀として考えるべきではない」と答弁した。「リフレ派」の多数派に比べ、財政規律に厳しい一面をのぞかせた。これが、のちに、消費増税をめぐる発言の違いにもつながっていくことになる。

翌五日には、副総裁候補の岩田規久男と中曽宏の所信聴取が開かれた。

岩田規久男の発言は過激だった。いきなり多くの国会議員を仰天させた。「就任して最初からの二年で達成できなければ、責任は自分たちにある。責任の最高の取り方は辞職することだ」と述べ、いきなり

「職を賭す」と宣言したのだ。

さらに、日銀法改正について尋ねられると、岩田は「日銀法改正は必要だ。いろいろな世界の中央銀行の仕組みも研究した上で、私自身としては改正したほうがインフレ目標の達成は容易になる」と踏み込んだ。「国会がお決めになること」と答弁を避けた黒田とは対照的な反応だった。

新体制は、これまでとは断絶したものになる。そう印象づけた所信聴取となった。

同意

安倍晋三や麻生太郎は、この人事案が同意を得られるかどうか、確証がなかった。だが、いまの参院第一党の民主党の状況を見て、執行部の空席につながる「反対」はしないだろう。そんな漠然とした目算だけがあった。

その目算は意外と当たっていた。

民主党は、六項目の判断基準を公表していた。このうち、もっとも重視していたのは「政府に財政規律堅持を求めるに足る識見」である。

総裁候補の黒田東彦は大規模な金融緩和を求め、その主な手段に大量の国債購入を挙げた。しかし、財務省出身であり、「財政ファイナンスはしない」と答弁するなど、財政家としての顔も見られた。民主党内には「反対はしにくい」との認識が広がっていた。中曽宏についても、日銀の国際畑の経験など申し分なかった。

民主党内で意見が割れたのは岩田規久男だった。所信表明で「日銀法改正」の持論を訴えた点が、六項目の一つである「金融行政の独立性を堅持する能力、胆力」に欠けると判断されるためだ。基準を満たさないことは明らかだった。

民主党は一二日、「次の内閣」会合で、黒田、中曽に賛成、岩田に反対の方針を決めた。

ただ、岩田の反対には、「民主党抜きでも人事案は通る」という見通しがあった。「民主党の反対が原因で、岩田が不同意になることはない」（海江田万里代表）と踏んだのである。

実際、一二議席を持つみんなの党は「三人とも、筋金入りのリフレ派の民間人を」と訴えていた。岩田規久男については、「本来、総裁をやるべき人間だ」とし、副総裁候補となったことには不服だが、「筋金入りのリフレ派を日銀に送り込むことに意味がある」（渡辺代表）と賛成することにしていたのである。みんなの党と新党改革の賛同が得られれば、岩田の人事案は同意される見通しだった。

一方、ほかの部分は民主党とは真逆の判断になった。もともと、財務省出身者はすべてNGと公言してきており、いくらリフレ派の黒田東彦であっても、賛成はできなかった。中曽宏については、「レジーム・チェンジに日銀出身者は要らない」と門前払いだった。

三人の人事案は一五日、参院本会議で同意された。

黒田は、自民、公明、民主などの賛同を得て「賛成一八六票、反対三四票」、岩田は自民、公明、みんなの党などで「賛成一二四票、反対九六票」となった。中曽はみんなの党を除くほぼすべての会派の賛成を得て「賛成一九九票、反対二二票」と、もっとも高い同意を得た。

民主党は、執行部の求心力低下も浮き彫りになった。参院では、黒田東彦について、風間直樹議員が反対し、一一人が欠席したのだ。前回の二〇〇八年の日銀総裁人事では、財務省出身であることを理由に政府の人事案に反対した経緯があるからだ。

党内からは「造反議員を除名すべきだ」という声も出たが、海江田は結局、処分できなかった。政府・与党が野党を分断し、案件ごとに連携相手を変えていく。日銀総裁人事は結果として、「部分連合」の国会運営の予行演習となった。

進駐軍

「リーマン・ショック、欧州債務危機、東日本大震災、二回の政権交代と、めったには起きないことが次から次へと起きた」

三月一九日、東京・神田の日本銀行本店。日銀の白川方明総裁は退任の記者会見を開いていた。五年の任期を振り返る表情は明るかった。

白川は安倍政権発足後、二%の物価目標導入など、以前批判していた政策の採用に追い込まれ、安倍政権に協力した。それについて尋ねられると、本音も飛び出した。

「単に物価が上がれば良いというわけではない。物価が上がり、円安になっても、対外競争力が高まるわけでもない。目指すべきは、実質成長率が高まり、その結果として物価上昇が高まってくという姿だ」

また、市場参加者の期待をつくりだそうという考え方についても、「中央銀行が言葉によって市場を思い通りに動かすという意味であるとするならば、そうした市場感、施策感には私自身はあやうさを感じる」と指摘。安倍政権の経済政策「アベノミクス」を批判した。

白川は「評価はやはり第三者が行うべきもの。政策を評価するには、もう少し長い時間が必要だ」と自己評価を控えたが、「悔いることはない」と言い切った。歴史はきっと、自分を評価し直してくれるだろう。そう自分に言い聞かせているようにも見えた。

会見を終えると、記者の拍手のなか、白川総裁は会見場を後にした。

その二一日、同じ会見場には前日の二倍くらいの報道陣が詰めかけていた。総裁の黒田東彦、副総裁の岩田規久男と中曽宏の三人が初めて記者会見に参加するためだ。

「デフレから脱却し、二％の物価目標をできるだけ早期に実現するのが使命だ。達成できると確信している。二年程度で目標達成できれば非常に良いと思っている」

黒田は国会で述べたとおり、「物価目標二％を二年程度」で実現すると胸を張った。それを実現する手段として、新たに浮上したのが「量的・質的な金融緩和」である。

「量的な緩和が不可欠なのは事実だが、単にマネタリーベースを増やすのにとどまらず、イールドカーブ（利回り曲線）全体の引き下げや、リスクプレミアムの引き下げを通じて、量的・質的の両面で大胆な金融緩和を実施する」

黒田はこう力を込めた。市場は「質的」という意味を、償還期限まで長い期間を有する長期国債や不動産投資信託（J－REIT）などの資産の買い入れを増やすというメッセージと受け取っていた。

おもしろかったのは、デフレの原因について尋ねられたときの三人の回答である。

デフレという病気を治療するには、その原因を突き止め、適切な処方箋を見いだす必要がある。その基礎的な認識に大きな違いがあることが浮き彫りになったからだ。

中曽は「慢性的な需要不足や、リーマン・ショック後の景気落ち込み、人口減少などが原因」と述べた。人口構造などの構造的な変化が主な原因だという。

一方、岩田は「デフレは貨幣的な現象だ。短期的には貨幣と物価に相関関係があるとは言えないが、長期的には貨幣供給の割合と物価上昇率の相関関係は非常に高い」と語った。要は通貨供給量を十分に増やしていないことがデフレの原因だというのである。

この問いに対し、黒田は「物価安定を確保する責任は中央銀行にある。デフレ克服への責務がある」と締めくくり、原因には深入りしなかった。

三人はこの日から、新しい金融政策の枠組みづくりに取りかかった。

第6章 異次元緩和の衝撃

2014年10月、追加の金融緩和について説明する黒田東彦日銀総裁

ボルカーの背中

日本銀行の黒田東彦総裁らが就任する直前の三月一八日、ある人事が発令された。日銀理事大阪支店長の雨宮正佳を、約一年ぶりに企画担当理事として呼び戻したのだ。

日銀では、将来の総裁候補と目される職員を「プリンス」と呼ぶ。その最後の一人と言われる雨宮は、量的緩和政策の導入（二〇〇一年）、銀行保有株買い取り実施（二〇〇二年）、包括緩和政策の導入（二〇一〇年）と、節目節目の金融政策を立案したエリートだった。

理事は、金融政策を決める日銀の政策委員会のメンバーではない。しかし、日銀企画局は、総裁や副総裁の意向を踏まえて、金融政策決定会合に示す金融政策の議案の「たたき台」をつくる事務局である。新体制の下で、新たな金融緩和策を練る役割を期待されていた。

三月二一日、黒田は就任会見で、白川時代の金融政策について「日本銀行としてもいろいろなことをやってこられたのでしょうが、非常に分かりにくくなっている」と切って捨てた。さらに、日本銀行本店九階の講堂で、幹部職員ら約五〇〇人を集めてこんな訓示を行った。

「日銀は過去一五年間のデフレを克服できなかった。克服する責任は日銀にある。やれることは何でもやる。もっと知恵を出していこう」

黒田は、職員に意識改革を迫った。

黒田や雨宮らは、新たな金融政策の案を練り始めた。その基本となったのは、二％の物価目標をできるだけ早期に実現するために、「できることは何でもやる」という姿勢である。

黒田は財務省内では「クロトン」の愛称で呼ばれている。一九六七年に大蔵省（現財務省）に入省すると、若手時代は主に税制畑を歩んだ。

英オックスフォード大への留学や国際通貨基金（ＩＭＦ）への出向などをきっかけに、国際金融の世界へと足を踏み入れた。一九九九年からは為替政策を担当する財務官をつとめ、各国の金融当局トップと交流を深めた。退官後は二〇〇五年にアジア開発銀行総裁に就任し、八年間ほどマニラで暮らしていた。

財務官として米国との交渉に当たることが多かった黒田は、米国の金融政策の歴史に明るかった。日銀幹部によると、このとき黒田が意識していたのが、一九七九年から八七年まで米連邦準備制度理事会（ＦＲＢ）の議長をつとめたポール・ボルカーの「立ち振る舞い」である。

ボルカーは就任一カ月後の一九七九年九月、高インフレと不況が同時に起こるスタグフレーションを終わらせるため、政策目標を「金利」から「市場に出回るお金の量（マネーサプライ）」に変更する「新金融調節方式」を導入した。この大きな政策転換は「ボルカー・ショック」と呼ばれ、急激な緊縮を進め、高インフレの退治に成功したとされている。

「インフレはいついかなる場合も貨幣的現象である」。これは、米国の経済学者でマネタリストの主唱者でもあるミルトン・フリードマンの言葉だ。世間一般は、ボルカーの政策がフリードマンの考えに基づいていると理解していた。

だが、「新金融調節方式」の主眼は、世間の関心を金利からそらすことにあった。

「中央銀行家が二つの目を持って生まれてくる理由は、片目でマネーサプライ、片目で金利を見るためである」

これはボルカーのお気に入りのジョークで、ノーベル賞経済学者のポール・サミュエルソンの言葉だ。ボルカーは表で「お金の量をコントロールする」と言って、人々の関心を金利からそらし、裏で一〇%を超える高金利を続けていた。人々のインフレ率の予想を沈静化するために、マネタリストであることを「演じた」のである。

日本がこの二〇年苦しんできたのは、物価が下がり続けるデフレであり、一九七〇年代の米国とはまったく逆だ。だからこそ、黒田は人々の「期待」に働きかけることは大切だと考えていた。金利はふつうゼロ以下にはできない。だが、将来、物価が上がるという人々の「期待」をつくり出せれば、足元の実質的な金利を下げられる。金融政策はまだ、経済を刺激する力を持っているはずだ。そう考えていた。

黒田は、デフレ退治のために、中央銀行のトップがどのように振る舞うべきか、ボルカーから大いに学んでいた。

黒田はのちに、こんなことを言っている。

「インフレ予想を大きく引き下げた事例としては、一九七〇年代末から八〇年代初にかけての米国FRBのボルカー議長による強力な金融引き締めが挙げられる。これらの事例はいずれも、政策当局の経済情勢転換への強い意志と、それを裏打ちする大胆な政策転換を伴っていると言える。したがって、人々のデフレ予想を転換し、予想インフレ率を引き上げるには、デフレ克服に向けた日本銀行の強い決意・約束を示すとともに、それを実現させるに足る思い切った政策が必要となる」（二〇一四年三月二一日、ロンドンで開かれたロンドン・スクール・オブ・エコノミクス主催のコンファランスでの講演）

日銀総裁が、局面を転換するという強い姿勢をもって、それを実現するための手段を示す。そうすれば、人々にこびりついたデフレマインドを払拭《ふっしょく》できる——。

黒田はボルカーにならって、思い切った政策転換を打ち出すことを考えていた。

量的・質的金融緩和（QQE）

四月四日、東京・神田の日銀本店。黒田は初めての金融政策決定会合の後、記者会見に臨んだ。

「日本銀行は、消費者物価の前年比上昇率二％の『物価安定の目標』を、二年程度の期間を念頭に置いて、できるだけ早期に実現する」

「これまでのように、いわば漸進的に、少しずつ量的・質的な緩和を拡大するやり方では、このデフレから脱却して二％の物価安定目標を達成することはできない」

「（今回の金融緩和は）市場参加者の常識を超えるきわめて巨額なものである。『戦力の逐次投入』をせずに、現時点で必要な政策を全て講じた」

「二％」「二年」「二倍」――。黒田は「二」という数字が並んだボードを手に、新政策を説明した。市場に流れるお金の量を二倍にし、二年間で前年比二％の物価上昇率を目指すというものだ。黒田はこれを「量的・質的金融緩和」（QQE）と名付けた。

この政策には五つのポイントがある。

一つは、金融市場調節の操作目標を、これまでの「短期金利」から「市場に流すお金の量」、すなわちマネタリーベースに変更し、「マネタリーベース・コントロール」を採用したことだ。年六〇兆～七〇兆円増やしていき、一三八兆円のマネタリーベースを二年後に二倍の二七〇兆円に膨らませることにした。

日銀が、金融調節の手段を、政策金利を動かすやり方から、市場に流すお金の量を調節する「量的緩和」に変更するのは二〇〇六年三月以来となる。

二つ目は、マネタリーベースを増やす主な手段として、国債の大量買い入れを選択したことである。日銀が持つ長期国債の保有残高が二〇一四年末に二倍の一九〇兆円になるよう、年五〇兆円ずつ増やすことにした。毎月の国債の買い入れ額は七兆円強で、財務省の月間発行額の七割に達する。

さらに、設備投資や住宅購入の資金借り入れ基準となる長期金利の低下を促すため、購入する国債の対象範囲を、四〇年の超長期債まで広げる。国債の平均残存期間をこれまでの三年弱から、市場平均の七年まで延ばす。

三つ目は、上場投資信託（ETF）や不動産投資信託（J－REIT）の保有残高を増やす。株価下支え効果のあるETFは年一兆円、不動産市況に効果のあるJ－REITは年三〇〇億円増やす。リスク資産の買い入れを増やして、緩和の経路を多様化する。

買い入れる国債の年限を大幅に延ばし、資産の内容を多様化することから、「量的緩和」に加え、「質的（緩和）」という名前がつけられた。

四つ目は、二％の物価安定目標が安定的に持続するようになるまで「量的・質的金融緩和」を続ける。デフレ脱却に向けて、日銀のコミットメントを明確にする「時間軸」政策の導入である。

五つ目は、日銀の長期国債の保有残高を、世の中に出回っているお札（日本銀行券）の流通残高の枠内に収めるという内規「銀行券ルール」の一時適用停止である。このルールは、日銀が二〇〇一年三月、量的緩和政策を導入するときに、金融政策が国の借金を肩代わりする「財政ファイナンス」にならないように設けたものだ。

白川方明総裁時代の「包括緩和」では、「買い入れ基金」で別枠管理をしていた。ただ、この別枠管理

図表6-1 | 量的・質的金融緩和が想定する効果（概略）

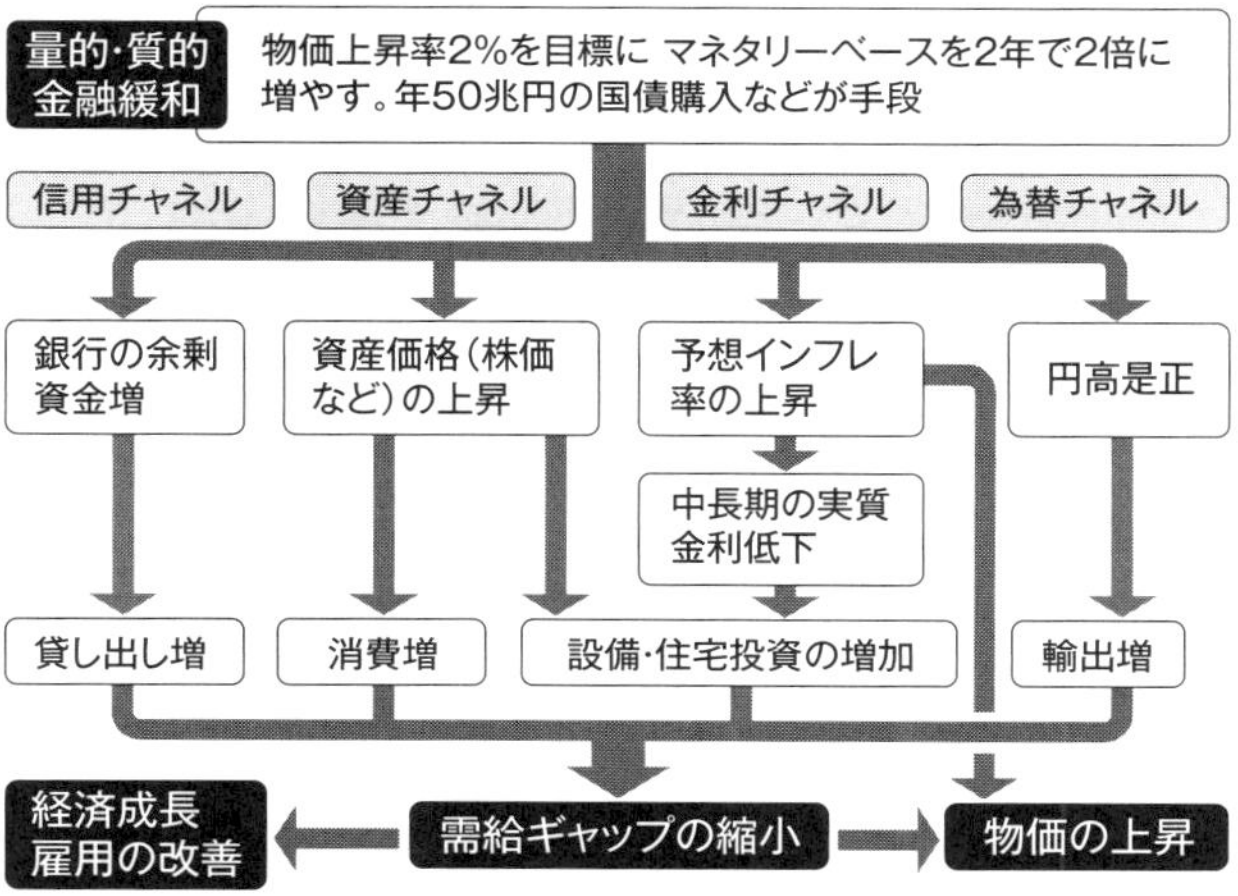

※Kuttner and Mosser(2002)や白川方明(2008)の金融政策の波及経路図をもとに、筆者作成

分を加えると、二〇一二年八月の時点ですでにルールに抵触していた。

黒田は、「買い入れ基金」で別枠管理している国債を日銀本体のバランスシートに統合し、「銀行券ルール」自体を凍結した。

「量的・質的金融緩和」は、黒田総裁着任後、雨宮が主導してつくった。「量的緩和には物価を押し上げる力はなかった」とするこれまでの「日銀理論」を棚上げし、すべては黒田「革命政権」の考え方に沿って、組み立てられている。

例えば、二年で物価上昇率二%を実現するには、どの程度の国債をどのようなペースで買い入れれば良いか。これは、米カーネギーメロン大学のベネット・マッカラム教授が考案した「マッカラム・ルール」という理論に基づいて計算された。

この理論は、貨幣数量説をベースにしており、ある特定の名目国内総生産（GDP）の成長率を達成するために必要なマネタリーベースの伸びを推計できるとされる。岩田副総裁らが着任前から活用をしてきた理論であり、日銀では決して具体的な金融政策の策定に用いられることがなかった理論である。

黒田は会見で、「量的に見ても、質的に見ても、これまでとは次元の違う金融政策」と胸を張った。「異次元緩和」と呼ばれるゆえんだ。

その言葉通り、市場は大きく反応した。

この日、国債が買われ、新発一〇年物国債の流通利回りは一時、過去最低となる〇・四二五％まで低下。これまで最低だった二〇〇三年六月一一日の〇・四三〇％を約九年一〇カ月ぶりに更新した。日経平均株価も前日よりも二七二円三四銭（二・二〇％）高い一万二六三四円五四銭で取引を終えた。

安倍晋三首相はこの日のＴＢＳテレビのインタビューで「大胆な次元の違う金融政策に取り組んでもらえる人として総裁、副総裁を選んだ。見事に期待に応えていただいた」と歓迎した。

決定会合に出席した甘利明経済財政相も記者団に「恐らくおおかたの予想を超える大胆な金融緩和策だ」と喜び、点数を聞かれると「一一〇点ぐらいあげたい」と応じた。

「黒田バズーカ」

のちに「量的・質的金融緩和」はこう呼ばれるようになる。

このとき「二年で二％」という「短期決戦」を狙った政策が、何倍もの期間に長期化するとは、誰も想像していなかった。

ねじれ国会解消

二〇一三年六月一九日、ロンドンの金融街シティー。首相の安倍晋三は、投資家を前にした「経済政策に関する講演」で、ある歴史上の人物について語り始めた。

「高橋是清は、私を勇気づけてやまない先人です」

高橋は大正から昭和にかけて日本銀行総裁や首相、蔵相をつとめた人物だ。米国発の世界恐慌が襲った一九三〇年代、蔵相だった高橋は、通貨を切り下げるとともに、政府の借金を日本銀行に肩代わりさせ、公共事業を行って、日本を世界に先駆けてデフレから救った。

安倍はさらに言う。

「高橋が、才能をいかんなく発揮したのは、大恐慌が世界を襲った一九三〇年代のことです。実行したのは、典型的な、ケインズ政策でした」

「ジョン・メイナード・ケインズが、『一般理論』を発表する五年前、高橋は一九三一年に、ケインズを先取りする政策を打ち、深刻なデフレから、日本を、世界に先駆けて救い出すことに成功した」

英国の経済学者ジョン・メイナード・ケインズ（一八八三〜一九四六）は、不況のときに、政府が積極的にお金を使って失業を減らし、景気をよくするという政策を打ち出し、第二次大戦後、西側諸国が福祉国家を建設する理論的な支えとなった。安倍は、高橋について、ケインズ政策を先取りした人物として紹介し、こう続けた。

「私はまさにそれを試しました。人々の期待を上向きに変えるため、一気呵成《いっきかせい》に打ち込むべきと考えました」

安倍の経済政策は、第一次政権のときから、明らかに変化していた。

一次政権のときの安倍は、前任の小泉純一郎の「小さな政府」や「構造改革」路線を引き継ぎ、緊縮財政を貫いた。小泉は、社会保障費や公共事業費などを抑制する数値目標を盛り込んだ「骨太の方針二〇〇六」を決定し、後継者への「置き土産」とした。安倍はこれを守った。

ところが、首相に返り咲いた安倍は着任早々の一月、リーマン・ショック時を除けば史上最大規模となる一〇・三兆円の経済対策を打ち出した。金融政策、財政政策ともに大きく拡大する「大きな政府」路線へと転換したのである。

こうした安倍の変化を敏感に感じ取ったのは、欧米のリベラル派の経済学者らだった。黒田東彦が日銀総裁に着任した三月二一日、ノーベル賞経済学者のジョセフ・スティグリッツ米コロンビア大教授は、わざわざ首相官邸を訪ねてきて、安倍をこう励ました。

「総理の考えている金融政策、財政政策、成長戦略はすべて良い。日本経済をまだまだ成長させていかなければならないというのは、おっしゃる通りだ」

「タカ派」の政治家と言われる安倍。だが、その経済政策は、欧米のリベラル派の経済学者から称賛されるようになっていた。

政治の世界に「タカ派」と「ハト派」があるように、金融の世界にも「タカ派」と「ハト派」がある。「タカ派」は、中央銀行がバランスシートを膨らませて、お金の価値の低下（＝インフレ）を意図的に引き起こす政策には反対する。「小さな中央銀行」を理想とし、金利の引き上げなど金融引き締めを志向する。米共和党や英保守党などは伝統的にこの立場だ。

一方、「ハト派」は、「物価の安定」よりも、経済成長やインフレ、雇用改善を志向する。デフレ阻止や失業率の低下などの目的のためなら「大きな中央銀行」を許容し、量的緩和などの非伝統的政策もいとわない。米民主党や欧州の左派政党はこちらの立場だ。

安倍の金融政策は、明らかに「ハト派」に分類される。

こんな証言もある。首相ブレーンの髙橋洋一嘉悦大教授は二〇一二年秋ごろ、野党・自民党総裁だった安倍に「おっしゃっていることは、欧米では左派の政策ですよ」と言った。安倍はこう返事をしたという。

「それはかえっていいじゃない」

これが事実なら、安倍自身、アベノミクスが欧米では左派の経済政策だと認識されることを自覚していた、ということになる。つまり、安倍は、右手に「憲法改正」や「安保・外交」を、左手に「アベノミクス」を持つようになったとも言える。

安倍は自らの経済政策への自信を深めていた。

二月九日、経済再生相の甘利明は横浜市の講演で、当時一万一千円台だった日経平均株価について「(三月末の企業決算の)期末までには一万三千円を目指して頑張るぞという気概を示すことが大事だ」と述べた。市場はこの目標を「甘利ライン」と呼んだが、期限の約一週間後の四月八日にこれを達成した。

円相場は一ドル＝九〇円代後半へと円安が進み、民主党政権末期に八千円台だった株価は順調に上昇していた。企業収益の大幅な改善が見込まれており、円安や株高を起点に、設備投資や賃上げへと波及する好循環を予感させた。

このころ、双日総合研究所の吉崎達彦副所長による、歌手の石川さゆりのヒット曲「天城越え」の替え歌「甘利越え」が話題を呼んでいた。その歌詞は次のようなものだった。

甘利越え

隠しきれない デフレ香が　いつしか日本に 染みついた
誰かに盗られる くらいなら　バブルを起こして いいですか
値乱れて サプライズ　九十九折り 常連の買い
株上がり 円落ちる　肩の向こうに あなた　兜町《しま》が燃える
何があっても もういいの　くろだ（注：黒田総裁）と燃える 火をくぐり
あなたと 越えたい 甘利越え

口を開けば 異次元と　刺さったまんまの 三本の矢
二％で居たって 寒いけど　嘘でもつかれりゃ あたたかい
委員会 満票で　小夜時雨 本石町（注：日銀の所在地）
売らんでも 売らんでも　株価うらはら あなた　兜町《しま》が燃える
戻れなくても もういいの　くろだと燃える 地を這って
あなたと 越えたい 甘利越え

走りドル 迷いユーロ　年度末 甘利会見
売らんでも 売らんでも　株価うらはら あなた　兜町《しま》が燃える

札が割れても（注：日銀が国債の買い切りオペの入札を行ったとき、応募額が予定入札額に満たないこと）もういいの　くろだと燃える 地を這って
あなたと 越えたい 甘利越え

人為的に円安株高を引き起こし、デフレを脱却しようというアベノミクスの本質をとらえた替え歌だった。歌詞からは当時の市場の熱狂を見てとれる。

安倍の自信は、日銀が七月一日に発表した六月の全国企業短期経済観測調査（短観）にも現れた。大企業・製造業のうち、最近の景気が良いと考える企業の割合が、悪いとする企業を一年九カ月（7四半期）ぶりに上回ったのだ。

ただ、中小企業では「悪い」と答えた企業も多かった。輸出を中心とした大企業に偏りがちなアベノミクスの恩恵を、中小企業や地方にどのようにまわしていくのか、が課題だった。

安倍らが気にしていたのは、七月二一日の参院選である。

自民・公明の連立与党は参院では過半数に届いていなかった。過半数（欠員、議長を除く）を得るには一一八議席が必要だが、自民、公明両党は一〇議席以上足りなかった。与党の政策を前に進めやすくするためにも、「ねじれ国会」の解消が最大の目標であった。

「わが国の景気は、国内需要が引き続き底堅く推移する中で、輸出の持ち直しも加わって、経済活動の水準は緩やかに高まっている」

七月一一日の金融政策決定会合後の会見で、黒田はこう力を込めた。この日、日銀は、景気の判断を、先月の「持ち直している」から「緩やかに回復しつつある」へと上方修正した。参院選さなかでの景気

「回復」宣言であった。

同じ日、安倍は宮崎市で遊説していた。

「実体経済は間違いなく良くなっている。私たちが進めている経済政策は間違っていない。この道しかない、そう確信をしている」

日銀の「回復」宣言に歩調を合わせるように、安倍はこう胸を張った。

「この道しかない」とは、英国の元首相マーガレット・サッチャーの「There is no alternative（ＴＩＮＡ）」という決めゼリフの日本語訳である。安倍はこの後、たびたび「この道しかない」というフレーズを用いることになる。

二一日、参院選。自民党は非改選の五〇議席と合わせ、選挙前勢力の八四議席から一一五議席へと大幅に増やした。公明党と合わせると、参院過半数（一二二議席）だけではなく、参院審議を主導できる安定多数（一二九議席）を確保。「ねじれ国会」は解消した。

安倍は自民党本部で、報道各社のインタビューに応じ、日焼けした顔に、満面の笑みを浮かべながら、こう語った。

「私たちの経済政策は信認を得た。ただ、国民の皆様はまだ実感できていない。景気の回復を全国津々浦々に至るまで実感していただけるようにしたい」

これまで二回の国政選挙に大勝したことで、安倍の政権基盤は盤石になった。

黒田「増税」促す

「脱デフレと消費増税は両立する」

二〇一三年八月八日、金融政策決定会合後の記者会見。総裁の黒田東彦は二〇一四年四月に予定されている消費増税について尋ねられると、こう力を込めた。

民主党政権時代の二〇一二年夏、民主、自民、公明の三党の賛成によって消費増税法は成立した。二〇一四年四月には消費税率を五％から八％に引き上げると定めているが、引き上げに際しては、経済情勢をよく点検することも求めている。

消費増税には、さまざまな準備がいる。企業のシステムや値札の変更などを考えると、少なくとも半年前には決断をする必要がある。

黒田は、その時期を見計らうかのように、予定通りの引き上げを促した。その背景には、日銀の量的・質的金融緩和の目的や位置づけが揺らぎかねないという懸念があった。

その懸念とは、こうだ。日銀の量的・質的金融緩和の目的は、物価上昇率二％を実現し、「デフレ脱却」をすることである。その手段として、大量の長期国債を購入し、市場に大量の資金を供給している。だが、もし、法律で定められた消費増税を延期すれば、その目的が、通貨の増発で政府の借金を助ける「財政ファイナンス」だと受け止められかねない――。

黒田は会見で、こうした懸念を説明したうえで、こう訴えた。

「『財政ファイナンス』という懸念がもたれ、長期金利にはねかえるとかいうことがあると、せっかくの量的・質的金融緩和の効果が減殺される恐れがある」

消費増税を延期したら、日本政府が財政再建に真剣ではないと市場で受け止められ、長期金利が上昇して、経済が混乱する恐れがある――。そんな言い方だった。

この会見の発言は、翌日、各紙の朝刊で「日銀総裁、消費増税促す」と報道される。この発言に激しく反発したのは、首相の経済ブレーンらだ。

内閣官房参与の本田悦朗静岡県立大学教授は、黒田発言を聞いて憤った。

「何を余計なことを言っているんだ。やっぱり財務省のDNAは消えていなかった」

本田は周囲に吐き捨てるように言った。

本田はアベノミクスの効果は出ているものの、よちよち歩きだと考えていた。物価が上がり始めているが、それを上回る賃金上昇までには時間がかかる。その途中で三％幅もの消費税率の引き上げが行われれば、人々が財布の紐《ひも》を固く締めてしまうだろう。せっかくつかんだデフレ脱却のきっかけを、逆噴射することになりかねない。

八月一一日、本田は、山梨県富士河口湖町のゴルフ場「富士桜カントリー倶楽部」にいた。安倍らとゴルフをプレーするためだ。この後、同県鳴沢村の安倍の別荘に場所を移し、友人や秘書官らとバーベキューを楽しんだ。最後は安倍が手づくりの焼きそばを振る舞った。

本田はバーベキューの間、安倍の時間を三〇分ほどもらっていた。二人だけで別荘の一室に移動し、消費増税の弊害について、説明するためであった。本田はこう切り出した。

「消費増税はそんなに甘いものではありません。確かに、『異次元の金融緩和』の効果が出ていて景気は回復していますが、消費増税がすべてを台無しにする可能性があります」

本田が持ち出したのは「一九九七年の教訓」だった。一九九七年四月、当時の橋本龍太郎首相は消費税率を三％から五％へ引き上げた。しかし、国の税収は一九九七年度こそ前年度より一・八兆円増えて五三・九兆円になったものの、その後は九七年度の税収を超えることはなかった。

「金融危機のさなかの消費増税で人々の消費意欲が落ち、会社の売り上げが減り、給料が削られた。さらに財布の紐は固くなってモノが売れなくなり、日本経済はデフレに陥った。九七年以降、物価は上がらず、名目国内総生産（ＧＤＰ）も増えていない。デフレのままでは、増税で税収を増やそうと思っても、かえって税収が減ってしまう」

本田は資料を見せながら力説した。さらに、こんな提案もしている。

「例えば、来年四月から一％ずつ上げて、五年間で一〇％にするのはどうか。これなら、金融緩和の効果を損なわないし、インフレ期待をつくるにも役立つ」

消費増税法は消費税率を二〇一四年四月に五％から八％に、二〇一五年一〇月に八％から一〇％に引き上げると定めている。だが、本田は三％幅、二％幅の増税は日本経済へのショックが大きすぎるとして、毎年一％ずつの引き上げへと組みかえるよう求めたのである。

安倍はこのアイデアに強い関心を示し、「また、ぜひ、話が聞きたい」と声をかけた。

この後、安倍は国会審議などで「消費税率を上げることで税収が減っては元も子もない」と繰り返すようになる。それは、経済成長による財政健全化を目指すという意思表示であった。

「どえらいリスク」

「消費税を、はじめから三％上げるというショックに日本経済が耐えられるのかは未知数である。（ゴルフにたとえれば）ボールがバンカーや池に入ってしまう可能性も含まれる。このような冒険をはらんでいる」

八月二七日、首相官邸。消費増税に向けた経済の「集中点検会合」で、首相の経済政策ブレーン浜田宏一米エール大名誉教授は、ゴルフコースを引き合いに、三％の引き上げに反対し、景気に配慮し毎年一％ずつ増税する案を示した。

この場には、日銀総裁の黒田東彦もいる。浜田は聞かれてもいないのに、「聞くところによると、黒田総裁も、消費税をどんどん上げても大丈夫だと言われている」と言及。「少しぐらい財政の方で障害物があっても、金融政策を十分に正しく使えるのだから、心配しないで任せておけと言っておられるのだろう」と皮肉交じりに言った。黒田は黙っていた。

集中点検会合は二六日から六日間、安倍晋三首相が消費増税を最終判断する参考とするため、学者やエコノミスト、首長ら六〇人からヒアリングを実施した。消費増税法の附則第一八条に基づく手続きであった。朝日新聞の取材では、七割を超える四三人が来年四月から消費税率を八％に引き上げることに賛成した。

ただ、ヒアリングはあくまで「参考」という位置づけで、結果がそのまま判断につながるわけではなく、首相は「経済統計などを総合的に見たうえで決める」としていた。

場外乱闘は激しさを増していた。

八月三〇日、首相官邸の会議室。安倍は集中点検会合が開かれているさなかに、浜田や本田悦朗を昼食に招いた。本田は、洋食弁当を食べながら、こう言った。

「消費税を引き上げるなら、一回に一％が限度です。むしろ、デフレ脱却を確実にすべきだ。経済が成長すれば、もっと税収が増える」

あくまで三％の引き上げには反対し、毎年一％ずつ引き上げていく案を主張した。

その約四時間後、第一次安倍政権の首相秘書官だった田中一穂財務省主税局長らが安倍と向き合っていた。田中は言った。「財務省としても頑張りますが、経済成長による税収増には限界があります」。首相ブレーンのアドバイスを打ち消そうと試みた。

同じころ、官邸で開かれていた集中検討会合。日銀総裁の黒田東彦は終了間際、日本新聞協会会長として出席した白石興二郎読売新聞グループ本社社長から「増税を見送ったときのリスク」について聞かれ、こう言った。

「確率は低いかもしれないが、起こったら『どえらいこと』になって対応できないというリスクを冒すのか」

黒田は「どえらいこと」という言葉で、増税を迫ったのだ。さらに、約二〇〇%に達している日本政府の債務残高の対国内総生産（GDP）比率を引き合いに、こう続けた。

「二五〇%でも大丈夫かもしれない。三〇〇%でも、五〇〇%でも、一〇〇〇%でも（大丈夫か）といったら、それはあり得ない。どこかでぼきっと折れる。折れたときは政府も日銀も対応できない」

日銀総裁が増税先送りのリスクを訴え、消費増税を迫る。この「脅し文句」は公表されなかった。内閣府が公表した議事要旨では、黒田の発言は削除されたのである。

九月五日の金融政策決定会合。日銀は景気の総括判断を、「緩やかに回復しつつある」から「緩やかに回復している」へと引き上げた。黒田はこの日の記者会見でも饒舌《じょうぜつ》だった。

「大切なことは、財政運営に対する市場の信認をしっかりと確保することです。その信認が失われると、国としてきわめて困難な状況に陥ることになりかねない」

黒田は消費増税について尋ねられると、改めて予定通りの実施を求めた。

黒田は「予定通り消費税率を引き上げたもとでも、基調的に潜在成長率を上回る成長が続くと思っており、景気が腰折れするとは思っていません」と説明。増税の影響を受ける二〇一四年度でも、一・三％の実質成長率を維持できるという見通しを示した。

さらに、この日の黒田は集中点検会合のときと同じ「脅し文句」を口にした。

黒田は「(消費増税を) 先送りした場合のリスクが顕在化する可能性、確率がどのくらいあるかは、人によって考え方も見方も違いますし、マーケットには『相当ある』と言う方もおられますが、これは、不確実で分からない」としながらも、「仮に、そういうリスクが顕在化した場合には、対応がきわめて困難である」と言い切ったのである。

翌日の朝刊には、「日銀総裁、国債急落リスクを警告」などの見出しが躍った。

増税を決断

九月三日、首相官邸の安倍の執務室に、官房長官の菅義偉、経済再生相の甘利明、経済産業相の茂木敏充が集まった。表向きは「法案の打ち合わせ」ということになっていた。しかし、実際は、法律で決まっている通り、二〇一四年四月に消費税率を五％から八％へ引き上げるかどうか、もし引き上げるなら、そのときの経済対策をどうするか、話し合うためだった。

この場には、副総理兼財務相の麻生太郎の姿はなかった。財務省は予定通り消費増税を行うことを前提に経済対策を検討しており、増税直後の消費の反動減を手当てするため、二兆円ほどあれば足りる、と主張していた。だが、安倍らはこれに不満があった。麻生を入れてしまうと、財務省に情報が漏れてしまう。

このため、麻生抜きで話し合うことにしたのだ。

このとき、甘利は五兆円の経済対策を主張した。甘利のアイデアはこうだった。

首相ブレーンの浜田宏一米エール大学名誉教授や本田悦朗静岡県立大教授は、日本経済は毎年、消費税率一％ずつの引き上げであれば大丈夫だとしている。この見解に基づくなら、三％を引き上げるときには、国民の負担増八・一兆円のうち、二％分、すなわち五・四兆円を経済対策などの方法で手当てすればいいのではないか。

甘利は事前にこのアイデアを本田に披露した。本田は「確かに、そういうやり方もありますね」と述べており、手応えを感じていた。

さらに、甘利はこの場で「法人税率の引き下げを経済対策の柱に据えたい」と語った。企業の活動はグローバル化しており、法人税率といった「立地条件」の良し悪しが、工場などの誘致の国際競争における決め手になる。法人税率の引き下げで、日本企業が国内にとどまったり、外国企業が日本に進出したりすれば、新たな雇用が生まれることにもつながる。「単に、反動減を埋めるだけではなく、経済全体を底上げする経済対策がいる」という主張だった。

安倍は甘利の「法人減税」提案に強い関心を示した。安倍はかねてから、ほかの先進国に比べて法人税率が高すぎる、と考えてきたからだ。

この日は結論を出さなかったものの、対財務省で法人減税を迫る方針は固まった。安倍は消費増税の是非について何も言わなかったが、出席者は「増税する」と感じていた。ただ、それはあくまで「納得のいく」経済対策ができれば、という条件がついていた。

増税の追い風となる出来事も続いた。九月八日には、二〇二〇年の東京五輪の開催が決まった。安倍は直後のテレビ中継で、消費増税について尋ねられ、「五輪招致決定と消費税は直接関係ありません。しかし、目標と希望と未来が与えられたわけですから、みんなが成長していこうという気持ちになる。（経済）成長には明らかにプラスだ」と語った。

翌日には、二〇一三年四～六月期の国内総生産（ＧＤＰ）の二次速報が公表され、実質成長率は三・八％のプラスとなり、一次速報の二・六％から大幅に上方修正された。

一〇日昼、首相官邸の安倍の執務室には、副総理兼財務相の麻生太郎、官房長官の菅、経済再生相の甘利がいた。麻生は五兆円規模の経済対策の財務省案を持参し、こう訴えた。

「中小企業対策を柱にしたい。財務省の事務方は二兆円と言っていたが、私は五兆円を用意するように指示した」

麻生は増税延期を訴えている首相周辺の動きを察知し、経済対策の金額を積み増してきた。五兆円という規模については、出席者はほぼ合意した。問題は、その中身であった。

甘利が「法人税減税を柱にしたい。単なる反動減の穴埋めではなく、経済の成長力を高める対策にすべきだ」と言った。安倍も甘利の意見に賛同し、こう言った。

「法人減税を軸にしてもらいたい」

ただ、麻生は首を縦には振らなかった。「消費税で庶民増税をしておきながら、企業減税をするのか、と批判される」と反論した。法人税率を一度引き下げてしまえば、その分、永久に税収が減ってしまう。その代わりとなる財源の手当てができないまま、減税することは受け入れられなかった。

安倍はこの日午後の閣議後の閣僚懇談会で、麻生と甘利に「成長戦略を含めた経済政策パッケージ」のとりまとめを指示した。「消費税を引き上げる場合、十分な対応策が必要。景気を腰折れさせてはならない」。安倍はこう語った。

消費増税をしたいなら、法人減税をせよ――。安倍はそういう構図をつくり上げていた。ボールは麻生や財務省の手にあった。

麻生は法人税率自体の引き下げには慎重な姿勢を変えなかった。短期間で、代替財源を見いだすことは難しい。麻生は代替財源が見つからない限り、認めない方針を貫いた。

安倍は麻生の反対を織り込んでいた。このため、あらかじめ、腹案を用意していた。それが、復興特別法人税の前倒し終了であった。

法人税の実効税率は二〇一二年四月から三年間、復興財源にあてる増税分が上乗せされ、三八・〇一％（東京都の場合）となっている。これを二〇一四年四月に一年前倒しで廃止すれば、三五・六四％（同）にまで引き下げることができる。

安倍はもともと復興増税に反対であったが、当時の野党自民党の決定に従ってしぶしぶ賛成票を投じた経緯がある。その時、「復興増税反対」で行動をともにした山本幸三が、復興特別法人税の前倒し終了のアイデアを安倍に伝えていた。

しかも、一年限りの財源確保なら、約八千億円であり、予算のやりくりで何とかなる。麻生や財務省の理解は得やすいと踏んだ。

一八日、安倍は麻生を首相官邸に呼び出した。

「復興法人税を前倒しで廃止するというのはどうでしょうか」

安倍は麻生にこう切り出した。

麻生は「総理のご指示なら仕方ありません。そうしましょう」と受け入れた。

消費増税が決まった瞬間だった。

一〇月一日、安倍は二〇一四年四月に消費税率を八％へ引き上げると正式に表明した。その四日後、金融政策決定会合後の記者会見。日本銀行総裁の黒田東彦は首相の決断についてこう語った。

「最も重要なことは、国全体として財政運営に対する信認をしっかりと確保することです。その意味で、大変大きな意義のある決断がなされた」

楽観論

一〇月二四日の参院予算委員会。安倍晋三首相は、二〇一五年一〇月に消費税率を八％から一〇％に引き上げるかどうかの判断について尋ねられると、こう答えた。

「来年七～九月期において回復していくという、そういう傾向に入っていくことができるかどうか。そういうことも含めてさまざまな数値を勘案しながら判断をしたい」

二〇一四年七～九月期の国内総生産（ＧＤＰ）は例年、一次速報が一一月、二次速報が一二月に公表される。消費増税の負担増が直撃する四～六月期から、どれくらい回復するかを見ることができる。首相の発言は二〇一四年末の判断を念頭に置いている、と受け止められた。

年が明けると、早くも消費税率一〇％の判断について、前哨戦が始まった。

首相ブレーンの浜田宏一米エール大名誉教授は三月一一日の筆者のインタビューに対して、こう答えた。

「七～九月期（の経済成長率）が悪ければ、思いとどまる決断も必要だ」

そのうえで、浜田は消費税率一〇％への引き上げには、「(年率）二～三％の実質成長率が目安になる」

と具体的な基準を示し、釘を刺した。さらに、浜田は消費税率が八%になる四月以降の景気次第では、「金融政策が積極的に働きかける必要がある」と述べ、日本銀行の追加金融緩和に期待を示した。

四月、消費税率は五%から八%へと上がった。だが、黒田は四月以降も、静観をしていた。一五日には首相官邸に招かれ、安倍と昼食をともにしたとき、黒田はこう力説している。

「来年四、五、六月ごろ、予定通り二年で二%の緩やかなインフレを実現できると思っている。二%を達成することが目標ではなくて、二%を安定させることが目標です」

この強気の姿勢は、四月三〇日に発表した展望レポートにも反映した。

景気の基調判断について「わが国の景気は、消費税率引き上げの影響による振れを伴いつつも、基調的には緩やかな回復を続けている」と強調。物価上昇率についても、二〇一五年度一・九%、二〇一六年度は二・一%と、「二年で二%」を達成できるとの見通しを示した。

ただ、この時点で、政策委員の見方も割れ始めていた。金融政策を決める政策委員九人のうち、二人が期限内の目標達成は困難という見方を示していたのだ。

四月の全国消費者物価指数は前年同月比三・二%上昇と約二三年ぶりの大幅な伸びとなった。消費増税分を除いても一%台半ばに達したとみられ、物価目標の二%に近づいていた。

だが、家計消費は四~六月、戦後最大級の落ち込みをみせていた。金融緩和による物価上昇に消費増税が加わったためであった。ただし、消費増税前の駆け込み需要の反動という側面もあることから、「七月ごろからはV字形に反転する」という楽観論が大勢だった。

五月二二日昼、首相官邸の会議室。浜田と本田悦朗の二人の参与は、安倍とともに、鶏肉を使った洋食に舌鼓を打っていた。本田は終了後、記者団にこう語った。

「いまのマクロ経済の状況であれば、追加（の金融）緩和をする理由はない」

だが、この見通しは甘かった。のちに、二人は大幅に見方を変えていくことになる。

景気悪化

「七月は不幸なことに週末ごとに、台風自然災害がありまして、家電専門店、百貨店に買い物に家族ででかけようという出端《でばな》がくじかれている。それほど悲観になる必要はない」

八月二九日、甘利明経済再生相は七月の家計調査の結果について、こう話した。個人消費が前年同月より五・九％減り、消費増税後の四月から四カ月連続の減少となった。その原因を「天候不順」という特殊事情だと説明したのである。

この半月前、四～六月期の国内総生産（ＧＤＰ）が公表され、実質成長率は年率六・八％のマイナスとなっていた。ただ、もともと消費増税の影響を見込んでいたため、甘利は「想定の範囲内」と説明した。

しかし、七月の個人消費の不調は「想定外」だ。個人消費は、国内総生産（ＧＤＰ）の約六割を占めており、七～九月期のＧＤＰの計算にも反映する。それはすなわち、消費税率一〇％への引き上げの判断にも影響を与えることになる。

八月の個人消費も振るわなかった。公表された家計調査によれば、一世帯当たりの消費支出は前年同月比四・七％減となり、五カ月連続のマイナスとなった。

甘利は会見で「こっちの都合の良いとおりに、経済というのは動いてくれない。若干、（個人消費の）反動減も、収束に手間取っている」と率直に回復の遅れを認めた。七月は「天候不順」のせいにできたが、八月の低迷を同じ理由で説明するのは無理があった。

日本銀行の岩田規久男副総裁は首をかしげていた。「天候不順などではなく、明らかに四月の消費増税が原因だ」と考えていたからだ。

岩田はもともと、デフレ脱却が確実にならない状況で、消費税率を引き上げることには反対だった。黒田総裁が安倍首相に増税を迫っている様子を、内心、苦々しく思っていた。だが、日銀の総裁と副総裁は一体の存在であり、不一致だと思われる言動は控えてきた。

とはいえ、景気の現状を見て、黙っていられなくなった。副総裁という立場上、記者会見や講演で表立った意見表明はできないものの、リフレ派には自分の見解を伝えた方がいい――。こう考えた岩田は八月のある日、岩田は「アベノミクスの仕掛け人」であり、盟友の山本幸三衆院議員を昼食に誘った。足元の景気状況に関する分析と、二〇一五年一〇月の消費税率一〇％への引き上げの是非について話し合うためだった。

山本は一年前の消費増税判断のとき、消費税率八％への引き上げに賛成した。その根拠は「マンデル・フレミング理論」であった。

その解釈は「変動為替相場制のもとでは、財政政策よりも金融政策の効果のほうが大きく、理論的には財政政策の効果はない」というものだ。公共投資をすれば、長期金利の上昇を招き円高の要因となる。その効果は、輸出減少・輸入増加という形で、海外に流出してしまう。逆に、増税をすれば、長期金利の低下圧力となって円安の要因となり、輸出が伸び、増税で消費が減った分を相殺するはず。つまり、増税の効果も、為替変動によって調整され、マクロ経済的には影響がないと考えていた。

そのことを知っていた岩田は、こう切り出した。

「あんたの信奉している理論通りにならないよ」

その根拠は、日本企業の海外生産シフトがかなり進んでおり、円安になっても、肝心の輸出が伸びていない、という点だった。これは為替変動によって増税の悪影響が調整されない、ということを意味する。

岩田はこうした「現実」を詳細なデータを見せて説明したのだ。そして言った。

「事態は深刻だ。このまま予定通り一〇%への増税をしたら、アベノミクスは終わりだろう」

九月三〇日、首相ブレーンの本田悦朗は筆者のインタビューに応じた。

「二〇一七年四月まで一年半、一〇%への再増税を延期すべきだ」

本田はこう切り出し、戦いの狼煙《のろし》を上げた。

本田の分析はこうだ。もともとアベノミクスと消費増税は相性が良くない。アベノミクスは金融政策で物価を上昇させ、デフレ脱却をしようとしている。そこに、消費税率の引き上げが重なって、二重の物価上昇が起こった。

賃金の上昇は、物価の上昇よりも遅れる傾向にある。日本では年一回の春闘での賃上げ交渉が一般的だからだ。ただでさえ、アベノミクスの緩やかな物価上昇と賃上げの間にタイムラグがあるのに、そこに消費増税が重なれば、家計で使えるお金が一気に減ってしまう。本田にしてみれば、当然の結果であった。

本田は「消費増税は予想以上に日本経済に大きな打撃を与えてしまった。アベノミクスのプラス効果を、増税のマイナス効果で打ち消してしまっている。同じ過ちを二度繰り返してはいけない」と訴えた。

山本も動き出した。

「増税のタイミングは慎重に見きわめるべきだ。一年半くらい延期してはどうか」

一〇月二二日昼、自民党本部。山本は自らが旗を振る議員連盟「アベノミクスを成功させる会」を開き、集まった衆参四一議員を前に、熱弁をふるった。首相が増税の是非を判断する年末を前に、自民党内の「延期」の世論を盛り上げようというわけだ。山本は事前に、首相にメールを送り、会合の開催について了解を得ていた。

この日、延期論を主張する本田悦朗も会合に出席した。安倍首相に事前に相談をしたうえでの行動だった。本田は訴えた。

「無理に再増税をしたら、アベノミクスは壊れてしまう。アベノミクスを成功させるためにも、ベストなタイミングを選ぶべきだ」

「消費税緩和」

一〇月三一日午後、日銀本店。黒田東彦総裁は記者会見で、こう力を込めた。

「日本銀行は本日、二％の物価安定の早期実現を確かなものにするために、量的・質的金融緩和を拡大することを決めました」

量的・質的金融緩和の開始から一年半あまり。日銀はこの日の金融政策決定会合で、初めて追加の金融緩和に踏み切った。「八〇兆円」「プラス三〇兆円」「プラス三年」「三倍」——。黒田が用意したボードには、買い入れる資産をいかに増やすかが記されていた。国債を買い入れる額を五〇兆円から八〇兆円へと三〇兆円増やし、上場投資信託（ＥＴＦ）などの買い入れペースを三倍に増やすというものだ。

黒田が追加緩和を検討し始めたのは一〇月中旬にワシントンで開かれた二〇カ国・地域（Ｇ20）財務相・中央銀行総裁会議から帰国した直後である。四月の消費増税後、消費の低迷や原油安が進み、物価上昇率も鈍っていた。消費者物価指数は四月に一・五％（生鮮品・消費増税の影響除く）まで伸びていたが、九月の物価上昇率は一％まで下がった。

黒田は「わが国経済は、デフレ脱却に向けたプロセスにおいて、今まさに正念場、critical moment にある」と現状分析し、「今回の措置はデフレ脱却に向けた日本銀行の揺るぎない決意を改めて表明する」と言った。いわば、「予防的措置」だというのだ。

だが、政府内にも市場でも、この日、日銀が動くと予想していた人はほとんどいなかった。黒田が一年半前、「戦力の逐次投入はしない」と断言していたうえに、物価上昇率も下がったとはいえ、一％ほどあったためだ。

実際、この日の金融政策決定会合では、賛否は真っ二つに割れていた。

複数の委員は「追加的な金融緩和による効果は、それに伴うコストや副作用に見合わない」と述べた。また、市場で新たに発行される国債を超えた量を日銀が買うことになるため、「実質的な財政ファイナンスであるとみなされるリスクが、より高くなる」などと反対した。

採決に入ると、政策委員は「賛成」「反対」「棄権」と書かれた文書に署名して賛否を示す。黒田の手元に戻ってきた文書は、賛成四人、反対四人であった。最後に黒田が賛成票を投じて、ようやく追加緩和が決まった。薄氷の結果であった。

黒田はなぜ、このような賭けに出たのか。

「本当の理由は、首相に消費税率一〇％への増税を決断させるための『消費税緩和』ではないか」

政府高官はこう疑っていた。

それには理由があった。この日、年金資産を運用する年金積立金管理運用独立行政法人（ＧＰＩＦ）が投資配分の基準を定めた資産構成割合を見直すと発表したのだ。

　国債など国内債券の占める割合を六〇％から三五％に縮小する一方で、国内株式と外国株式をそれぞれ一二％から二五％に引き上げて計五〇％とする、というものだ。

　株価を押し上げる効果を狙っているのは明らかだった。

　波紋を呼んだのは、ＧＰＩＦが運用見直しで減らす国内債券の額が、日銀が追加緩和で増やす国債の購入額三〇兆円とほぼ同じという点であった。株式投資にシフトするＧＰＩＦがその分減らす保有国債を、日銀が追加で買い取るというようにも見える。市場からは「日銀が国債を買うことで、ＧＰＩＦが株を買う資金を用立てている構図になっている。日銀とＧＰＩＦはあらかじめ相談していたのではないか」という声が上がった。

　黒田は「消費税云々について私どもが何か影響を与えようとか、関与するということはまったくありません」と否定した。

　ただ、首相には疑念が生じているようだった。

　この日午後二時七分、麻生太郎財務相は財務官僚を引き連れて、安倍の執務室にいた。二〇一五年度予算案の編成について説明するためだった。この部屋にある株価ボードには、「日銀の追加緩和」と「ＧＰＩＦの投資配分の見直し」のニュースが流れていた。

　麻生はご機嫌だった。

「黒田さんはやっぱり大したものじゃないですか」

　麻生は安倍にこう語りかけた。さらに「財政とリンクしないとうまくいかない」と述べ、補正予算などで新たな経済対策を打ち出す考えを伝えた。

ただ、同席者の一人の気分は晴れなかった。安倍が表情一つ、変えなかったからだ。「首相は財務省、日銀、厚生労働省がグルだと思って、怒っているのではないか」

こんな危惧を抱いていた。

この日の日経平均株価の終値は前日比七五五円五六銭（四・八三％）高の一万六四一三円七六銭で今年最大の上げ幅となり、七年ぶりの高値をつけた。

参考資料⑭＝追加緩和のポイント

・市場に出回るお金の量（マネタリーベース）の増加ベースを年六〇兆～七〇兆円から八〇兆円に拡大する
・長期国債の保有残高の増加額を年五〇兆円から八〇兆円に三〇兆円増やす
・買い入れた長期国債の平均残存期間を七年程度から最大一〇年程度に三年伸ばす
・上場投資信託（ETF）、不動産投資信託（J-REIT）の買い入れペースを三倍に

解散

一一月五日夜。首相の安倍晋三は、副総理兼財務相の麻生太郎を首相公邸にこっそり招いた。麻生が好きなブランデーが用意されていた。

安倍の表情はこわばり、思い詰めた様子だった。そして、おそるおそる切り出した。

「衆院を解散したいと思うが、どう思いますか」

麻生はとまどった。衆院の解散は総理の専権事項であり、たとえ盟友であっても、相談すべき事柄ではない。麻生は突き放した。

「解散なんていうものは、人に相談するものではありません。決められたんであるなら、相談しないでください。決めたらやると。あとの段取りはご相談に応じます。すべきかすべきでないか、はご自分で決めてください」

そう言うと、安倍は一瞬つまったが、気を取り直して言った。

「解散します」

政権発足から二年。安倍は高い内閣支持率を維持していた。民主党など野党は選挙の準備が整っておらず、解散の好機ではあった。

ただ、大きな問題があった。二〇一五年一〇月に消費税率を一〇%に引き上げるのかどうか、その決断の時期が近づいていたからだ。麻生は「解散するなら、消費税を上げるのか、あるいは延期するのか、記者会見で必ず聞かれますよ」と尋ねた。だが、安倍は明確には答えなかった。

麻生には安倍の意図もよく分かった。自民党には、副総裁の高村正彦や、幹事長の谷垣禎一、税制調査会長の野田毅らがいた。彼らは二〇一二年夏の自民、公明、民主の消費増税法案をめぐる三党合意をまとめた立役者である。重鎮らはそろって、安倍に一〇%への増税を決めるよう求めていた。

消費増税の延期を打ち出して衆院解散・総選挙をやれば、野党は準備ができていないうえに、自民党内の増税派の重鎮を黙らせることもできるだろう――。これは、最高権力者である首相を経験した者にしか分からないことだった。

だが、麻生はすぐには首を縦に振らなかった。こう警告した。

「消費税は予定通り上げるべきです。あとで『やっぱり上げておくべきだった』となる」

この日、結論は出なかった。

翌六日、首相官邸。安倍はノーベル賞経済学者のポール・クルーグマンと向き合っていた。

「予定通り増税することは、根底からアベノミクスを失敗させてしまう可能性が高い。財政を再建するためにも、まずはデフレ脱却を優先すべきだ。それを待つだけの時間の余裕はある。デフレ脱却しないと、財政再建自身を失敗する」

クルーグマンは増税延期を進言した。クルーグマンを首相官邸に招いたのは首相ブレーンの本田悦朗だ。本田は消費税率一〇％にする時期を、来年一〇月から一年半先送りするよう首相に働きかけていた。その援軍を呼んだのだ。

安倍はノーベル賞経済学者の説明を、真剣に聴き入っていた。

安倍は消費増税の延期へと気持ちは傾いていた。一七日に発表となる七～九月期のGDPを構成する経済指標がほぼ出そろっていた。安倍は事前に民間シンクタンクが予想していた以上に成長率が低いという見通しを聞いていた。数字次第ではあったが、安倍の心はほぼ決まっていた。

九日の読売新聞朝刊には、驚きの見出しが躍った。

「増税先送りなら解散、首相検討　年内にも総選挙」

九～一七日までは、中国・北京のアジア太平洋経済協力（APEC）首脳会議や、豪州での主要二〇カ国・地域（G20）首脳会議に出席するため、国外にいる。安倍は一七日朝、七～九月期のGDPの一次速報を豪州で聞き、そのまま帰国するスケジュールであった。

九日朝、羽田空港。安倍は出発前のぶら下がりで、記者団にこう話した。

「(消費増税については)七~九月期のGDPの一次速報の数値を見ながら、慎重に判断をしていきたい。そして、解散についてはまったく、考えていません」

この時点では、安倍は自らの考えをおくびにも見せなかった。

一七日、内閣府が発表した七~九月期の実質成長率は年率換算で一・六%の減少となった。四月の消費増税以降、二期連続のマイナスであり、民間予想を大きく下回っていた。

安倍と麻生は外遊先の豪州で合流し、帰国するため、政府専用機に乗った。その直後、二人はGDPの報告を受けた。麻生は言った。

「これで、ゲームは終わったな」

安倍は「消費増税は延期させていただきます」と応じ、二人は機内で消費増税延期の条件について話し合った。

「(四月の)三%分の消費税率引き上げが個人消費を押し下げる大きな重石となっています。本年四月の消費税率三%引き上げに続き、来年一〇月から二%引き上げることは、個人消費を再び押し下げ、デフレ脱却も危うくなると判断いたしました」

一八日、首相官邸。安倍は記者会見で、消費増税延期の理由をこう話した。

そのうえで、安倍は衆院を解散する理由について、次のように説明した。

「税制は国民生活に密接にかかわっています。代表なくして課税なし。アメリカ独立戦争の大義です。国民生活に大きな影響を与える税制において、重大な決断をした以上、(中略)どうしても国民の皆様の声を聞かなければならないと判断いたしました。信なくば立たず、国民の信頼と協力なくして政治は成り立ちません」

解散をセットにしたことで、消費増税延期に対する党内の異論はかき消された。安倍の「作戦勝ち」だった。

さらに、安倍は「財政再建の旗を降ろすことは決してありません」と力を込めた。二〇二〇年度に新たな国債発行をすることなく政策経費をまかなえるようにする「基礎的財政収支（プライマリーバランス＝ＰＢ）の黒字化」目標を堅持し、二〇一五年夏までに具体的な計画をつくると約束した。さらに、こうも言い切った。

「（消費増税を）再び延期することはない。ここで皆さんにはっきりとそう断言いたします」

一二月一四日、衆院選。自民党は単独で絶対安定多数の二六六を超える二九一議席を得た。公明党は現行選挙制度の下では最多の三五議席を獲得した。圧勝だった。

これまで三回の国政選挙で勝利した安倍は、与党内の権力基盤を確固たるものにしていく。安倍に逆らう与党議員は姿を消し、「安倍一強」と呼ばれる時代がやってきた。

黒田の苦言

「追加緩和については、あくまでも二％の『物価安定の目標』の実現を、より確実にするために行った。消費税率再引き上げの一八カ月延期により、追加緩和が間違っていたとか、あるいはもっと待つべきだったということは、まったく考えていない」

一一月一九日の金融政策決定会合後の記者会見。黒田は一〇月の「追加緩和」の釈明に追われていた。黒田は追加緩和について「二〇一五年一〇月に消費税率が二%引き上げられることを前提にしている」（一一日の衆院財務金融委員会）と説明していた。ところが、安倍はそれを逆手にとり、消費増税の延期を争点に総選挙に打って出た。市場には「日銀は追加緩和だけ食い逃げされた」という冷たい視線が広がっていた。

黒田は「何よりも重要な点は、財政規律を守るという政府のしっかりした対応である」とし、安倍が選挙で公約した「具体的な財政再建の計画」に期待をかけた。

このころ、日本国の借金である長期国債の発行残高は、国の経済規模（名目国内総生産）の一五〇%に当たる八〇〇兆円に迫ろうとしていた。先進国では最悪の状況であり、しかも、毎年増え続けていた。

安倍は政権発足時から、二〇二〇年のPB黒字化を財政健全化の目標に掲げてきた。第一次安倍政権のときは二〇一〇年初頭としていたのだから、実に一〇年遅れである。PB黒字化は、これ以上、借金が増えないという状況にするだけであり、財政健全化の「第一歩」にすぎない。

この目標には、二〇一五年にPB赤字を二〇一〇年比で半減させるという「中間目標」があった。この目標の前提は二〇一五年一〇月に予定されていた消費税率一〇%への引き上げである。安倍はそれを一年半延期する決断をした。このため、安倍は選挙中、どのように、これらの目標を達成するのか、具体的な道筋を示すと宣言していた。

だが、安倍は一二月一四日に選挙に圧勝した後、これまでとは違う財政健全化目標の考え方を口にするようになる。それは、一二月二二日の経済財政諮問会議のことだった。

「二〇二〇年度にPBの黒字化を目標としているが、これは政府の税収と政策的経費との関係になっている。勘案するものは果たしてそれだけでいいのか」

ＰＢ黒字化を実現するためには、無駄遣いの削減など、痛みの伴う歳出削減が不可避だ。ところが、安倍はこの目標の存在意義について疑問を投げかけたのだ。

さらに、安倍はこう続けた。

「国内総生産（ＧＤＰ）を大きくすることで、累積債務の対ＧＤＰ比率を小さくすることになる。もう少し複合的に見ていくことも必要かなと思う」

日本がデフレから完全脱却し、経済成長さえすれば、分母であるＧＤＰが順調に伸びるようになり、政府の借金残高は日本の経済規模に比して相対的に小さくなる。歳出カットするばかりが、財政再建の道ではない――。出席者にはそう聞こえた。

黒田東彦は、安倍の姿勢に違和感を覚えていた。

「ここからはセンシティブな話なので、外に出ないよう議事録から外してもらいたい」

二〇一五年二月一二日の諮問会議。黒田は「オフレコ」にするよう求めたうえで、こう話を始めた。

「欧州の一部銀行は、日本国債を保有する比率を恒久的に引き下げることとした」

黒田は昨年秋に消費税一〇％への引き上げを先送りした後、日本国債の格下げが相次いだことに触れた。

そのうえで、国際的な銀行の資本規制の議論を紹介し、こう続けた。

「外国の国債についてはその格付けに応じて資本を積まなければならない。格付けが下がるとどうしても外国の国債を持たなくなる。現に欧州の一部の銀行がそのように動いた」

海外の金融機関が日本国債を保有する比率は一〇％未満であり、いまのところ、その影響力は大きくない。とはいえ、銀行が国債を保有しにくくなるような、厳しい資本規制が導入される可能性がある。黒田は「(そうなれば銀行が) 国債を手放してしまうかもしれない」と指摘したうえで、こう警告した。

「(財政再建を) もっと本腰を入れてやらないといけない。リスキーな状況になってきている」

黒田の「大演説」に会場は凍り付いた。日銀は「デフレ脱却」のために大量の国債を買い入れている。国債は「安全資産」として国内銀行に人気があり、いまは金利が低い。だが、もし日本政府が財政再建に消極的と見なされれば、その安定した金利がずっと続くとは限らない——。そんな「脅し」であった。

その静寂を破り、反論したのは安倍自身であった。

「格付け会社にしっかりと働きかけることが重要ではないか。(政府の累積債務は) グロスで見ると確かに大きいのだが、(政府が保有している土地や建物などの資産を差し引いた) ネットで見ると他国とあまり変わらない。そういう説明をしなければならない」

安倍は、日本の財政状況は、黒田が言うほど深刻ではないと反論した。明らかに不快そうな表情をしていたという。

三月五日、首相官邸の会議室。安倍はブレーンの浜田宏一と本田悦朗の両内閣官房参与と昼食をともにしていた。本田は近くとりまとめることになる財政健全化計画について、持論を訴えていた。

「PBの黒字化はしなくてはいけないが、二〇年にこだわるべきではない。アベノミクスをしっかり続ければ、二〇年を少し超えるころには、ちゃんと黒字化できる。一番最悪なのは、PB黒字化のために、予算をバサバサ切ったり、増税したりして経済を破壊することだ」

安倍は本田の意見に真剣に耳を傾けていた。

六月、財政健全化計画はまとまった。景気を最優先して柔軟に対応できる「抜け道」が用意され、経済成長による税収増を大きく見積もる内容となっていた。

六月三〇日、首相官邸。安倍は諮問会議をこう締めくくった。
「安倍政権の基本方針は、『経済再生なくして財政健全化なし』です」

ピーターパン黒田

四月三〇日、日銀本店。総裁の黒田東彦は会見で、苦しい説明に終始していた。
「もとより、実際の物価がさまざまな要因で変化し得ること、特に、例えば、国際商品市況の大きな変化で『物価安定の目標』から乖離《かいり》する期間が生じるということは、各国の中央銀行でも当然のこととされています」

この日発表した「展望レポート」は、目標とする物価上昇率二％の達成時期を、従来の「二〇一五年度を中心とする期間」から「二〇一六年度前半ごろ」へと先送りした（先送り一回目）。異次元緩和を開始した二〇一三年四月に「二年で二％」と約束していたが、それよりも一年以上長い期間を要することを意味していた。

物価は弱い状況が続いていた。四月の消費者物価上昇率（生鮮品を除く）は前年同月比〇・三％。二〇一四年春に一・三％に達していた上昇率は、ちょうど一ポイント縮小していた。

黒田はその原因を原油価格の下落に求めた。二〇一四年夏に一バレル＝一〇〇ドルを超えていたが、半年後には五割以上下がっていた。黒田は「これほど大幅な原油価格の下落は誰も予想していなかった」と述べたうえで、こう続けた。
「物価の基調は着実に高まってきていることから、原油価格の影響が剥落《はくらく》するに従って二％を実現していくとみており、『二年程度の期間を念頭にできるだけ早期に』というコミットメントに沿った動きになっている」

物価目標の達成時期を三年後に後ずれさせたとしても、従来目標の「二年程度」の枠内に収まっている。そんな説明であった。

黒田は人々の「物価はこれから上がる」という期待が壊れることを恐れていた。日銀が二％の目標にコミットして、人々のデフレマインドを転換し、予想物価上昇率を引き上げる——。このサイクルが壊れてしまえば、異次元緩和の効果は薄れてしまうためだ。

黒田は「物価の基調が変わってくることがあれば、躊躇《ちゅうちょ》なく政策の調整を行う」と述べ、状況が悪化すれば、追加緩和を辞さないとも付け加えた。

だが、そう簡単に追加緩和に踏み切れない事情もあった。

一つは、急激な円安の進行だ。年初から一ドル＝一一〇円台後半を推移していたが、六月に入ると一二〇円台が定着。本来なら国内物価が大幅に上がってもおかしくないが、原油安がそれを打ち消していた。六月八日には一二五円台に突入し、約一三年ぶりの円安になった。

これを上回る円安が進めば、原油以外の輸入品の値段が上がり、弊害の方が大きくなりかねない。

黒田は二日後の衆院財務金融委員会で、民主党の前原誠司の質問に、こう答弁している。

「今はかなりの円安の水準になっている」

「ここからさらに実質実効為替レートが円安に振れていくということは、ふつう考えると、なかなかありそうにない」

市場はこの発言を、黒田がこれ以上の円安は望んでいないという「牽制《けんせい》」と受け止めた。このときから、一ドル＝一二五円は「黒田ライン」と呼ばれるようになる。

もう一つは、株価の上昇だった。日経平均株価は年初の一万七千円台から小幅の調整を挟みながらも上昇し、六月二四日には、ＩＴ（情報技術）バブル期の二〇〇〇年四月につけた高値二万八三三円を約一五年ぶりに更新した。円安によって企業の利益が膨らんだことも一因だった。

「二％の物価安定目標に向かっていまこの政策を持続していくという足元で、恐らくはさまざまな副作用が生まれている。実体経済とはかけ離れたバブルが生じかねない、あるいはもう生じているのではないか」

一〇日の衆院財務金融委員会では、民主党の鷲尾英一郎が黒田にこう詰め寄った。

黒田は「資産価格などの動向を幅広く点検しておりますけれども、バブルといった動きは観察されておりません」と力強く切り返した。

ただ、円安の進行や株価の上昇にもかかわらず、実体経済はさえなかった。金融緩和の効果が、賃上げや個人消費、企業の設備投資を活性化する「好循環」には結びついていなかった。消費者物価指数（生鮮品を除く）の前年比上昇率は限りなくゼロへと近づいていた。

「皆様が、子供のころから親しんできたピーターパンの物語に、『飛べるかどうかを疑った瞬間に永遠に飛べなくなってしまう（The moment you doubt whether you can fly, you cease forever to be able to do it）』という言葉があります。大切なことは、前向きな姿勢と確信です」

黒田は六月四日、日銀本店で開いた日銀主催の国際コンファランスで、こう力を込めた。魔法の効果を信じていなければ、魔法は使えなくなってしまう。大切なのは、魔法に疑いを持つ「大人の態度」ではなく、魔法を使えば成し遂げられるという「疑いのない童心」だというのだ。

ピーターパンは妖精の国「ネバーランド」に住み、年齢を重ねなくなった永遠の少年である。ピーターパンは夢を失い、大人の世界の現実に向き合ったとき、飛べなくなった。

「黒田は二％の物価上昇という自らが課した目標から逃避したい『ピーターパン症候群』なのではないか」

市場にはこんな皮肉を言う関係者もいた。

八月一七日、内閣府が発表した四〜六月期の国内総生産（ＧＤＰ）の一次速報は、実質成長率が年率換算では一・六％減となった。３四半期ぶりにマイナス成長となった。ＧＤＰの六割をしめる個人消費や輸出が大幅に減ったためだ。

経済再生相の甘利明は会見で、「一時的な要素はかなり大きい」と説明した。六月は低温で、降雨量が非常に多かった「天候不順」と、中国の景気悪化が理由だというのだ。

だが、このマイナス成長はこの後に続く波乱の予兆にすぎなかった。

世界同時株安

「株価は、中国発の世界同時株安という状況を呈しております」

八月二一日、甘利明経済再生相は記者会見で、警戒感をあらわにした。

この年、上海株式市場では、個人投資家たちが巨額の株式投資を繰り広げ、上海総合指数は六月には二五％も上がっていた。ところが、六月一二日を境にジリジリ下落していた。

それが世界に飛び火するきっかけになったのは、一一日の中国人民銀行（中央銀行）の発表だった。通貨・人民元の売買の指標となる対ドルレートの「基準値」を、大幅に切り下げたのだ。中国の輸出を増やすためのテコ入れ策だったが、「切り下げをしなければならないほど中国景気は悪いのか」という懸念が広がった。

二〇日、ニューヨーク株式市場に飛び火し、ダウ平均は節目の一万七〇〇〇ドルを約一〇カ月ぶりに割り込んだ。ドイツやフランスでも、株価が二％以上値下がりした。この流れが東京市場にも波及し、二一日には一時二万円を割り込み、三カ月半ぶりの安値をつけた。

甘利は「中国政府は、中国が原因となる世界同時不況にならないように、万全の政策対応を取ると思う」と、中国当局による経済対策を促した。

だが、その後も株安は続いた。上海総合株価指数は二四日、市場から政府の「防衛ライン」と見られてきた三五〇〇ポイントをやすやすと割り込んだ。

世界同時株安をきっかけに、円高も進んだ。二四日には、約七カ月ぶりの水準となる一ドル＝一一六円台前半まで円高になり、株価も一万八千円を割り込んだ。

首相ブレーンの本田悦朗内閣官房参与はこの日、筆者の取材にこう答えている。

「景気減速のリスクが増している。この状況が長引きそうなら、補正予算などの経済対策を速やかに考える必要が出てくる。アベノミクスで生じた税収増を財源にすれば、二兆～三兆五千億円の経済対策はできるはずだ」

本田は具体的な予算規模に言及しつつ、補正予算の編成を求めたのだ。一方、金融政策については『『黒田バズーカ』はそう何発も撃てない。恐ろしい中国リスクまで考えると、撃つべきタイミングは慎重に考えないといけない」と語った。

八月の消費者物価指数（生鮮品を除く）は、前年同月比〇・一％減とついに二年四カ月ぶりのマイナスに突入した。本来なら、追加緩和を求めるべき状況ではあるが、本田は慎重だった。なぜか。

一つは、追加緩和の余地が狭くなっていたことだ。年八〇兆円のペースで国債を買い、日銀が保有する国債が、全体の国債発行残高の約三割を占めるようになっており、買い増しの余地は大きくなかった。

もう一つは、追加緩和には弊害も予想されていた。全体の物価は下がっているが、食料品や日用品の値上げが続いていた。追加緩和で円安が進めば、輸入する原材料の価格上昇で、生活必需品に偏った物価上昇が加速する恐れがあった。

黒田は九月、一〇月と「緩やかな回復を続けている」という強気の景気判断を押し通す。だが、それでも、市場では、目標達成をするためには追加緩和は不可避との見方が強く、期待は否応なしに高まった。

市場が一つのタイミングと見たのが、一〇月三〇日の金融政策決定会合である。物価や経済成長率の見通しを示す「展望レポート」を公表するが、二〇一五年度と二〇一六年度の物価上昇率の引き下げや、「二〇一六年度前半ごろ」としてきた物価目標二％の達成時期の後ずれは不可避だったからだ。

だが、黒田は動かなかった。「二〇一六年度前半ごろ」としてきた物価目標二％の達成時期を「二〇一六年度後半ごろ」へと先送りしたにもかかわらず、であった（先送り二回目）。

「物価だけ上がればよいのではなく、賃金も上がっていく、企業収益も増えていく、経済全体がバランスのとれた形で目標を達成するのでなければ、持続的・安定的に達成することは非常に難しい」

黒田は三〇日の会見で、こう力を込めた。原油安の影響を除けば「物価の基調」は改善しているが、賃金などの上昇が伴っていない。いまは金融政策ではなく、国内の所得配分の調整の方が重要だと説明し、追加緩和のカードを温存したのである。

第7章

金融と財政、「合体」へ

2016年5月26日、伊勢志摩サミットのワーキングセッションにのぞむ各国首脳

新「三本の矢」

「二〇二〇年に、名目国内総生産（GDP）六〇〇兆円の戦後最大の経済を目指すべきです」

九月九日、首相官邸。内閣官房参与の藤井聡は、首相の安倍晋三に訴えた。そして、「これからの安倍内閣の経済政策ビジョン」と題した提案書を手渡した。

「これ、いいねぇ」

安倍はうなずいた。GDP目標六〇〇兆円が新たな政策目標になる瞬間だった。

京大大学院教授の藤井は、六人いる経済政策担当の参与の一人として、政権発足時からブレーンをつとめている。強い国土を形成する「国土強靱《きょうじん》化」を唱えており、積極財政と公共事業によって経済成長を目指すよう求めていた。

名目GDPはその国の一定期間内に生み出される付加価値の合計額のことである。つまり、一国の経済規模を示す指標だ。二〇一四年度に約四九〇兆円であり、毎年二〇兆円ほど増やしていく必要がある。藤井は「六〇〇兆円を目指すなら、名目、実質ともに二％以上の成長率が必要」と訴え、経済成長を下押しする消費税率一〇％への引き上げを凍結するとともに、「二〇兆円から三〇兆円の補正予算」の編成を求めた。

だが、この時の安倍は「六〇〇兆円」というメッセージに強い関心を示した。安倍はこのころ、新たに打ち出す経済政策のイメージを探っていた。

その背景には、安保関連法案の動向があった。この年の五月、安倍政権はこれまでの憲法解釈を変更し、集団的自衛権の行使を可能にする安保関連法案を国会に提出。国会審議が佳境にさしかかり、国会周辺にはデモ隊が押し寄せ、内閣支持率も下がっていた。安倍は法案成立後、ふたたび経済重視の政権運営に舵《かじ》を切って、支持率を回復させようと考えていた。

ターゲットにしたのは二〇二〇年である。安倍が自ら招致に力を入れた二度目の東京五輪が開かれる年だ。周囲に「国民に分かりやすいメッセージはないだろうか」などと相談していた。

第一次安倍政権のときの首相秘書官で、財務事務次官となっていた田中一穂もアイデアを持ち込んだ。高齢者の介護不安を取り除き、子育てを支援して、男女ともに働きやすい社会を目指すというものだった。安倍はこうしたアイデアを集め、経済産業省出身で政務担当の筆頭秘書官、今井尚哉ら側近とひそかに新政策を練っていた。

九月一九日に安保関連法は成立した。その五日後、三年に一度の自民党総裁選で、安倍は、無投票で再選された。三回の国政選挙に勝利した安倍に逆らう人間はいなくなっていた。

安倍はこの日の総裁再選会見で、こう力を込めた。

「本日この日から、アベノミクスは第二ステージへと移る。目指すは一億総活躍社会だ。二〇二〇年に向けて全力を尽くす」

安倍が掲げたのが新「三本の矢」だった。①希望を生み出す強い経済（GDP六〇〇兆円）②夢を紡ぐ子育て支援（希望出生率一・八）③安心につながる社会保障（介護離職ゼロ）――の三つである。

旧「三本の矢」は「大胆な金融政策」「機動的な財政政策」「投資を喚起する成長戦略」の三つだった。これらは、円安・株高でアベノミクスの基盤をつくり上げたが、社会保障改革などの構造改革は後回しにされてきた。

安倍は「五〇年後も人口一億人を維持するという国家としての意思を明確にする。これからは長年手つかずだった日本社会の構造的問題である少子高齢化の問題に真正面から挑戦したい」と力を込めた。

だが、この新「三本の矢」は海外の投資家に思わぬ波紋を呼んでいた。

「安倍政権は二％の物価目標を降ろしたのか」

こんな問い合わせが、首相ブレーンの本田悦朗のもとに寄せられたのである。

混乱のもとは「GDP六〇〇兆円」目標であった。

中央銀行の伝統的な政策手段は、「金利の上げ下げ」である。ところが、リーマン・ショック後、世界的にデフレ懸念が高まり、金利がゼロに近づいてくると、さまざまな政策手段の研究・開発が進んだ。これを「非伝統的金融政策」と呼んでいる。

今のところ「非伝統的金融政策」における政策目標は大きく三つに分類できる。

一つは、「インフレ目標政策」である。中央銀行が目指すべき物価目標を掲げることで、人々の物価に対する予想に働きかけ、実質金利を下げようというものだ。

二つ目は、「マネーサプライ・ターゲティング（量的目標）政策」である。市場に流す貨幣の量を増やして、貨幣の価値を引き下げて、物価上昇率を引き上げようという政策だ。

そして最後が「名目GDP・ターゲティング（名目GDP目標）政策」である。名目GDPの伸び率や金額を目標に、それに向かってマネタリーベースを増減させていくという手法だ。GDPは経済全体の動きを反映する指標であり、金融政策の目標としてふさわしいという意見があるものの、過去に実際に導入した例はない。

図表7-1 アベノミクスの「3本の矢」

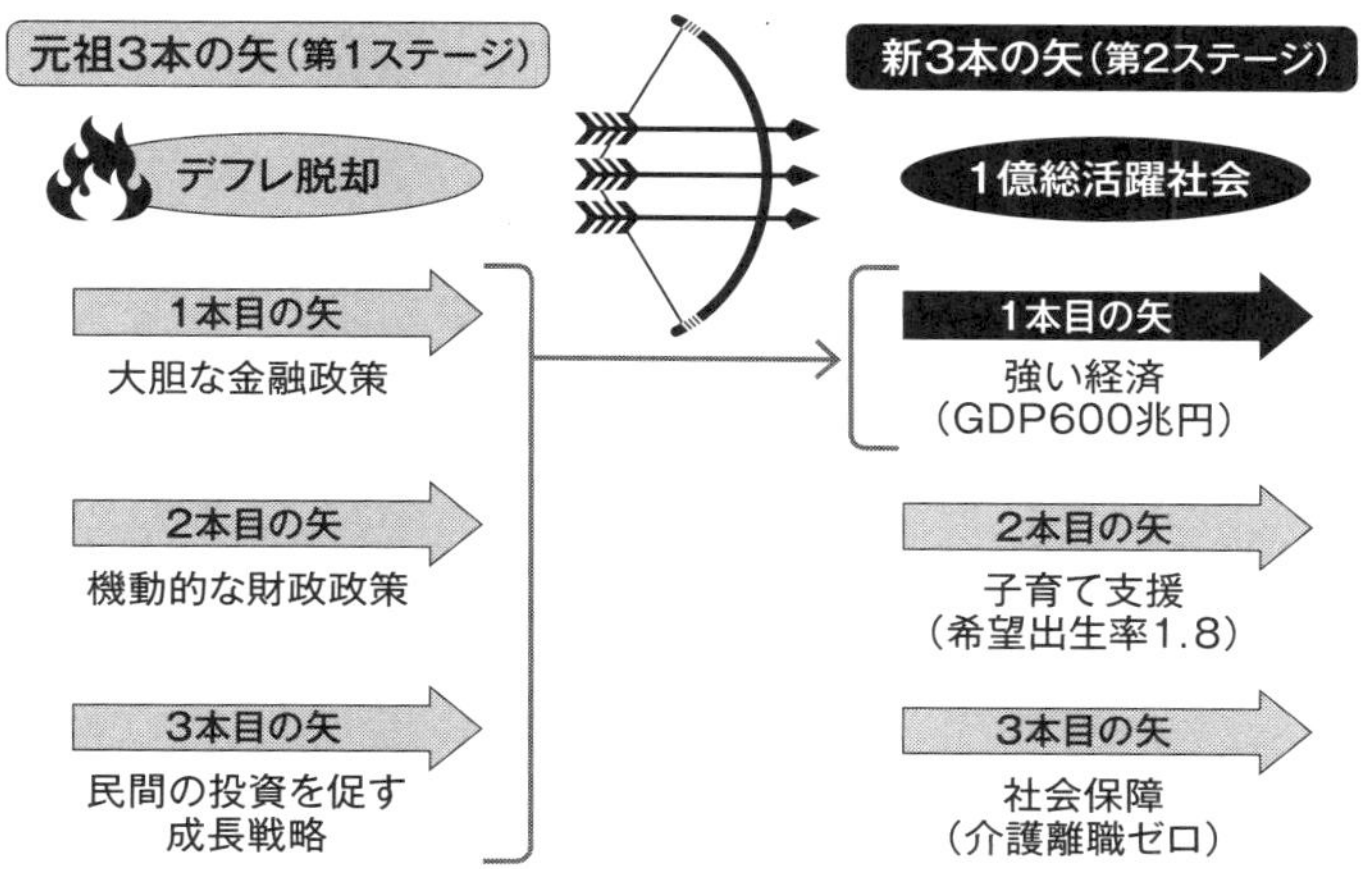

旧「三本の矢」の一本目である「大胆な金融政策」は、物価上昇率「二%」というの「インフレ目標」と、国債の買い入れ額「八〇兆円」という「量的目標」の組み合わせだ。ここに、さらに「GDP六〇〇兆円」という目標が新たに示された。ただ、いくらなんでも、三つを同時に目標とする政策は考えにくい。

このため、市場関係者の間で、混乱が生じたのである。

九月二七日、本田は、安倍が国連総会出席のためにニューヨークに向かう政府専用機に同乗した。このなかで、加藤勝信官房副長官、スピーチライターの谷口智彦とともに安倍と昼食をとったとき、安倍に直言した。

「総理、投資家と話していると、『旧三本の矢』と『新三本の矢』がどういう関係にあるのか、分からないという声がある。ですから、『新三本の矢』は『的』と言い換えませんか。

『旧三本の矢』を用いて、三つの的を射抜くというのはどうでしょう」

日銀が行う「量的目標」と「インフレ目標」の結果として、「GDP六〇〇兆円」という「的」を実現する——。そういうストーリーを提案したのである。

安倍は「それ、分かりやすいね」と応じた。以降、安倍は「手段としての『矢』と明確な『的』を設定した」（一〇月二九日の一億総活躍国民会議）と説明し、物価目標「二％」を降ろしたわけではないことを強調するようになったのである。

マイナス金利

二〇一六年一月二九日、日銀本店。記者会見をした黒田東彦は「三つの矢印」が描かれたボードを片手に、こう胸を張った。

「『量』と『質』に『マイナス金利』という金利面での緩和オプションを追加し、いわば『三つの次元』のすべてにおいて、追加緩和が可能なスキームとなる」

日銀は大量に国債を買い、市場に巨額のお金を流し込む「量的・質的金融緩和」を続けてきた。二〇一四年一〇月には、それまで五〇兆円だった長期国債の購入規模を年八〇兆円に増やした。しかし、この追加緩和にもかかわらず、物価は上昇せず、むしろ下落傾向になった。

この日、日銀は物価目標の達成時期をこれまでの「二〇一六年度後半ごろ」から「二〇一七年度前半ごろ」に先送りした（先送り三回目）。それに合わせて、「量的・質的金融緩和」を継続しつつ、金融機関が日銀に任意で預ける準備預金の一部の金利をマイナスにする「マイナス金利政策」を加えた。市場が予想

図表7-2｜マイナス金利の仕組み

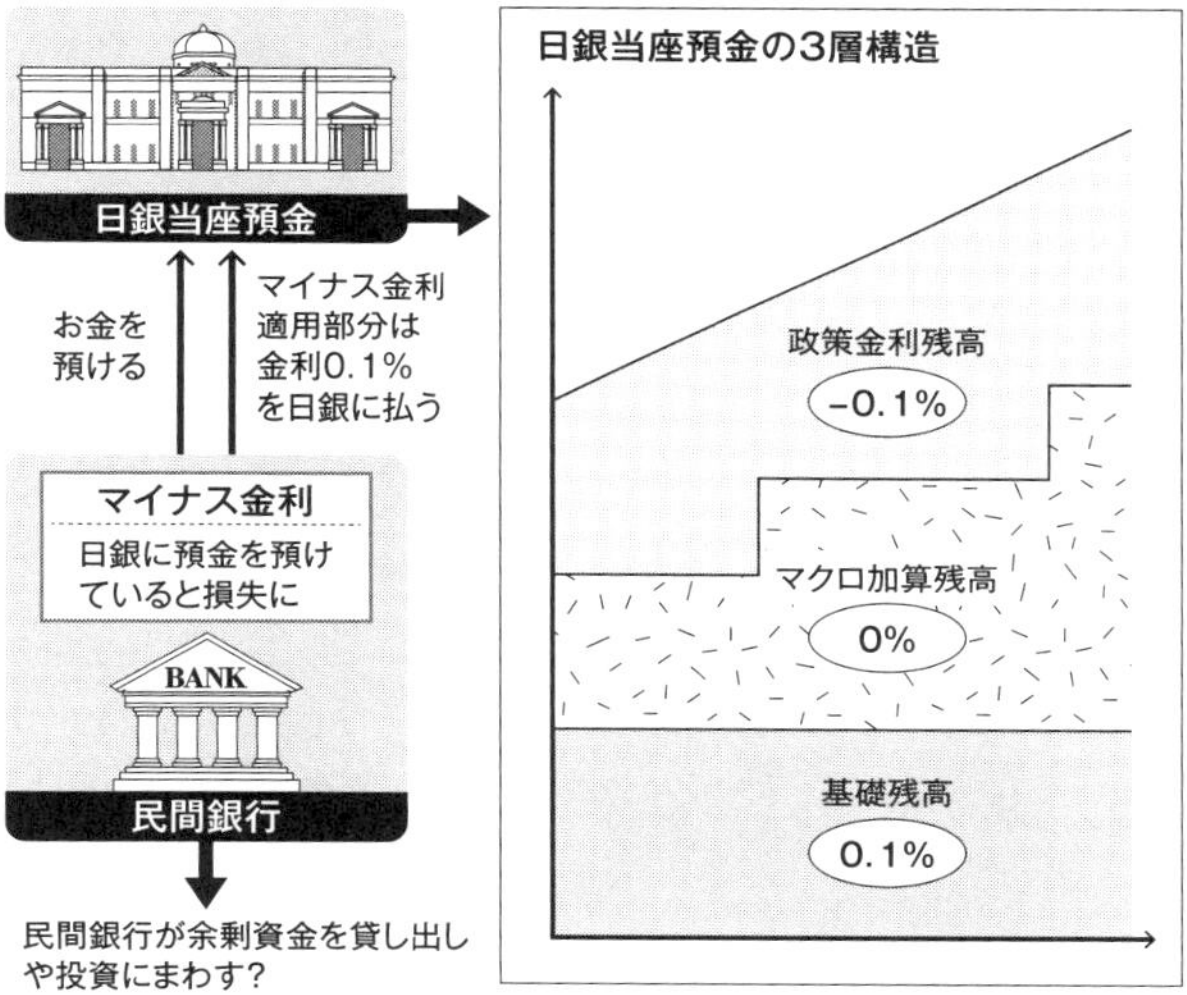

※日銀の公表資料をもとに筆者作成

していない「サプライズ」であった。

日銀企画局がマイナス金利の「研究」を始めたのは、約一年前のことだ。欧州中央銀行（ＥＣＢ）が二〇一四年六月、マイナス金利政策を導入したことがきっかけだった。

これより前にはデンマークが二〇一二年七月に、マイナス金利を導入した例がある。ただ、これは、自国通貨高を防ぐためだった。物価下落を防ぐ狙いで導入したのは、ＥＣＢが最初であった。しかも、ＥＣＢの通貨圏の規模は日本よりも大きかった。

その導入の経緯と効果を検証し、日本への導入の可能性を研究することにした。

デフレ脱却のカギを握っているのは実質金利である。「量的・質的金融緩和」は、巨額のお金を市場に流し込むことで、将来の予想インフレ率を高め、実質金利を下げようという政策だった。実質金利が下がれば、企業がお金を借りて投資する意欲が高まるはずである。

だが、実質金利を下げる方法はもう一つある。それは、名目金利そのものを下げることである。金融機関は余ったお金を日銀に預けておくよりは、企業などに貸し出した方が利益になる。理論的には、「マイナス金利」の効果は明確であった。

ただ、懸念があった。金融機関が収益を圧迫されすぎると、金融市場の取引が活発でなくなることだった。マイナス金利は、金融機関が余剰資金を日本銀行にお金を預けると手数料をとられることを意味しているからだ。一種の「銀行課税」のようなものだった。

日銀企画局はこうした問題は「階層化」によって防げると結論づけた。ＥＣＢは法定準備にはプラス〇・〇五％、これを超える超過準備には〇・三％のマイナス金利を課した。日銀の場合、ＥＣＢのように超過準備全体にマイナス金利を課してしまえば、銀行の収益を大きく損なうことになりかねない。

このため、当座預金に三段階の「階層構造」をつくることにした。「基礎残高」には〇・一％のプラス金利、「マクロ加算残高」にはゼロ金利、「政策金利残高」には〇・一％のマイナス金利を適用するというものだ。銀行の経営状況を見ながら、マイナス金利の適用範囲を広げたり狭めたりすれば、金融取引を阻害しないと分析した。このやり方だと、経済情勢に応じて、逆にマイナス金利の適用範囲を広げることもできる。

「マイナス金利」をオプションの一つに加え、政策の選択肢を増やすことが決まった。

だが、日銀の政策委員会で多数の賛成を得られるかどうかは見通せなかった。

副総裁の岩田規久男は、国債購入額を年八〇兆円から一〇〇兆円に増やす追加緩和を主張していた。従来の「量的・質的金融緩和」をさらに強化する案だ。

だが、岩田はこのとき「これまでの延長線上の方法では、人々の期待に働きかける効果は薄くなっているのではないか」と考え、悩んでいた。

岩田は人々の期待形成を重視する立場から、その前提となる「レジーム（体制）」を重要だと考えていた。二〇一三年四月の異次元緩和以降をリフレ派の体制という意味で「リフレ・レジーム」と呼んでいた。だが、二〇一四年四月の消費増税が、その人々の前向きな期待を損ない、消費や投資を低迷させてしまった。つまり、消費増税で「リフレ・レジーム」が壊れた、と考えていた。

もし、企画局が言うように「マイナス金利」が日本において導入可能なのであれば、新たな「リフレ・レジーム」を再興することにもなる――。岩田はこう考え、「マイナス金利政策」の導入を容認する考えに傾きつつあった。

金融政策決定会合を三日後に控えた一月二五日、日銀本店の一室には、黒田ら執行部の三人、政策立案に携わるごく少数の企画局幹部が集まっていた。

企画局幹部は、岩田の「一〇〇兆円」案のほか、「マイナス金利」などの選択肢を文字どおり、テーブルに並べた。それぞれについて、メリットとデメリットを説明した。

「よし、これで行こう」。黒田が手にしたカードは、「マイナス金利」だった。国債購入額を増やしたら、その分、市場の国債が枯渇する時期も早まり、異次元緩和の限界が意識されやすくなる。それよりは「いろんな政策手段があることを示す」ことを優先したのである。

決定には、政策委員九人の過半数の賛成が必要だ。黒田、岩田、中曽の正副総裁三人に加え、さらに二人に賛成してもらわなくてはならない。

金融政策決定会合二日目の一月二九日。議論が終盤にさしかかったころ、黒田は日銀理事の雨宮正佳に「政策対応を行う場合に採り得るオプションを示して欲しい」と求めた。

雨宮は二つの選択肢を示した。一つは「量的・質的金融緩和」の拡大であり、もう一つが「マイナス金利付き量的・質的金融緩和」だった。

黒田は「『量』『質』『金利』の三つの次元で、追加的な金融緩和措置を講じることが可能となる」と「マイナス金利付き量的・質的金融緩和」に賛成する考えを示した。

だが、討論に入ると、議論は紛糾した。審議委員の白井さゆりは「マイナス金利の導入によって、資産買入れの限界と受け止められるのではないか」と指摘。別の審議委員も「マイナス金利は市場機能や金融システムへの副作用が大きい」と反対の意思を示した。

マイナス金利政策は、五対四で可決した。二〇一四年一〇月の追加緩和時と同じ、「薄氷」の差だった。

混乱

マイナス金利導入の二九日、政府は歓迎一色のムードだった。

菅義偉官房長官は午後の記者会見で「(物価)目標達成のために、新たなマイナス金利という大胆な手法を導入した。このことを評価したい」と歓迎した。さらに「マイナス金利は金融機関に貸し出しを促すために用いた。(マイナス)金利が経済を刺激するというのが政府の考え方だ」とも語った。

追加緩和に躊躇していた首相ブレーンの本田悦朗も「ビッグサプライズだ。さすが黒田さんだ」と持ち上げた。本田は「量的・質的金融緩和」の拡大だと、市場に出回る国債が早く減ってしまい、手詰まり感が出てしまうことを心配していた。本田は「日銀はまだまだ打つ手はあるということだ。これなら出尽くし感がない」とコメントした。

この日、日銀のマイナス金利導入が伝わると、日経平均株価は乱高下したものの、日本、アジアや欧米の株式市場は全面高となった。長期金利の指標となる満期一〇年の新発国債の流通利回りも史上初の〇・一％割れを記録。初日は市場が「好感」しているように見えた。

だが、週明けの二月一日から金融市場は混乱していく。

まず、最初に異変が起きたのは国債市場だった。長期金利が過去最低を更新し続け、九日にはついにマイナスに突入した。マイナス金利で日銀にお金を預けにくくなるため、金融機関がお金を国債に回すのでは、という思惑からだった。

銀行各行は次々に、預金や住宅ローンの金利の引き下げを発表する。マイナス金利に加え、国債からも収益を得られなくなるとの見方が広がり、銀行株は急落した。

三日夕、日銀本店。金融機関の運用担当役員を対象にした説明会が開かれた。ただ、公表資料以上の説明はなく、質問にも「詳細はこれから」と回答する場面が目立った。参加者の一人は「マイナス金利のイメージがつかめなかった」と漏らした。

同じ日、東京都内のホテルニューオータニ。黒田はきさらぎ会（共同通信社主催）の講演で、こう言い切った。

「先行き、日本銀行が必要と判断した場合には、今回の〇・一％より大きいマイナス金利を実施することも可能です。『金利』面での緩和拡大余地は十分に存在しています。日本銀行は、必要な場合、さらに金利の引き下げを行います」

黒田は、欧州（マイナス〇・三％）やスイス（同〇・七五％）、スウェーデン（同一・一％）など各中央銀行の例を挙げて「追加緩和の手段に限りはありません」と力説した。

国会では激しい論争になった。

翌四日の衆院予算委員会。民主党の前原誠司元外相は、日銀がこれまで物価目標二％の達成時期を三回先送りしている点を追及した。

「一七年度の前半に達成できないと、オオカミ少年というかオオカミ壮年というか、これはもう先送りできない。必ず一七年度前半に二％は達成すると約束したらどうか」

日銀が年四回、経済情勢の見通しを示す「経済・物価情勢の展望」は通称「展望レポート」と呼ばれている。黒田日銀では、二年後くらいには物価目標二％を達成するという見通しをいつも示すので、「願望レポート」などと揶揄《やゆ》されるようになっていた。

前原はこの点を突いたのである。黒田は「目標の達成に全力を挙げるということはお誓いする」と返すのが精いっぱいだった。

ちなみに前原は民主党政権の経済財政相だったとき、日銀に当時の超円高を是正するため、白川方明総裁に金融緩和を求めたこともある。だが、前原は黒田の異次元緩和を目の当たりにして、こう考えるようになる。

「白川は（金融緩和を）やらなすぎた。黒田はやりすぎだ。灰色くらいがちょうど良い」

前原は物価目標二％は日本の現実に合わず「高すぎる目標」と考えるようになっていた。

さらに、黒田は一八日の参院財政金融委員会で、一般の銀行預金がマイナス金利になり得るのか、追及を受ける。黒田は「金利がマイナスになる可能性はないと思っている」と説明したが、銀行が現金自動出入機（ATM）の利用手数料などを引き上げる可能性は「金融機関の経営判断としてはあり得る」と語った。「手数料は、金融機関が金融サービスの対価をどのように設定するかという問題で、預金金利とは別」という説明だった。

日銀の政策委員の間にも、亀裂が表面化していた。

同じ日、日銀審議委員の石田浩二は、福岡市博多区で記者会見し、マイナス金利政策について「経済への刺激効果は限定的だ」と語った。副作用があるかどうかは断言できないとしつつも「その可能性がある以上、効果がはっきりしないことをやるのは合理的でない」とも話した。

木内登英審議委員も二五日、鹿児島市内の記者会見で、「(マイナス金利）導入後の市場の動きは多少、不安定性が高まった」と批判した。「金融機関の収益性がさらに圧迫され、（企業への）貸し出しに慎重になってしまうと、経済活動にマイナスになる」とも指摘した。

二月一二日、黒田は首相官邸にいた。安倍晋三首相に「マイナス金利付き量的・質的金融緩和」の狙いと効果を説明するためだった。黒田は終了後、記者団にこう話した。

「マイナス金利の考え方とかその効果とか、そういうことについて説明しました。消費とか投資にプラスの影響をもたらすというふうに私どもは考えている」

国際金融経済分析会合

一月下旬、首相官邸。首相ブレーンの本田悦朗は安倍晋三首相に切々と訴えていた。

「最近の株価の下げ幅はリーマン・ショックを超えている。いま、すさまじいリスクオフが起きているので、こんなときに増税したら大変なことになる」

年明け以降、中国経済の減速や記録的な原油安などで金融市場も動揺していた。わずか半年前に二万円を超えていた株価は、一万五千円を割り込みそうになっていた。本田は安倍に、二〇一七年四月の消費税率一〇％への引き上げをふたたび延期するよう進言したのである。

ただ、安倍は前回増税を延期したときに、二〇一七年四月には確実に増税できる経済環境をつくると約束。「再び（増税を）延期することはない。ここで皆さんにはっきりとそう断言いたします」（二〇一四年一一月一八日の会見）と言い切った。

野党はこの言葉を何度も取り上げ、質問を繰り返していた。安倍は「リーマン・ショック級あるいは、大震災級の大きな影響がないかぎり、引き上げる」（一月一九日　衆院予算委員会）という答弁を繰り返していた。安易な延期は決断できない状況であった。

筆頭首相秘書官の今井尚哉も心配していた。前回の増税延期のときの記者会見の原稿をつくったのが今井だったが、増税にふさわしい経済環境になるかどうか確証はなかった。

海外から助け舟がやってきた。二月二六、二七日に中国・上海で開かれた主要二〇カ国・地域（G20）財務相・中央銀行総裁会議である。

世界経済は低成長に悩んでいた。二〇〇八年のリーマン・ショック後、世界各国は金融政策をフル回転させ、金融危機を脱することはできた。しかし、ショックから七年以上が経過しているにもかかわらず、欧米経済は低迷していた。世界経済の機関車となっていた中国の景気が減速し、先進各国では物価が下落するデフレが懸念されていた。

「長期停滞（Secular Stagnation）論」――。米国の著名な経済学者でもあるローレンス・サマーズ元財務長官がリーマン・ショック後の世界経済について、こんな主張を展開し、経済学者の間で論争を巻き起こしていた。金融緩和の効果で実質金利が低い状態にあるにもかかわらず、経済成長率は低空飛行を続けており、リーマン・ショック前の水準に戻っていない。サマーズはその理由として、先進国経済が過剰な設備・貯蓄・労働力を抱えており、逆に需要は構造的に不足していると分析した。

経済学者の間では、このような状況を打開するには、金融政策よりも、財政政策の有効性が高いという議論が主流となりつつあった。

G20はこうした経済学者らの論争を踏まえ、「金融、財政、構造改革のすべての政策手段を個別または総合的に用いる」という声明を採択して閉幕した。偶然にも、アベノミクスの「三本の矢」のメニューとまったく同じ政策手段が提案されたのである。そのうえで「金融政策のみでは均衡ある成長につながらない」と指摘し、「成長、雇用創出、信認を強化するため機動的に財政政策を実施。成長に配慮した税制や公共投資を行う」とうたった。

この年の主要七カ国（G7）首脳会議は五月二六、二七日に日本で開かれる。この伊勢志摩サミットで、安倍が議長をつとめ、テーマ設定や議論をリードできる。世界の世論が、世界経済の成長のために、金融政策だけではなく、機動的な財政政策に踏み出すよう求めている。安倍はそうした「時流」を活用するチャンスを得たのである。

「今年五月の伊勢志摩サミットでは、世界経済の情勢が間違いなく最大のテーマとなる。日本は議長国として責任を果たしていくためにも『国際金融経済分析会合』を開催する」

二〇一六年度予算案が衆院を通過した三月一日。安倍は国会内で記者団に、こう力を込めた。

安倍は五月の伊勢志摩サミットの最大のテーマに「経済」を選び、その準備のために、国内外の著名な経済学者などを集めて意見を聞くというのである。

そして安倍はこう続けた。

「伊勢志摩サミットにおいては、G7のリーダーたちと、この状況に対して、どのような協調をすることができるか議論し、明確なメッセージを発出し、世界経済の持続的な力強い成長に貢献していきたい」

安倍の表向きの説明は「伊勢志摩サミットの準備」である。だが、政府・与党内には、首相の表向きの説明とは裏腹に、分析会合が来年四月に消費税率を一〇％に引き上げるかどうかの政治判断の舞台になる、との見方が広がっていく。

その観測は八日にますます強まった。

理由の一つは、内閣府がこの日に発表した前年一〇～一二月期の実質国内総生産（GDP）の二次速報が年率一・一％のマイナスとなり、景気は足踏み状態に入っていた。大きな原因の一つは世界経済の減速であった。

もう一つは、分析会合に招く有識者の人選である。一六日の初会合に招かれたのはノーベル経済学賞受賞者のジョセフ・スティグリッツ米コロンビア大教授であった。内閣官房幹部は「首相自らのご指名だった」と証言する。

スティグリッツは政権発足直後の二〇一三年三月、首相官邸をわざわざ訪ね、アベノミクスを「まさに正しい戦略だ」と絶賛しており、消費税率の引き上げには一貫して批判的だった。その後の朝日新聞のインタビューにも「まずは経済の成長を回復し、それから増税するのが順当なやりかたです」（二〇一三年六月）と答えている。

安倍の発言も微妙に変化していた。七日の参院予算委で「(伊勢志摩サミットでは）世界経済の持続的な成長に貢献する明確なメッセージを発出したい」と意気込みを語った。

物価も弱かった。日銀は四月二八日に公表した展望レポートで、二％の物価目標の達成時期「二〇一七年度前半ごろ」から「二〇一七年度中」に先送りした（先送り四回目）。これ以上、先送りすると、黒田の総裁任期（二〇一八年四月八日）を超えてしまうことになる。日銀は崖っぷちに立っていた。

世界経済を牽引《けんいん》するためG7議長国である日本が「内需拡大」を率先して行う。それを「大義名分」に経済対策や消費増税延期を打ち出すのではないか。夏には参院選が控えている。一般的に与党に有利になるとされる「衆参同日選」の臆測も流れ始めた。

さまざまな「転向」

五月一八日、党首討論が開かれている衆院第一委員室には、怒号が飛び交っていた。

「もう一度消費税の引き上げを先送りせざるを得ない状況だ」

野党第一党の民進党の岡田克也代表が突然、消費税率一〇％への引き上げを再延期し、二〇一九年四月まで待つべきだと提案したのだ。

民進党の前身、民主党は二〇一二年夏、「社会保障と税の一体改革」を打ち出し、自民、公明両党と「三党合意」を主導、消費増税法を成立させた。それだけに、与党からは「何を言っているんだ」などと激しいヤジが飛んだ。

岡田は「この一年半の経済運営がうまくいかなかった」ことを提案の理由に挙げた。安倍は二〇一四年一一月に、「再び（増税を）延期することはない」と断言し、必ず増税できる経済状況をつくり出すと約束していた。岡田はその点を指摘したうえで、「その約束が果たされないなら内閣総辞職だ」と迫ったのである。

岡田の行動には理由があった。

二〇一四年一一月、安倍が消費税率一〇%への引き上げの一年半延期を掲げ、衆院を解散したとき、民主党は二〇一五年一〇月に予定通り消費増税を求めていた。安倍の不意打ちによって、民主党は「与党が減税、野党が増税」という構図に追い込まれてしまったのである。

この時、民主党は難しい判断を迫られた。このまま、国民負担増につながる消費増税を掲げ続ければ、増税延期を訴える自民、公明両党を前に、惨敗してしまう危険があった。結局、これ以上の議席減を防ぎたい民主党は選挙公示直前に、「消費増税延期」へと方針転換した。

岡田はこの苦い経験を踏まえ、「先手を打とう」と考えた。約一週間後に伊勢志摩サミットを控え、安倍に「衆参同日選」を打たれる前に、方針転換をする。そして、逆に先手を打って、安倍の経済政策運営の失敗を追及する構図に持ち込もうとしたのである。

安倍は「リーマン・ショック級の出来事あるいは大震災、そうした大きな影響を及ぼす事態が起こらない限り消費税を上げていくという従来の方針に変わりがない」とこれまで通りの見解を表明した。ただ、「世界経済の状況は、二〇一五年については、リーマン・ショック後においては最低の成長率になった。これが景気循環を超えるリスクとして顕在化をしてくるかどうかということについて注目をしている」と語った。

翌一九日、国際金融経済分析会合が最終回を迎えた。

計七回の会合で、計一二人の有識者から意見を聞いた。消費増税について言及した四人のうち、首相自らが指名したスティグリッツら二人が反対を表明。マクロ経済の専門家八人のうち六人は、G7がインフラなどへの財政出動を拡大するよう進言した。

菅義偉官房長官は記者会見で、世界経済をめぐる有識者の認識について「総じて下方リスクを指摘する専門家が多かった」と総括した。

「消費税の増税延期の議論について何か私から申し上げることは差し控えたい」

二五日、衆院財務金融委員会。消費増税について尋ねられた黒田東彦はそっけなかった。黒田はこれまで、安倍が消費増税を延期するような動きをすると、強い口調で牽制してきた。だが、今回は「沈黙」を貫いた。一年半前に比べるとトーンダウンは明らかだった。

伊勢志摩サミット

二六日、八年ぶりに日本で開く主要七カ国（G７）首脳会議（伊勢志摩サミット）。サミット開幕後に初めて開かれた昼食会で、議長の安倍首相はこう切り出した。

「私は世界経済には、部分的には明るい指標があるものの、なおさまざまな下方リスクを抱えていると考えている。まずは、こうしたリスクの兆候をいくつかご紹介したい」

安倍は、グラフを交えたA４の紙四枚の資料を配布した。原油など資源価格の推移、新興国の経済指標などを示したものだ。各所に「リーマン・ショック」という言葉が入り、二〇〇八年九月のリーマン・ショック前と、現在がいかに似ているかを強調していた。

安倍は一ページ目から順に説明を始めた、原油や穀物など一次産品の価格は、リーマン・ショック前の二〇〇八年七月から二〇〇九年二月にかけて五五％下落。それに対し、二〇一四年六月から二〇一六年一月にかけても五五％下がっている。リーマン・ショックのときと非常に似ているというわけだ。

また、二ページ目では、新興国の投資の伸び率は二〇一五年が二・五％で、リーマン・ショック後の二〇〇九年の三・八％より低い、と指摘。新興国の輸入伸び率は、二〇一五年が〇・五％で、ショック後の二〇〇九年のマイナス八・五％より高いが、「それでもリーマン・ショック以降最も低い水準となっている」と訴えた。

要は「リーマン・ショック級」の状況と言えそうな数字をかき集めて並べた資料であった。そして、安倍は資料の説明をこう締めくくった。

「リーマン・ショックの際も現在の予測を上回る成長が予測されていたが、危機が発生し、マイナス成長になった」

安倍は、経済見通しが必ずしもあてにならないことを強調。そのうえで、リーマン・ショックの二カ月前に開いた北海道・洞爺湖サミットで危機を予見できなかったことに触れ「その轍《てつ》は踏みたくない」などと訴えた。

安倍の説明はまるで「リーマン・ショック級の危機」が再来すると言っていた。安倍が「リーマン・ショック級のリスク」にこだわるのは、自身が消費増税を延期する例として、二〇〇八年に起きたリーマン・ショックや東日本大震災を挙げてきたからだ。しかも、G7で合意した「世界経済のリスク」に対応するため、という理由であれば、自らの看板政策であるアベノミクスが失敗したという批判も避けられる――。そんな意図が透けていた。

財務省には衝撃が走っていた。サミット開幕直前に、財務省幹部にメールで、四枚紙の資料が届けられたからだ。そのファイルのプロパティを開くと、作成者の欄に経産省出身の筆頭首相秘書官「今井尚哉」の名があった。財務省は何も知らされず、経産省主導で増税再延期のシナリオがつくられていた。

「『危機』とまで言うのはいかがなものか」

世界経済の先行きについて、「対応を誤れば、危機に陥る」と強調する安倍に異議を唱えたのは英国のデイヴィッド・キャメロン首相だった。

英国は、六月二三日に欧州連合（EU）離脱の是非を問う国民投票が控えていた。EU残留を目指すキャメロンにとって、経済危機をあおられるのはきわめて不都合であった。

ドイツのメルケル首相も会合後、記者団に「世界経済はそこそこ安定した成長を維持している。だが、とくに新興国に弱さがある」と語り、「リーマン・ショック級の危機」を訴えた安倍と異なる見解を示した。

二七日午後、安倍は議長会見に臨んだ。

「G7は世界経済について、現在、大きなリスクに直面しているとの危機感を共有している。そのうえで、大きな危機に陥ることを回避するため、協力して対応することで国際的に合意をした」

必ずしも各国首脳で世界経済の認識が共有されていたわけではない。だが、安倍はそれを無視して「危機感を共有」したと言い切ったのだ。

さらに、安倍は「リーマン・ショック」という言葉を七回も使って「世界経済のリスク」を強調。「アベノミクスは決して失敗していない」としつつ、「アベノミクスのエンジンをもう一度、最大限ふかしていく決意だ。消費税率の引き上げの是非を含めて検討し、夏の参議院選挙の前に明らかにしたい」と踏み込んだ。

消費税率一〇％への引き上げをふたたび延期する。そんな宣言であった。

宰相か、ポピュリストか

二八日夜、首相公邸の一室。副総理兼財務相の麻生太郎は、伊勢志摩サミットで議長をつとめた安倍晋三首相に詰め寄った。

「宰相になるか、ポピュリストになるかですよ」

「宰相になる」とは、来年四月の消費増税を予定通り実施すること。大衆に迎合する「ポピュリストになる」とは、増税を先送りすること――。麻生はこんな意味を込めていた。

麻生は二〇一四年一一月のときにも、安倍に予定通り増税するよう迫った。だが、判断の基準としてきた二〇一四年七～九月期の国内総生産（ＧＤＰ）が２四半期連続でマイナス成長となり、このときはあきらめざるを得なかった。

だが、今回は違った。安倍は前回の延期のときの会見で「再び延期することはない。ここで皆さんにはっきりとそう断言いたします」と言った。しかも、直近のＧＤＰ成長率もプラスだった。麻生にとって増税を延期しなければならない理由は見当たらなかった。

さらに、麻生は政治論の矛盾をついた。安倍は前回の延期のとき、「国民生活に大きな影響を与える税制において、重大な決断をした以上、どうしても国民の皆様の声を聞かなければならない」と言って衆院を解散した。麻生はこれを引き合いに出し、もし増税を先送るなら衆院を解散して信を問うべきだと訴えた。

「衆参同日選」の要求であった。

この日の協議には、菅義偉官房長官と谷垣禎一自民党幹事長も同席していた。谷垣は、野党時代の自民党総裁として、民主党政権が進める消費増税に協力し、「三党合意」をとりまとめた当事者である。予定通り増税するよう主張した。一方、菅は安倍に寄り添う主張を展開した。

この日の話し合いは、折り合いがつかなかった。

翌二九日、麻生と谷垣は、富山市で開かれた自民党県連の政経文化セミナーにいた。

「我々は『一年半後に（消費税率を一〇％に）上げる』と言って（二〇一四年一二月の選挙を）当選してきた。（増税の時期を）延ばすのであれば、もう一回選挙をして、（国民に）信を問わなければ筋が通らない。というのが私や谷垣さんの言い分だ」

麻生は公の場で、安倍に反旗を翻したのだ。谷垣は「消費税をどうするかは進むにせよ、退くにせよ非常に重い決断だ。進むも地獄、退くも地獄という世界だ。どちらも相当な覚悟がなければやりきれない」とはぐらかした。だが、麻生は、あえて谷垣とともに公の舞台に立ち、安倍を公然と批判し始めた。

内閣ナンバー2の副総理と、自民党ナンバー2の幹事長による「反乱軍」結成であった。

三〇日夜。安倍は急きょ、麻生を東京・永田町のザ・キャピトルホテル東急にあるレストラン「ＯＲＩＧＡＭＩ」に呼び出した。二〇一二年九月の自民党総裁選から二人三脚でやってきた麻生が「反乱」を続けるようであれば、政権は崩壊してしまう。

「消費増税を先送りするなら、信を問わなければ筋は通らない」

麻生は持論を繰り返した。だが、安倍は「参院選で問う方法があるじゃないですか」と引き下がらなかった。

安倍と麻生は三時間、議論を続けた。

「総理がそこまで言うなら、仕方がない」

麻生は折れた。怒りは収まらなかったが、このまま対立を続けていたら、夏の参院選に悪影響を及ぼし、多くの与党議員に迷惑をかけると考えたからだった。

三〇日、首相官邸。安倍は記者会見で、こう説明した。

「率直に申し上げて、現時点で『リーマン・ショック級』の事態は発生していない。それが事実であります」

伊勢志摩サミットでは何度も「リーマン・ショック」という言葉を使った安倍。だが、この日はその「へりくつ」を引っ込めた。そして、こう続けた。

「『再延期する』という私の判断は、これまでのお約束とは異なる『新しい判断』であります。『公約違反ではないか』とのご批判があることも真摯《しんし》に受け止めています」

安倍は、消費税率一〇%に引き上げる時期を、二〇一七年四月から二〇一九年一〇月に再延期する方針を打ち出した。そのうえで、伊勢志摩サミットで、過去の発言との辻褄《つじつま》を合わせようと、「リーマン・ショック級の事態が目前」という数字を並べた「へりくつ」を撤回し、再延期を「新しい判断」と説明した。

安倍なりの麻生に対する「誠意」であった。

盟友・麻生の「反乱」を何とか抑えることができた安倍。だが、次に待っていたのは市場の「反乱」だった。

「『国債市場特別参加者（プライマリー・ディーラー）』資格を返上したい」

メガバンクの三菱東京ＵＦＪ銀行は六月三日、財務省に、こんな申し出をしてきた。

プライマリー・ディーラーとは、財務省が国債の消化を円滑にするため、二〇〇四年一〇月に創設した資格である。財務省から直接、国債を購入して、機関投資家などに再販売できる「特権」を得られる一方、一定額の落札が義務付けられる。メガバンク三行や証券会社など計二二社が名を連ねている。資格保有者は国債取引で利益を上げやすくなり、財務省も国債の売れ残りを心配しなくて済む。売り手と買い手のウィンウィンの仕組みであった。

三菱東京UFJ銀行は一二〇兆円超の資金を誇る国内最大手のメガバンク。そこが資産運用先として国債に「見切り」をつけた――。財務省には衝撃が走った。

この日夜、麻生財務相のもとには、田中一穂財務事務次官や国債管理政策を担当する迫田英典理財局長ら幹部が集まっていた。大臣室は重苦しい雰囲気に包まれていた。

「非常に納得がいきません」。迫田は不快感をあらわにした。だが、三菱東京UFJは財務省にとってはお客様であり、その経営判断を尊重せざるを得なかった。

小山田隆頭取は六月一〇日の大阪銀行協会会長の就任会見で、こう語っている。

「国債のマイナス金利化が進んでいるなかで、プライマリー・ディーラーとして落札業務をすべて履行していくのはちょっと難しい」

マイナス金利が「引き金」。そういう説明だった。

七月一三日、三菱東京UFJ銀行は正式にプライマリー・ディーラー資格の「返上」を発表した。

ヘリコプター・マネー

「お越しいただきまして、ありがとうございます。(米エール大名誉教授の)浜田さんをはじめ、うちの政策スタッフからも、学術・実務両面における優れた功績についてお話を伺っております」

七月一二日、首相官邸の一室。安倍晋三首相は、白いひげを蓄えた米国人紳士を固い握手で出迎えた。面会の相手は、米国の経済学者、ベン・バーナンキ。二〇〇六年から二〇一四年まで米連邦準備制度理事会(FRB)議長をつとめ、二〇〇八年九月のリーマン・ショックのときには、大胆な金融緩和によって危機を乗り切った人物だ。

バーナンキは「総理のリーダーシップのもと、日本の経済は前進している。ぜひ努力を続けていただき、デフレ脱却が完全になることを期待している」と応じた。

二人の面会時間はわずか三〇分間。だが、このニュースが伝わると、円安・株高が一気に進んだ。安倍が「ヘリコプター・マネー」という政策の導入を検討しているのでは、という観測が広がったためだった。

「ヘリコプター・マネー」とは、米ノーベル賞経済学者、ミルトン・フリードマンが一九六九年の著書『最適貨幣量と他の論文集』所収の論文「最適通貨量」に載せた寓話《ぐうわ》に由来する。市場に出回るお金の量と物価の関係を説明するために、ヘリコプターから紙幣をばらまくとどうなるか、アタマの体操をしたのである。

バーナンキはフリードマンの弟子である。FRB議長就任前の二〇〇〇年代初頭に、日本のデフレに関する講演で「デフレを克服するには、ヘリコプターから紙幣をばらまく手もある」と発言したことから、

「ヘリコプター・ベン」という異名を持つ。要は、政府はどんどん国債を発行して借金し、日銀がこれを引き受けて通貨を増発する「財政ファイナンス」を公然とやるよう求めていた。

安倍はこれまで消費税率八％から一〇％への引き上げを、二〇一五年一〇月から二〇一七年四月、二〇一七年四月から二〇一九年一〇月へと二回、先送りした。伊勢志摩サミットでは、日本が世界経済の成長の「機関車になる」と大見えを切った。安倍はこの日、石原伸晃経済再生相に対し、参院選で公約した経済対策を月内メドにまとめるよう指示した。

安倍はさらに、政府が日銀からの借金を原資に、公共事業を増やしたり、国民に直接お金を配る「ヘリコプター・マネー政策」に踏み出すのではないか――。市場にはこんな見方が広がっていた。

「ご指摘のような政策を検討しているという事実、これは政府にはない」

菅義偉官房長官は翌一三日の会見で、市場の見方を否定した。だが、この否定にもかかわらず、市場には「ヘリコプター・マネー」がくすぶり続けた。なぜか。

直近の五月の消費者物価指数（生鮮品を除く）は前年比マイナス〇・四％まで低下していた。二％にはほど遠く、政府・日銀は新たな「秘策」を検討しているのでは、という見方が強かったためである。

日銀の黒田東彦総裁も二一日、英BBC放送のラジオ番組で、ヘリコプター・マネーについて「必要性も可能性もない」と導入を否定。「われわれには強力な政策の枠組みがある。必要なときに一段の金融緩和をすることに大きな制約はない」と力を込めた。

だが、黒田発言を受け、円高が進行した。市場にあった期待感の裏返しであった。

二五日、参院選は、自公両党が勝利した。

二七日、福岡市内のホテル。安倍は講演のなかで、参院選で公約した経済対策の規模について「財政措置の規模で一三兆円、事業規模で二八兆円を上回る」と語った。発表前に経済対策の規模を明らかにするのは異例だった。

その二日後、日銀は上場投資信託（ＥＴＦ）の買い入れ額をほぼ二倍に増やす追加の金融緩和を決めた。黒田は会見で「金融緩和を推進し、政府が財政を拡大すれば、相乗効果で景気刺激効果がより強力になる」と語った。政府との連携を演出したのだ。

だが、この日、経済対策よりも注目を集めたのは、黒田の次のような発言だった。

「海外経済や国際金融市場をめぐる不透明感などを背景に、物価見通しに関する不確実性が高まっている。次回（九月）の金融政策決定会合において、『量的・質的金融緩和』導入以降の経済・物価動向や政策効果について総括的な検証を行う」

異次元緩和を始めて三年余りの間、物価がなかなか上がらず、達成時期を四回も先送りしている。この日も物価目標二％の達成時期について、四月の「二〇一七年度前半ごろ」を維持したものの、審議委員二人からは異論が出た。国債の買い増しも、日銀の国債保有量が四〇〇兆円に迫るなか、限界が見え始めている。

立ち止まるのか、それとも突き進むのか――。黒田は岐路に立っていた。

総括的な検証

八月二日、東京・内幸町の帝国ホテル。日銀総裁の黒田東彦は副総理兼財務相の麻生太郎と向き合っていた。黒田からは、前月二九日に決めた追加緩和や総括的な検証などについて、説明した。

黒田は終了後、記者団の取材に応じた。記者から「総括的な検証の結果、緩和の縮小に向かうのではないかとの見方がある」と尋ねられると、「二%の物価安定目標をできるだけ早期に実現するという観点から、何が必要かということを明らかにするために総括的検証をする。いまおっしゃったようなことにはならない」と否定した。

真夏の市場は揺さぶられていた。日銀が「総括的な検証」を行うと公表すると、長期金利が上昇し始めたのだ。

「異次元緩和を修正して金融緩和の縮小に向かうのではないか」

「新たな追加緩和を打ち出すのではないか」

こんな正反対の観測が流れ、金融市場の波乱要因となっていた。黒田は記者団とのやりとりで、緩和縮小について可能性を否定しつつ、新たな施策について含みを持たせた。

黒田が七月末に「総括的な検証を行う」と発言した後、日銀の企画局や調査統計局、金融市場局内では、中堅職員らにこんな「指示」が飛んでいた。

「もしアイデアがあるなら、どんどん言ってもらいたい」

ふだんなら、企画局を中心に上層部だけで「密室」で原案を固めて、金融政策決定会合にかけて決めてしまうことが多い。だが、今回は幅広く職員から意見を「公募」したのである。それだけ日銀が窮地に陥っている証拠でもあった。

九月五日、都内のホテル。黒田は共同通信社主催のきさらぎ会の講演で、二〇、二一日の金融政策決定会合で行う「総括的な検証」について、「予告」的な説明を行った。さまざまな臆測が乱れる市場の疑心暗鬼を和らげるためであった黒田が「検証」のポイントとしたのは「二％の物価上昇率目標が達成できていない理由」と「マイナス金利の効果と影響」の二つであった。

異次元緩和の開始から三年半たったが、足元の物価上昇率（生鮮品を除く）は前年比マイナス〇・五％にとどまっている。黒田は、こうした物価低迷の理由として「原油価格の下落」「消費増税後の消費など需要の弱さ」「新興国経済の減速」の三点を挙げた。これらが原因となってデフレ脱却が遅れ、企業や家計で「『これまで長年にわたって物価が上がってこなかったのだから、今後も物価は上がらないだろう』という見方が根付いている」と分析した。

三つとも、日銀がコントロールできない「外的要因」である。裏を返して言えば、これらの外的要因がなければ、目標を達成していた、という意味でもあった。

マイナス金利政策については、「企業や家計の資金調達コスト低下にしっかりとつながっている」としつつ、その「副作用」に初めて言及した。貸出金利低下が金融機関の「収益にマイナスの影響を及ぼ」すことや、保険や年金の運用利回り低下が経済活動に悪影響を与える、などの点を挙げた。「金融機関の経営のために金融政策をやっているわけではない」と強気だった日銀が、ここに来て弊害を認めたのである。

こうした問題点を克服し、物価目標二％を早期に実現するために、何ができるのか。

黒田は「緩和の縮小という方向の議論ではない」としつつ、「金融政策の運営について、その『限界』が指摘されることがありますが、私は、そうした考えには距離を置いている」と強調。「『量』『質』『金利』の各次元での拡大は、まだ十分可能だと考えている。それ以外のアイデアも議論の俎上《そじょう》からはずすべきではない」とした。

黒田が「総括的な検証」をしようとしている問題意識は、ほぼ語り尽くされていた。焦点はどんな新しい政策が打ち出されるのかに移った。

イールドカーブ・コントロール

九月二一日、黒田が出した答えは「イールドカーブ・コントロール」という政策であった。「より柔軟にその時々の経済・物価・金融情勢に対応できるようにする。これによって、この緩和政策には持続性があって、物価目標二％を必ず実現する、そのための手段が十分あることをはっきりと示す」

黒田が会見でこう胸を張る「イールドカーブ・コントロール」とは一体、何なのか。

「イールドカーブ（利回り曲線）」とは、償還までの残存年数の異なる金利（利回り）を線で結んでグラフにしたものだ。ふつうは残存年数が短いほど金利は低く、長くなればなるほど高くなるため、右上がりの曲線となるはずだ。

ところが、一月にマイナス金利を導入して以来、投資家はマイナス金利を避けるために、マイナスではないところを探っていく。その行動がどんどん広がり、あらゆる金利が低下していた。

深刻なのは満期一〇年の新発国債に代表される長期金利だった。日銀は当初、起点となる短期金利をマイナスにしても、そこから期間が長くなるにつれ、ある程度のプラス金利を維持できると想定していた。だが、実際には、本来右上がりの曲線となるはずのイールドカーブがフラット化し、長期金利もマイナスになってしまった。

一番困ったのは、生命保険会社である。保険契約は二、三〇年の長期にわたるため、それに対応した長期国債を中心に資産運用をしている。ところが、長期金利がマイナスになり、逆ざやが生じるようになった。国債を大量保有する銀行の収益も圧迫し、貸し出し態度などにも影響を及ぼしていた。

日銀企画局はこのころ、国債の買い入れや保有について、償還までの残存年数別に、金融市場にどのような影響を与えているのかを調べていた。すると、デフレ脱却のカギを握る「需給ギャップ」（国内の供給力と需要の強さの差分）の縮小に効く国債の中心年数は「三年」、円安に導く「為替」に効果があるのは「一〇年まで」という分析結果が出た。

日銀はそれまで、購入する国債の償還までの残存年数が長ければ長いほど、その分だけ、人々のインフレ期待を高める効果は高いと考えてきた。

しかし、今回の調査結果に基づけば、必ずしも、長ければ良いという単純なものではないと分かった。むしろ一〇年より短い国債をたくさん買って深掘りをした方がデフレ脱却に効果が高く、一〇年より長い超長期国債の金利を下げる必要はない、ということになる。

ただ、大きな問題が二つあった。

一つは、長期金利全体をコントロールできるのか、である。

日銀はもともと、長期金利を「思いのままに動かすことができない」としてきた。長い期間のものになればなるほど、人々の将来のインフレ予想など不確定要素に左右されるためだ。

だが、日銀は異次元緩和を始めてから、長期国債を大量に買い入れており、長期金利を大幅に下げることに成功していた。国債市場は、日銀が最大の「機関投資家」となる官製マーケットになっており、コントロールすることは不可能ではないと考えた。

加えて、日銀は確実にイールドカーブをコントロールするため、新たに指定する利回りによる国債買入れ、いわゆる「指し値オペ」を導入することにした。こうしたツールをそろえたことで、短期金利と同じ

図表7-3｜イールドカーブ（利回り曲線）・コントロールのイメージ

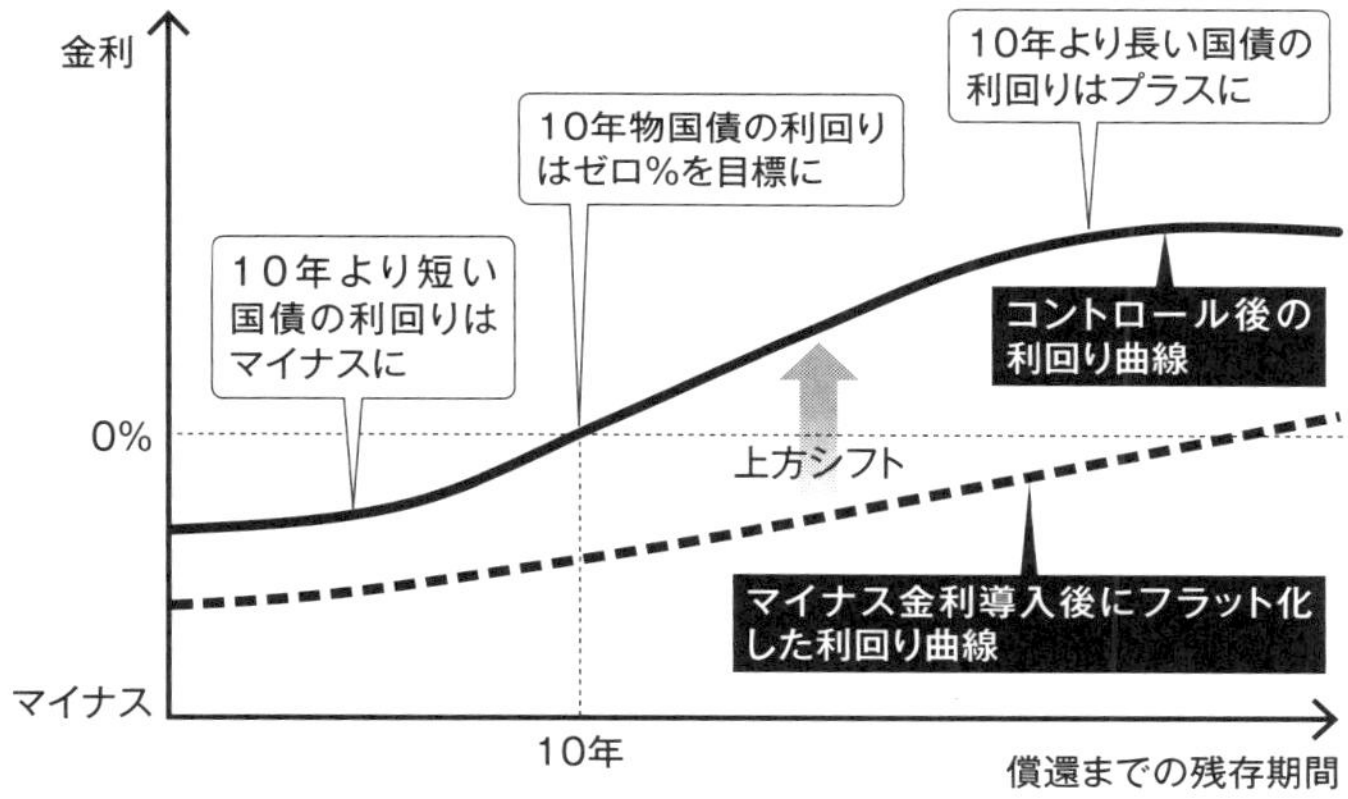

※日銀の公表資料をもとに筆者作成

ように操作できるとは言えないものの、「残存年数が一〇年までなら、ある程度、コントロールはできる」という結論に達した。

日銀は「現状程度のイールドカーブをイメージして」短期金利を〇・一%、一〇年物国債金利をゼロ%程度と決めた。

もう一つは、異次元緩和の根幹である「マネタリーベース・コントロール」との関係である。

二〇一三年四月に導入した「量的・質的金融緩和」は、金融市場調節の操作目標を、それまでの「短期金利」から「市場に流すお金の量」へと変更した。「金利」ではなく「量」に変更することで、市場や人々の「物価が上昇する」という期待を高める狙いがあった。

「イールドカーブ」は短期から長期をすべて含む「金利」そのものである。「金利」をコントロールする目標にする場合、「国債の買い入れ量」を上下させて調整せざるを得ない。つまり、本来であれば、両方を同時に目標にすることは難しい。

そこで、日銀は国債買い入れ量を弾力化した。これまでの「年八〇兆円」から「年八〇兆円をめど」と表現を変えたのである。

「国債の買入れを減らすということもあり得るのか」

「今回の政策変更はテーパリング（量的緩和を終了させるために、金融資産の買い入れ額を順次減らす）に向けた動きなのか」

二一日の記者会見。「八〇兆円を『めど』」の真意について、質問が集中した。

黒田は「テーパリングではありません。消費者物価指数が安定的に二％を超えるまでマネタリーベースの拡大方針を継続する」と反論した。ただ、こうも語っている。

「将来こういったイールドカーブを実現するために必要な国債の額は、その時々の経済、物価あるいは金融情勢によって上下する。あくまでも、イールドカーブが最も適切な形になるように、国債の買入れを続けていく」

日銀はこの時点で、四〇〇兆円近い長期国債を保有しており、そう遠くない将来、同じベースで買い続けることは難しくなる。このため、金融緩和の縮小という印象を与えないようにしながら、「国債買い入れ量」を目標とする政策をフェードアウトする必要があった。

黒田は、異次元緩和を少しでも持続可能なものにするために、ふたたび「目標」と「手段」を入れ替え、「量的緩和」から伝統的な「金利政策」へと復帰する布石を打ったのである。

九月三〇日、日銀本店。黒田はカナダ銀行・日本銀行共催のワークショップで、カナダ人作家モンゴメリの小説『赤毛のアン』から、アンのこんな言葉を引用した。

「これから発見することがたくさんあるってすてきだと思わない？　もし何もかも知っていることばかりだったら、半分もおもしろくないわ（Isn't it splendid to think of all the things there are to find out about?... It wouldn't be half so interesting if we knew all about everything）」

試行錯誤の末の「イールドカーブ・コントロール」導入だった――。そんな黒田の心情がにじみ出ていた。そして、黒田はこう付け加えた。

「アンの言葉は、日々、新しい知恵や解決策、政策ツールを見つけ出そうと多大な努力を続けている全ての中央銀行職員とエコノミストにとって大きな励ましとして心に響く」

一カ月余り過ぎた一一月一日、黒田は展望レポートを公表した。二％の物価目標の達成時期を「二〇一七年度中」から「二〇一八年度ごろ」に先送りした（先送り五回目）。黒田の総裁任期は二〇一八年四月八日である。任期中には物価目標を達成できないという告白であった。

黒田はこの日の記者会見で、自らの責任について、記者から質問攻めに遭う。だが、黒田は責任を認めなかった。

黒田は「二年で実現できなかったことは残念ではあります」と述べたものの、「元々、わが国の成長率あるいは物価上昇率が先行きどうなるかということと私自身の任期の間には、特別な関係はない」と開き直った。

このままのやり方で本当に物価目標上昇率二％を達成できるのか、そもそも二％という目標設定は正しいのか――。さまざまな議論が巻き起ころうとしていた。

首相ブレーンらの変節

「イールドカーブ・コントロール」導入を決めた二一日、あるブログに書き込まれたコメントが波紋を呼んでいた。

「黒田総裁はいわゆる『ヘリコプター・マネー』のような、明白な財政ファイナンスには反対の意思を示している。ヘリコプター・マネーをどう定義するかは論争がある。だが、政府の借入金利を無期限にゼロとする政策には、その要素はある」

ブログの筆者は、米連邦準備制度理事会（ＦＲＢ）のベン・バーナンキ前議長。中央銀行界の大物が、「イールドカーブ・コントロール」と「ヘリコプター・マネー」との類似性を指摘したのである。

バーナンキが具体例として挙げたのが、第二次世界大戦のときの米国である。

一九四一年一二月に真珠湾攻撃を受けた米国では、巨額の戦費調達が必要になるという見方から、財政赤字の拡大の懸念が高まり、米国国債の長期金利の上昇圧力が高まった。翌一九四二年二月、米財務省とＦＲＢが協議。財務省が二・五％を金利の上限として国債を発行し、ＦＲＢが国債買入れなど市場操作により、政府の戦費調達に協力することを約束した。

バーナンキはこの米国の例を引き合いに、日銀が満期一〇年の長期金利をゼロ％程度に誘導する目標が「最も驚き、興味深い点だ」と指摘。「もし、日銀がさらに償還期限の長い日本国債に目標を設定するようになれば、類似性はより明白になるだろう」とも記した。

バーナンキは七月に安倍晋三首相と面会している。このため、市場には「ブログの書き込みは示し合わせたものではないか」という臆測が飛び交うこととなった。

バーナンキの「見方」は、当たっていた。

「僕は、状況が変われば意見を変える。君はそうしない？」

首相の経済ブレーン、浜田宏一内閣官房参与は、英国の経済学者ケインズのこんな言葉で始まる論考を一二月九日発売の『文藝春秋二〇一七年新年特別号』に寄せた。

『アベノミクス』私は考え直した」と題した論考には、浜田の心境の変化が綴《つづ》られていた。

浜田はこれまで「デフレはマネタリー（貨幣的）な現象」だとして、「市場の通貨供給量を増やせばインフレを起こすことができる」と主張してきた。しかし、異次元緩和を開始してから四年近くが過ぎても、足元の物価はマイナスにとどまっていた。

浜田はその原因を「財政とセットで行っていないからだ」と分析。「財政政策を、金融緩和の手助けに使った方が良い」として、「金融と財政の合体」を言い出したのだ。

浜田の「変心」に影響を与えたのが、八月にノーベル賞経済学者のクリストファー・シムズ米プリンストン大学教授が報告した論文だった。

シムズの理論は、物価水準は人々が国家財政の先行きをどう見るかで決まる、という「物価水準の財政理論（FTPL）」に基づく。それに従うと、政府が財政再建の努力をやめ、インフレを生むように意図し、財政赤字を増やしていけば、インフレが起きる。インフレで政府の借金は実施的に目減りし、財政赤字が解消できる、というものだ。

浜田はシムズ理論を引用しつつ「インフレ目標と消費増税は〝二つで一つ〟と考えて、連動させる」べきだと説いた。「(二％の物価）目標が達成できない場合、消費増税はずっと凍結し続ける」よう求めたのである。

浜田はこうした考え方の変化をメールにまとめ、安倍に送っている。

「昨年の伊勢志摩サミットのとき、消費税率一〇%への引き上げを延期したことは正しい判断だった」

翌二〇一六年一月六日、首相官邸。安倍は、米著名投資家のジョージ・ソロスからこんな言葉をかけられると、うれしそうな表情を浮かべた。

ソロスは元英金融サービス機構（FSA）長官のアデア・ターナーを連れていた。ターナーはソロスが設立した新経済思考研究所（INET）の所長をつとめ、「ヘリコプター・マネー」政策を提唱している。

ターナーは安倍にこう言った。

「二%の緩やかなインフレに届かない限り、さらなる財政刺激を約束したらどうか。いまの経済状況では、金融政策だけでは（目標達成に）限界がある」

ターナーは日銀だけではなく、政府にも物価目標にコミットするよう主張したのだ。二%に達するまで、政府が国民にお金を配ったり、公共事業を実施し、逆に景気を冷やしてしまう消費税率引き上げなどの増税はすべて封印するよう求めた。

ターナーはお金の調達方法も提案した。返済期限のない無利子永久国債の発行をするよう求めたのである。日銀がこれを保有しつづければ、政府は利払いや返済を気にする必要がなくなる。日銀が買い増し続けてくれれば、政府はいくらでもお金を得られ、使える。

政府・日銀の共同作業による「打ち出の小槌《こづち》」のような提案だった。ターナーは後日、三枚の紙にまとめた提案を首相側に届けたという。

「金融」から「財政」へ。首相周辺の提案はほぼ同じ内容だった。

与党内の異変

六月九日に閣議決定された「骨太の方針二〇一七」のある文言が話題を集めていた。

「幼児教育・保育の早期無償化や待機児童の解消に向け、財政の効率化、税、新たな社会保険方式の活用を含め、安定的な財源確保の進め方を検討し、年内に結論を得（る）」

少子化対策の財源として、年金、医療、労働、労災、介護に続く六番目の「新たな社会保険」の導入を検討するというのだ。小泉進次郎ら自民党の若手議員の「こども保険」構想を反映したものだった。

この構想の源流は、二〇一五年一二月にさかのぼる。このころ、前年の消費増税の影響に加え、夏には中国発の世界同時株安が発生し、個人消費が非常に弱い状態が続いていた。

内閣官房参与の本田悦朗ら首相ブレーンは安倍に、低所得者に一時的に現金を配り、政府が直接、消費を喚起する政策を提案した。安倍はこの提案を受け入れ、特に消費が冷え込んでいる低年金の高齢者約一二五〇万人を対象に、一人当たり三万円の臨時給付金を配る経済対策を打ち出した。二〇一五年度補正予算案には、事務費を含め、三千億円以上が計上されることになった。二〇一六年夏に控えた参院選の対策でもあった。

これに異論を唱えたのが小泉であった。小泉は自民党の厚生労働部会などの合同会議に出席し、こう訴えた。

「子育て世代にまわす予算はないと言いながら、首相が音頭をとれば、高齢者向けなら簡単にお金が出てくる。不公平だし、おかしいのではないか」

小泉に続いて多くの若手議員が給付金への異論を唱えるようになり、党の了承手続きが進められない状況に陥った。このため、稲田朋美政調会長は補正予算の承認と引き換えに、若手が中心になって社会保障の将来像を議論する小委員会の新設を提案し、収拾を図ったのである。

この小委員会は「チーム小泉」と呼ばれるようになり、村井英樹や小林史明ら三〇代半ばの若手議員が集うようになる。「チーム小泉」が二〇一六年四月に最初に公表したのが「レールからの解放」という提言だった。「人生一〇〇年時代」を見据え、「二〇年学び、四〇年働き、(定年後の)二〇年休む」という従来の人生観をぶちこわし、「二二世紀を見据えた新しい社会モデルを、私たちの世代で創っていきたい」と結んでいる。

小泉らが第二弾として取り組んだのが教育財源である。

そのきっかけは、安倍の二〇一七年一月二〇日の施政方針演説であった。

「どんなに貧しい家庭で育っても、夢を叶えることができる。そのためには、誰もが希望すれば、高校にも、専修学校、大学にも進学できる環境を整えなければなりません」

この演説を契機に、給付型奨学金の拡充など、教育負担の軽減が政治課題に浮上した。

自民党内には、下村博文幹事長代行ら文教族を中心に「教育国債」を発行して、そこで得られたお金を財源に教育予算を拡充すべきだという考え方が多かった。

小泉らは、これに異議を唱えた。この国の将来を支える子供たちの育成を、国債発行という「借金」に頼ってしまえば、その借金を返済するのも、納税者になった若者自身ということになる。手厚い福祉のある高齢者に比べて、あまりに不公平だという憤りがあった。

小泉らが構想した「こども保険」は、勤労者と事業者の年金の保険料を上乗せして財源を確保し、未就学児の教育費用の軽減を図ろうというという提案だ。消費増税という選択もあるのに、あえて保険方式を選んだのは、消費増税への国民の拒絶反応が強く、政治家も増税延期の易《やす》きに流れがちで、なかなか実現しない点にある。次世代育成のためという目的が明確なら、国民はある程度の負担増を受け入れると考えた。

小泉らは、国債発行という借金を元手に、財政出動を続ける安倍政権の姿勢に、一石を投じ、次世代にこれ以上ツケ（＝借金）を回さないよう求めた。この運動が自民党内で草の根のように広がり、茂木敏充政調会長も無視できなくなった。そこで、茂木が「こども保険」の検討を骨太の方針に盛り込むことを決めた。

今回の骨太の方針には、もう一つ、波紋を呼んだ文言がある。それが、財政再建目標である。

これまで、安倍は二〇二〇年度に基礎的財政収支（プライマリーバランス＝ＰＢ）を黒字化するという目標を掲げてきた。骨太の方針二〇一七はこれを維持する一方、「債務残高対ＧＤＰ（国内総生産）比の安定的な引き下げを目指す」との新たな指標を盛り込んだ。新指標をＰＢ黒字化と並列に書き込むよう指示したのは、安倍本人である。

ＰＢ黒字化は、新たな借金に頼らずに政策経費を賄えている状態を指す。そのためには、大幅な税収増を図るか、それが無理であれば、歳出をカットする必要がある。

一方、新たな指標は、一国の経済規模に対する国の借金残高の割合である。だが、仮に国が借金を増やし続けても、名目ＧＤＰがそれを上回るように増えていけば、数値が下がっていく。安倍は「名目ＧＤＰ六〇〇兆円」を目標に掲げており、「経済成長頼み」の姿勢を助長してしまう恐れもある。

ＰＢ黒字化は二〇一九年一〇月に消費税率八％から一〇％へと引き上げることを前提としている。ただ、安倍はこれまで二回、消費税率一〇％への引き上げを延期している。さらに、浜田宏一ら首相ブレーンは、物価上昇率が二％になるまで、消費増税を「凍結」するよう求めている。

二度あることは三度ある。二〇一八年中に、ふたたび消費増税の延期を表明して、ＰＢ黒字化目標も放棄する。骨太の方針はその布石なのではないか――。永田町には、そんな観測が流れ始めた。

こうした安倍の動向に危機感を募らせた自民党ベテラン議員の動きも活発化した。

五月一六日、自民党税制調査会最高顧問の野田毅は自らが代表発起人となり、「財政・金融・社会保障制度に関する勉強会」を立ち上げた。呼び掛け人には、中谷元元防衛相、野田聖子元党総務会長の二人が名を連ね、衆参の約六〇人の議員が出席した。

野田毅は初会合でこう訴えた。

「財政破綻の足音が聞こえてきている。日銀が発行残高の五割に当たる国債を引き受けている状況は異常だ。このまま放置するわけにはいかない。現状をまずは確認し、どう乗り越え、政治で実現するか、必ず問われるタイミングが来る」

アベノミクスに批判的な財務省出身の田中秀明明大教授や元日銀理事の早川英男らを講師に招いたことから、「反アベノミクス議員連盟」と呼ばれるようになる。六月一五日の第二回会合には、ポスト安倍に意欲を見せる石破茂も姿を見せた。

二〇一八年四月には黒田東彦総裁が任期満了を迎え、その年の秋には三年に一度の自民党総裁選がある。そこに照準を合わせた政局が始まっていた。

債務超過論争

二月一五日、元日銀副総裁の岩田一政は、自民党本部の一室にいた。自民党行政改革推進本部（本部長・河野太郎現外相）の「Ye Doomsday Project」という会合に講師役で呼ばれたのである。岩田は三、四〇人の議員を前に、こう力を込めた。

「本来は、異次元緩和を始める前に、政府・日銀がルールを定めておくべきだった。市場を混乱させせないためにも、いまからでも遅くないので、日銀が公開の場で異次元緩和のリスクを説明し、ルールをつくるべきだ」

岩田が言うルールとは、独立採算で運営している日銀が損失を発生させたときに、どのようにするか、という処理方法のことである。

旧日銀法には「（利益や積立金などが）毎事業年度に生じた損失を補塡《ほてん》するに不足する場合には、政府は、その不足額に相当する金額を補給しなければならない」（附則第七八条⑨）という規定があった。だが、新日銀法では日銀側の申し出によって、削除された。

二％の物価上昇率を目指して、日銀は二〇一三年四月の異次元緩和をはじめ、民間銀行から国債を買い、その代金として市中の銀行に大量の資金を供給してきた。当初は達成期限を「二年」としてきたが、五年目に入っても、目標達成の見通しは立たない。その結果、日銀の保有国債残高は名目ＧＤＰに匹敵する四〇〇兆円を超え、緩和前の三倍超になった。かつてない量の国債を抱える中、緩和を終える「出口戦略」のリスクを指摘する声が強まっている。

日銀が「出口戦略」を進めるときに債務超過に陥り、政府から資本注入が必要になるのではないか——。河野らは、金融政策と財政とのかかわりについて、頭の体操をしておく必要があると考えていた。「Yen Doomsday Project」はその検討の場であった。

日銀のもくろみ通りに景気が良くなり、物価も上がり、「出口」を迎える時は、ふつうは金利も上がる。日銀はいま、超低金利で大量の国債を買っている。高値で国債を買っている格好だ。しかし金利が上がれば、保有国債の価値は下がり、「含み損」を抱えてしまう。

日銀出身の深尾光洋武蔵野大教授は、この「含み損」を試算した。日銀が保有する国債の償還までの平均残存期間を八年と仮定し、日銀が今のペースで国債を買い増せば、日銀が抱える「含み損」は二〇一八年に、金利一%幅の上昇で四二兆円、二%幅の上昇だと八四兆円となる。二〇二〇年は一%で五五兆円、二%で一〇九兆円となる、とはじいた。

深尾によれば、含み損が四〇兆円を超えると、日銀は事実上の債務超過に陥ると指摘する。日銀が銀行券を発行することで得られる「通貨発行益」を超えてしまうからだ。

深尾は「異次元緩和を長く続ければ続けるほど、債務超過に陥るリスクは高まる。通貨円を発行する日銀の財務悪化は円の信用低下につながり、急速な円安や物価高騰などを通じて、国民生活に打撃を与える可能性もある」と話す。

日銀は決算で保有国債を時価評価しておらず、損失がすぐ表面化することはない。含み損を抱えた国債を売れば、損が表面化するが、満期まで持てば一定の利回りは得られる。しかし、日銀が事実上、多額の損失を抱えていると見られかねない。

もし、そうなったときに、どんな手があるのか。

図表7-4｜日銀が保有国債で抱える含み損の試算

	金利上昇幅			
	1%	2%	3%	4%
2017年	35兆円	71兆円	106兆円	141兆円
2018年	42兆円	84兆円	125兆円	167兆円
2019年	48兆円	96兆円	144兆円	193兆円
2020年	55兆円	109兆円	164兆円	218兆円

※深尾光洋武蔵野大教授が試算。国債の平均残存期間は8年を想定

一つ目は、政府がほかの政府系金融機関を支援するときのように増資をする方法である。ただ、日銀の資本構成は日銀法に定められており、増資するときには法改正が必要となる。

二つ目は、民間の銀行が日銀に無利子で預ける預金の法定準備率を引き上げる手だ。いやがる銀行に無理やりお金を預けさせ、引き出せなくする、事実上の銀行課税とも言える。だが、その結果、銀行経営が悪化すれば、金融システムが不安定になるリスクも高まる。

三つ目は、会計処理で乗り切る。日銀が将来得られると見込む通貨発行益を「繰り延べ資産」として計上し、数十年かけて解消していく方法だ。だが、これも可能かどうかのルールはない。こうした会計上の資産が増えすぎれば、日銀が景気悪化や金融危機に対処する力が失われかねない。

自民党行政改革推進本部は四月一九日、「日銀の金融政策についての論考」と題した

提言をまとめ、菅義偉官房長官に提出した。この提言の原案は、本部長の河野からの依頼で、日銀出身の小倉將信衆院議員が書いた。提言は、金融緩和が終わる「出口」で日銀が多額の損失を抱えたり、国の財政に悪影響を与えたりするリスクがあると指摘。政府には財政健全化や、日銀が債務超過に陥った際の対応の検討を求めている。

一方、仮に日銀が債務超過に陥ったとしても、ふつうの民間企業ではなく、倒産するわけではないので、まったく問題ないと主張する人たちもいる。アベノミクスを生んだリフレ派の人々や、いまの日銀の執行部はこの立場である。

原田泰審議委員は六月一日、岐阜市で開かれた岐阜県金融経済懇談会や、その直後の記者会見で、こう語った。

「(日銀の決算が)仮に赤字になっても短期的なもので、将来的には改善する」

「日銀はふつうの企業ではないので、債務超過であるとか、あるいは赤字であるとかを気にする必要はない」

岩田規久男副総裁も六月八日の参院財務金融委員会でこう述べている。

「将来、経済・物価情勢が好転して、日本銀行が当座預金に対する付利金利を引き上げる場合には、長期金利も相応に上昇すると考えられる。当座預金に対する支払利息が増加する一方で、日本銀行の保有の国債についてもより高い利回りの国債に順次入れ替わっていく。そのため、受取利息も増加する。出口の過程における日本銀行の収益に対する影響については、支払利息の増加だけでなく、受取利息の増加も含めて、バランスシート全体で考える必要がある」

つまり、景気が良くなって、異次元緩和を終わらせようとする局面になれば、金利は上がる。そうすれば、日銀が保有する国債から得られる利回りも上がるので、日銀の財務が決定的に悪化することは考えられないという説明だ。

二〇一七年四月の消費者物価指数（生鮮品を除く）の上昇率は〇・三％と、目標の二％に遠く及ばない。黒田東彦総裁は六月一六日の会見で「まだ二％の『物価安定の目標』には道半ば、まだ遠いということですので、（異次元緩和の）正常化や出口を議論すべき状況になっていない」と強調。目標達成後に金融緩和を縮小する「出口戦略」についても「現時点で具体的なシミュレーションを示すことは、却《かえ》って混乱を招く恐れがあるために難しいし、あまり適当ではない」と回答を避けた。

翌七月二〇日、黒田は金融政策決定会合で、物価が安定的に二％に達する時期について「一八年度ごろ」から「一九年度ごろ」へと一年先送りした（先送り六回目）。当初の「二年で二％」という「短期決戦」を想定していた政策は、丸七年以上続くことが確実になった。

五年目を迎えた異次元緩和。いつ終えられるのか、それは誰にも分からない。

あとがき

本書の目的は、特定の政策を称賛あるいは断罪したり、是非を問うたりすることではない。政策が誰の手により提唱され、どのような力学で決められ、実行されていったのかを克明に記録することである。リアルな決定プロセスに迫るため、本書を書くにあたっては、日銀関係者とともに、政治家や官僚の取材を重視した。

取材においては、匿名を条件に証言をしてくださった方も多い。取材に協力してくださった多くの方々に、この場を借りて、厚く御礼を申し上げたい。本書の出版を認めてくれた丸石伸一経済部長と、その時々に一緒に取材した朝日新聞の記者の仲間には、感謝している。朝日新聞出版の編集者、三宮博信氏と佐竹憲一郎氏の二人からは、価値ある本にするために、さまざまなアドバイスをいただいた。この場を借りて、厚く御礼を申し上げたい。そして、最後に、この本を手にとってくださった皆さんに、感謝したい。分かりにくい金融政策の決定プロセスを、少しでも具体的にイメージしていただけたら、と願っている。

二〇一七年夏　蟬の鳴き声が聞こえる日に

鯨岡仁

参考文献

朝日新聞
経済財政諮問会議　議事録　議事要旨
各種会見録・講演録
金融政策決定会合議事録（一九九八年四月～二〇〇六年一二月）
金融政策決定会合議事要旨（二〇〇七年一月～）

安倍晋三『新しい国へ――美しい国へ　完全版』文春新書、二〇一三年
甘利明『日本の底力――一〇〇年に一度の奇跡を起こせ！』角川書店、二〇〇九年
池尾和人『連続講義・デフレと経済政策』日経ＢＰ社、二〇一三年
伊藤茂『動乱連立――その渦中から』中央公論新社、二〇〇一年
伊藤裕香子『消費税日記――検証 増税７８６日の攻防』プレジデント社、二〇一三年
岩田一政『デフレとの闘い』日本経済新聞出版社、二〇一〇年
岩田一政『量的・質的金融緩和』日本経済新聞出版社、二〇一四年
岩田規久男「『日銀理論』を放棄せよ」『週刊東洋経済』一九九二年九月一二日号
岩田規久男『昭和恐慌の研究』東洋経済新報社、二〇〇四年
岩田規久男「日銀・白川総裁を解任せよ」『Ｖｏｉｃｅ』二〇一二年七月号
植田和男『ゼロ金利との闘い――日銀の金融政策を総括する』日本経済新聞社、二〇〇五年

植田和男「マネーサプライ動向の『正しい』見方」『週刊東洋経済』一九九二年一二月一二日号
梅田雅信『日銀の政策形成――「議事録」等にみる、政策判断の動機と整合性』東洋経済新報社、二〇一一年
大塚耕平『公共政策としてのマクロ経済政策』成文堂、二〇〇四年
翁邦雄「『日銀理論』は間違っていない」『週刊東洋経済』一九九二年一〇月一〇日号
加藤出『日銀、「出口」なし！』朝日新書、二〇一四年
軽部謙介『ドキュメント ゼロ金利――日銀VS政府 なぜ対立するのか』岩波書店、二〇〇四年
河村小百合『中央銀行は持ちこたえられるか――忍び寄る「経済敗戦」の足音』集英社新書、二〇一六年
黒田東彦『元切り上げ』日経BP社、二〇〇四年
黒田東彦『財政金融政策の成功と失敗――激動する日本経済』日本評論社、二〇〇五年
黒田東彦『通貨外交』東洋経済新報社、二〇〇三年
黒田東彦『通貨の興亡――円、ドル、ユーロ、人民元の行方』中央公論新社、二〇〇五年
後藤謙次『ドキュメント 平成政治史』一～三巻、岩波書店、二〇一四年
塩野宏（監修）『日本銀行の法的性格――新日銀法を踏まえて』弘文堂、二〇〇一年
塩谷隆英『経済再生の条件――失敗から何を学ぶか』岩波書店、二〇〇七年
清水功哉『日銀はこうして金融政策を決めている――記者が見た政策決定の現場』日本経済新聞社、二〇〇四年
清水真人『経済財政戦記――官邸主導 小泉から安倍へ』日本経済新聞出版社、二〇〇七年
清水真人『消費税 政と官との「十年戦争」』新潮社、二〇一三年
白川方明『現代の金融政策――理論と実践』日本経済新聞出版社、二〇〇八年
シルバー、ウィリアム『伝説のＦＲＢ議長 ボルカー』ダイヤモンド社、二〇一四年

鈴木淑夫『試練と挑戦の戦後金融経済史』岩波書店、二〇一六年
須田美矢子『リスクとの闘い――日銀政策委員会の一〇年を振り返る』日本経済新聞出版社、二〇一四年
須藤功『戦後アメリカ通貨金融政策の形成――ニューディールから「アコード」へ』名古屋大学出版会、二〇〇八年
澄田智『忘れがたき日々七十五年――澄田智回想録』金融財政事情研究会、一九九二年
竹中平蔵『構造改革の真実　竹中平蔵大臣日誌』日本経済新聞社、二〇〇六年
田中隆之『アメリカ連邦準備制度（FRS）の金融政策』金融財政事情研究会、二〇一四年
富田俊基『国債の歴史』東洋経済新報社、二〇〇六年
中川秀直『上げ潮の時代　GDP一〇〇〇兆円計画』講談社、二〇〇六年
中原伸之『デフレ下の日本経済と金融政策――中原伸之・日銀審議委員講演録』東洋経済新報社、二〇〇二年
中原伸之（聞き手・構成＝藤井良広）『日銀はだれのものか』中央公論新社、二〇〇六年
西野智彦『検証　経済迷走――なぜ危機が続くのか』岩波書店、二〇〇一年
西野智彦『検証　経済暗雲――なぜ先送りするのか』岩波書店、二〇〇三年
野口旭『世界は危機を克服する――ケインズ主義2・0』東洋経済新報社、二〇一五年
野田佳彦『民主の敵――政権交代に大義あり』新潮新書、二〇〇九年
浜田宏一『アメリカは日本経済の復活を知っている』講談社、二〇一二年
浜田宏一「『アベノミクス』私は考え直した」『文藝春秋』二〇一七年新年特別号
浜田宏一・若田部昌澄・勝間和代『伝説の教授に学べ！　本当の経済学がわかる本』東洋経済新報社、二〇一〇年
速水優『中央銀行の独立性と金融政策』東洋経済新報社、二〇〇四年

速水優『強い円　強い経済』東洋経済新報社、二〇〇五年
原田泰・齊藤誠（編著）『徹底分析 アベノミクス』中央経済社、二〇一四年
藤井彰夫『イエレンのＦＲＢ――世界同時緩和の次を読む』日本経済新聞出版社、二〇一三年
藤井聡『プライマリー・バランス亡国論』育鵬社、二〇一七年
藤田勉『安倍晋三の経済政策を読む』インデックス・コミュニケーションズ、二〇〇六年
藤原作弥『素顔の日銀副総裁日記』集英社、二〇〇三年
船橋洋一『通貨烈裂』朝日新聞社、一九八八年
松尾匡『ケインズの逆襲、ハイエクの慧眼――巨人たちは経済政策の混迷を解く鍵をすでに知っていた』ＰＨＰ新書、二〇一四年
三重野康『利を見て義を思う――三重野康の金融政策講義』中央公論新社、二〇〇〇年
山本幸三『日銀につぶされた日本経済』ファーストプレス、二〇一〇年
山脇岳志『日本銀行の深層』講談社文庫、二〇〇二年
山脇岳志『日本銀行の真実――さまよえる通貨の番人』ダイヤモンド社、一九九八年
吉川洋『デフレーション――〝日本の慢性病〟の全貌を解明する』日本経済新聞出版社、二〇一三年
吉野俊彦『歴代日本銀行総裁論――日本金融政策史の研究』講談社学術文庫、二〇一四年
米澤潤一『国債膨張の戦後史――１９４７～２０１３　現場からの証言』金融財政事情研究会、二〇一三年
若田部昌澄『経済学者たちの闘い――脱デフレをめぐる論争の歴史』東洋経済新報社、二〇一三年
Bernanke, Ben S. *The Courage to Act: A Memoir of a Crisis and Its Aftermath*, W W Norton & Co Inc, 2015

Geithner, Timothy F. *Stress Test: Reflections on Financial Crises,* Broadway Books, 2015

Greenspan, Alan *The Age of Turbulence* (Asian Export Edition), Penguin Pr, 2007

Krugman, Paul R. "It's Baaack! Japan's Slump and the Return of the Liquidity Trap", Brookings Papers on Economic Activity, 1998

Kuttner, Kenneth N. and Patricia C. Mosser "The Monetary Transmission Mechanism: Some Answers and Further Questions", *Economic Policy Review,* Vol. 8, No. 1, 2002

Paulson, Henry M. *On the Brink,* Grand Central Publishing, 2010

Reinhart, Carman M. and Kenneth S. Rogoff *This Time Is Different: Eight Centuries of Financial Folly,* Princeton Univ Pr, 2009

Rogoff, Kenneth S. *The Curse of Cash,* Princeton Univ Pr, 2016

Rubin, Robert and Jacob Weisberg *In an Uncertain World: Tough Choices from Wall Street to Washington,* Random House Trade Paperbacks, 2004

Sorkin, Andrew Ross *Too Big to Fail: The Inside Story of How Wall Street and Washington Fought to Save the Financial System—and Themselves,* Penguin Books, 2009

Taylor, John B. *Global Financial Warriors: The Untold Story of International Finance in the Post-9/11 World,* W W Norton & Co Inc, 2008

本書関連年表

西暦	日本銀行の動き	政治・経済の動き	日銀総裁	首相
一九九六年		一月　橋本龍太郎内閣発足	松下康雄	橋本龍太郎
		二月　自民、社民、新党さきがけの連立与党の大蔵省改革プロジェクトチーム（PT）が初会合		
		四月　大蔵省改革PTのメンバーが日銀本店を訪ね、松下康雄総裁と会談		
		六月　大蔵省改革PTが報告書「新しい金融行政・金融政策の構築に向けて」（案）を橋本龍太郎首相に提出		
		七月　橋本龍太郎首相が私的諮問機関「中央銀行研究会」を設置し、初会合		
		二月　中央銀行研究会が「中央銀行制度の改革――開かれた独立性を求めて」と題した最終報告書		
		二月　金融制度調査会が日銀法改正小委員会を設置。日銀法の改正に向けた審議を開始		
一九九七年		二月　金融制度調査会が「日銀法改正に関する答申」を三塚博蔵相に提出		

一九九八年

三月　日本銀行営業局証券課長が収賄容疑で逮捕

三月　松下康雄日銀総裁、福井俊彦副総裁辞任。速水優が日銀総裁、藤原作弥が副総裁に就任

四月　山口泰が副総裁に就任。新日銀法下の体制整う

九月　無担保コール翌日物金利（短期金利）を〇・二五％前後に引き下げ

三月　日本銀行法改正案を国会に提出

四月　消費税率が三％から五％に

六月　改正日銀法が成立

七月　タイ政府が通貨バーツの変動相場制に移行を決定。「アジア通貨危機」に

一一月　三洋証券が会社更生法適用を申請

一一月　北海道拓殖銀行が経営破綻。北洋銀行に営業譲渡

一一月　山一證券、自主廃業

四月　新日本銀行法施行

六月　欧州中央銀行（ECB）が発足

七月　参院選で自民党大敗

七月　小渕恵三内閣発足

八月　ロシア、ルーブルの切り下げと民間対外債務の九〇日間支払い猶予を宣言。「ロシア財政危機」が発生

一〇月　金融再生関連四法が成立

速水優

小渕恵三

年	月	事項	月	事項	首相
			一〇月	政府、日本長期信用銀行の特別公的管理を決定	
一九九九年	二月	ゼロ金利政策導入を決定	六月	経済企画庁が「ゼロインフレ下の物価問題検討委員会報告書」を公表	
	四月	時間軸政策を導入			
	九月	「当面の金融政策運営に関する考え方」を公表			
二〇〇〇年	四月	速水総裁、記者会見でゼロ金利解除を示唆	四月	森喜朗内閣発足	森喜朗
	八月	ゼロ金利を解除。短期金利を〇・二五％水準に戻すと決定	六月	衆院選	
			七月	そごう自主再建を断念、民事再生法適用を申請	
			一一月	米大統領選。ジョージ・W・ブッシュ（共和党）が勝利	
二〇〇一年	二月	公定歩合を〇・五％から〇・三五％へ引き下げ。補完貸付制度の導入も決定	一月	中央省庁再編。一府二二省庁を一府一二省庁に。大蔵省は財務省に名称変更、経済企画庁は内閣府に統合	
			一月	ジョージ・W・ブッシュ（共和党）が米大統領に就任	
			二月	えひめ丸事故	

年	月	事項
	二月	短期金利を〇・二五％から〇・一五％へと引き下げ。公定歩合も〇・三五％から〇・二五％へ
	三月	量的緩和政策を導入。金利から当座預金残高へと政策目標を切り替え、五兆円程度に設定
	八月	量的緩和を強化（一回目）。当座預金残高目標を五兆円から六兆円に。長期国債の買い入れを月四千億円から月六千億円に増額
	九月	量的緩和を強化（二回目）。当座預金残高目標を「六兆円を上回る」へ
	一二月	量的緩和を強化（三回目）。当座預金残高目標を「六兆円を上回る」から「一〇兆～一五兆円」に。長期国債の買い入れを月六千億円から月八千億円に増額
二〇〇二年	二月	長期国債買い入れを月八千億円から一兆円に増額

月	事項
三月	内閣府がディスカッションペーパー「デフレに直面する我が国経済――デフレの定義の再整理を含めて――」（岡本ペーパー）を公表
三月	麻生太郎経済財政担当相が戦後初のデフレ宣言。月例経済報告で日本経済が緩やかなデフレにあると判断
四月	小泉純一郎内閣発足
七月	参院選。自民党圧勝
九月	米同時多発テロ事件
一〇月	米国、アフガニスタンに侵攻

首相
小泉純一郎

	九月	銀行保有株式買い取り策の導入を決定
	一〇月	量的緩和を強化（四回目）。日銀、当座預金残高目標を「一〇兆～一五兆円」から「一五兆～二〇兆円」に。長期国債の買い入れを月一兆円から月一兆二千億円に増額
二〇〇三年	三月	福井俊彦が日銀総裁、武藤敏郎、岩田一政が副総裁に就任
	三月	量的緩和を強化（五回目）。当座預金残高目標を「一五兆～二〇兆円」から「一七兆～二二兆円」に拡大
	四月	資産担保証券（ABS）の買い切りオペを検討
	四月	量的緩和を強化（六回目）。当座預金残高目標を「一七兆～二二兆円」から「二二兆～二七兆円」に拡大
	五月	量的緩和を強化（七回目）。当座預金残高目標を「二二兆～二七兆円」から「二七兆～三〇兆円」に拡大

九月	内閣改造。柳沢伯夫金融担当相を更迭し、竹中平蔵経済財政担当相が金融担当相兼務
一〇月	「金融再生プログラム（竹中プラン）」を閣議決定
一月	溝口善兵衛財務官が就任
二月	みずほホールディングスが臨時株主総会。二〇〇三年三月期に二兆円の赤字の見通し。一兆円増資の方針を了承
三月	米国、イラク戦争を開始
五月	政府が金融危機対応会議を開催。りそな銀行に公的資金注入を決定

福井俊彦

年	月	日銀の動き	月	政治・経済の動き
	一〇月	量的緩和を強化（八回目）。当座預金残高目標を「二七兆〜三〇兆円」から「二七兆〜三二兆円」に拡大	九月	民主党が小沢一郎率いる自由党を吸収合併（民由合併）
			一一月	衆院選。民主党が躍進し、一七七議席獲得
二〇〇四年	一月	量的緩和を強化（九回目）。当座預金残高目標を「二七兆〜三二兆円」から「三〇兆〜三五兆円」に拡大	三月	溝口善兵衛財務官の円売りドル買いの大規模為替介入が終了。総額三五兆一七七億円に
			七月	参院選
二〇〇五年	一〇月	二〇〇六年度の消費者物価指数見通しを〇・五%に上方修正	九月	衆院選（郵政選挙）。自民党圧勝
二〇〇六年	三月	量的緩和解除を決定。ゼロ金利政策は継続。新たな金融政策運営の枠組みとして「中長期的な物価安定の理解」を提示	一月	アラン・グリーンスパンFRB議長退任。翌二月一日、ベン・バーナンキが議長に
	六月	福井総裁が過去に「村上ファンド」に一〇〇〇万円出資していた事実を公表	四月	民主党代表選。小沢一郎が代表に
	七月	短期金利をゼロから〇・二五%に引き上げ		

			七月	政府、月例経済報告から「デフレ」の文言を削除。五年四カ月ぶり
			九月	安倍晋三内閣（第一次安倍政権）が発足
二〇〇七年	二月	短期金利を〇・二五％から〇・五％に引き上げ	七月	参院選。民主党が参院第一党に。「ねじれ国会」出現
			八月	仏BNPパリバ傘下のファンドが解約凍結を公表。「パリバ・ショック」発生
			九月	福田康夫内閣が発足
			一〇月、一一月	福田康夫首相が小沢一郎民主党代表と会談 大連立騒動
二〇〇八年	三月	総裁が空席。白川方明が副総裁・総裁代行に。西村清彦が副総裁に就任		
	四月	白川方明が総裁に昇格		
	九月	米ドル資金供給オペレーションの導入。米ドルスワップ取りきめを締結	九月	米大手投資銀行リーマン・ブラザーズが経営破綻。「リーマン・ショック」発生
			九月	連邦準備制度理事会（FRB）が米保険大手アメリカン・インターナショナル・グループ（AIG）への融資を発表。救済へ
			九月	麻生太郎内閣が発足
	一〇月	山口廣秀が副総裁に	一〇月	大和生命保険が破綻

総裁	空席	白川方明
首相	安倍晋三	福田康夫	麻生太郎

	一〇月	短期金利を〇・五%から〇・三%へ引き下げ	一一月	米大統領選。バラク・オバマ（民主党）が勝利	
	一二月	臨時の金融政策決定会合で、企業金融支援特別オペレーション（特別オペ）を導入	一二月	FRBがゼロ金利政策を導入。量的緩和政策第一弾（QE1）	
	一二月	短期金利を〇・三%から〇・一%へ引き下げ			
二〇〇九年	一月	コマーシャル・ペーパー（CP）と資産担保コマーシャル・ペーパー（ABCP）を三月末まで三兆円分買い切ることを決定	一月	バラク・オバマ（民主党）が米大統領に就任	鳩山由紀夫
	二月	金融機関の保有株式買い入れ再開を決定	八月	衆院選、民主党が大勝。政権交代へ	
	二月	社債を九月末までに一兆円分買い切り、CP買い切りや「特別オペ」を九月末まで延長することを決定	九月	鳩山由紀夫内閣発足	
	三月	金融機関の資本増強支援として、総額一兆円の劣後ローン供与を決定	一一月	菅直人経済財政相、戦後二回目のデフレ宣言	
	三月	長期国債買い切りを月一兆四千億円から月一兆八千億円に増額			
	一〇月	社債・CPの買い切りを一二月末に、「特別オペ」を翌年三月末にそれぞれ打ち切り。銀行向け劣後ローンの供給を翌年一二月、銀行保有株の買い取りを翌年四月に終了することを決定			

	一二月	臨時の金融政策決定会合で「固定金利方式・共通担保資金供給オペレーション」（新型オペ）の導入を決定。貸し出し期間三カ月、資金供給額は一〇兆円
二〇一〇年	三月	「新型オペ」の資金供給量を一〇兆円から二〇兆円に増額
	五月	米ドル資金供給オペレーションの再開を決定。米・欧・日・英・カナダ・スイスの六中央銀行、金融機関にドル供給
	五月	「成長基盤強化を支援するための資金供給」の大枠提示
	六月	「成長基盤強化を支援するための資金供給」を正式決定

二月	主要七カ国財務相・中央銀行総裁会議（G7カナダ・イカルイト）で、ギリシャの政府債務危機を議論
三月	民主党「デフレから脱却し景気回復を目指す議連」第一回会合
四月	ギリシャ政府、EUのユーロ圏諸国とIMFに金融支援を正式要請
六月	菅直人内閣が発足
六月	民主党が政権公約会議（議長＝菅直人首相）で参院選マニフェストを決定
六月	菅直人首相（民主党代表）が参院選マニフェストを発表する記者会見で、当面の消費税率は「自民党提案の一〇％を一つの参考に」と発言。消費増税を提起

菅直人

	八月	「新型オペ」の資金供給を二〇兆円から三〇兆円へと増額
	一〇月	「包括的金融緩和政策」を決定。ゼロ金利政策と「資産買い入れ等の基金」三五兆円創設を表明
	一〇月	「資産買い入れ等基金」創設を正式決定
二〇一一年	三月	「新型オペ」の資金供給を二〇兆円から三〇兆円へと増額
	四月	被災地の金融機関などに低利（〇・一%）融資する制度を創設

月	
七月	参院選。与党・民主党が過半数割れ
九月	民主党代表選。菅直人が小沢一郎を破り、再選
九月	政府・日銀、六年半ぶりに円売りドル買い介入
一一月	FRBが二〇一一年六月末までに六千億ドルの米長期国債を購入し、市場に資金を供給することを決定、量的緩和策第二弾（QE2）
三月	東日本大震災・原発事故
三月	菅直人首相と谷垣禎一自民党総裁が会談
五月	超党派議連「増税によらない復興財源を求める会」準備会合を参院公邸で開催
五月	自民党議連「増税によらない復興財源を求める会」第一回会合。安倍晋三元首相がトップに

	六月	「成長基盤強化を支援するための資金供給」の融資枠の増額（三兆円→三兆五千億円）を決定
	八月	「資産買い入れ等の基金」を四〇兆円から五〇兆円に増額
	一〇月	「資産買い入れ等の基金」を五〇兆円から五五兆円に増額
	一二月	臨時の金融政策決定会合で、各国中央銀行と協定を結ぶことを決定。米・欧・日・英・カナダ・スイスの六中央銀行が、銀行に貸し出すドル資金の金利を一二月五日から引き下げ
二〇一二年	二月	「資産買い入れ等の基金」を五五兆円から六五兆円へ増額。「物価安定の理解」の代わりに「中長期的な物価安定の目途」導入も決定（＝バレンタイン緩和）

月	
六月	超党派「増税によらない復興財源を求める会」が声明
八月	政府・日銀、円売りドル買い介入
八月	ドル円相場、一時一ドル七五円九五銭。戦後最高値更新
九月	野田佳彦内閣が発足
一〇月	ドル円相場、一時一ドル七五円三二銭。戦後最高値更新。政府・日銀、円売りドル買い介入
一二月	復興増税法案が成立
一月	FRBがインフレ目標政策を導入。「年二％をゴールとする」
二月	公明党が「総合経済対策に関する緊急提言」。日銀に物価目標政策を要求

	野田佳彦

三月	「成長基盤強化を支援するための資金供給」の期間延長。資金枠を三兆五千億円から五兆五千億円へ拡大
四月	「資産買い入れ等の基金」を六五兆円から七〇兆円へ増額
九月	「資産買い入れ等の基金」を七〇兆円から八〇兆円に増額
一〇月	政府・日銀が「デフレ脱却に向けた取り組みについて」と題する共同文書を公表。「資産買い入れ等の基金」を八〇兆円から九一兆円に増額

三月	野田政権、消費増税法案を国会に提出
六月	民主、自民、公明の三党が消費増税法案で三党合意
七月	六月二六日の消費増税法案の衆院本会議採決で造反した小沢一郎らが民主党を離党
八月	小沢らが結成した新党「国民の生活が第一」、共産党、社民党などが内閣不信任案を提出
八月	野田首相は「近いうちに」衆院解散を約束
八月	消費増税法案が参院で可決、成立
九月	FRBが住宅ローン担保証券（MBS）を月額四〇〇億ドル（約三兆円）追加購入を決定。量的緩和政策の第三弾（QE3）
九月	自民党総裁選。安倍晋三が出馬を表明
九月	自民党総裁選。安倍晋三が総裁に

	十二月	「資産買い入れ等の基金」を九一兆円から一〇一兆円に増額。「中長期的な物価安定の目途」について再検討を行うことも決める
	十二月	白川総裁が自民党本部を訪ね、安倍晋三総裁と面会
二〇一三年		

十一月	野田首相が党首討論で、衆院解散を表明
十一月	衆院解散
十二月	FRBが新方針。物価目標に加え、失業率が六・五％以下になるまで実質ゼロ金利政策続行を表明
十二月	衆院選で自民大勝、政権交代。安倍が首相に返り咲きへ
十二月	民主党代表選。海江田万里が代表に
十二月	安倍晋三内閣（第二次安倍政権）が発足。「三本の矢」を打ち出す
一月	黒田東彦アジア開発銀行総裁が安倍晋三首相を表敬訪問
一月	麻生太郎副総理兼財務相、甘利明経済再生担当相、白川方明総裁が日銀・氷川寮に集合。政府・日銀の「政策協定」について協議
一月	浜田宏一米エール大教授、中原伸之元日銀審議委員、岩田規久男学習院大教授らが首相官邸に。安倍首相、菅義偉官房長官、麻生財務相、甘利経済再生担当相らと「政策協定」をめぐり議論

	安倍晋三

	一月	政府と日銀の「共同声明」を公表。二%の「物価安定目標」を設定
	二月	白川方明総裁が前倒し辞任を表明
	三月	黒田東彦総裁、岩田規久男、中曽宏の両副総裁が就任
	四月	量的・質的金融緩和（QQE）を決定。「二%の物価安定目標を二年程度の期間を念頭にできるだけ早期に実現する」。黒田総裁「戦力の逐次投入はしない」
二〇一四年	一〇月	量的・質的金融緩和（QQE）を強化。長期国債買い取り額を年五〇兆円から八〇兆円に拡大。上場投資信託（ETF）などの買い入れペースも三倍に増額

	一月	白川総裁、麻生財務相、甘利経済再生担当相の三人が東京・内幸町の帝国ホテルで会談
	二月	安倍首相と麻生財務相が首相私邸で秘密会談
	七月	参院選。自公両党が圧勝し、安定多数（一二九議席）を確保。「ねじれ国会」を解消
	一〇月	安倍首相が一四年四月に消費税率を五%から八%に引き上げると表明
	一二月	特定秘密保護法成立
二〇一四年	一月	ベン・バーナンキFRB議長退任。翌二月一日、ジャネット・イエレン議長に
	四月	消費税率が五%から八%に
	一〇月	年金積立金管理運用独立行政法人（GPIF）が投資配分の基準を定めた資産構成割合を見直し。国債を減らし、国内外の株式投資を増額

	黒田東彦

年	月	日銀の動き	月	政治・経済の動き
			一一月	安倍首相は消費税率一〇%への引き上げを二〇一五年一〇月から二〇一七年四月へと先送りし、衆院解散を表明
			一二月	衆院選で、自公両党が圧勝。海江田万里民主党代表が落選
二〇一五年	四月	展望レポートを公表。二%の物価目標の達成時期を先送り（一回目）。「二〇一五年を中心とする期間」から「二〇一六年度前半ごろ」に	一月	民主党代表選。岡田克也が代表に
			八月	中国人民銀行が通貨・人民元を切り下げ
			九月	安全保障関連法が成立
			九月	安倍首相が「アベノミクス第二ステージ」を提唱
	一〇月	二%の物価目標の達成時期を先送り（二回目）。「二〇一六年度前半ごろ」から「一六年度後半ごろ」に	一〇月	環太平洋経済連携協定（TPP）交渉が大筋合意
二〇一六年	一月	マイナス金利政策を導入。「マイナス金利付き量的・質的金融緩和」に。二%の物価目標の達成時期を先送り（三回目）。「二〇一六年度後半ごろ」から「一七年度前半ごろ」に	三月	安倍首相が五月の伊勢志摩サミット（G7）に向け、国際金融経済分析会合の設置を表明
			三月	民主党が維新の党を吸収合併し民進党に

四月	二％の物価目標の達成時期を先送り(四回目)。「二〇一七年度前半ごろ」から「一七年度中」に
七月	上場投資信託（ETF）の買い入れ額を年三・三兆円から年六兆円に倍増する追加緩和を決定。黒田総裁がQQE導入以降の政策効果の「総括的な検証を行う」と表明
九月	「総括的な検証」を公表。「長短金利操作付き量的質的金融緩和（イールドカーブ・コントロール）」を導入
一一月	二％の物価目標の達成時期を先送り(五回目)。「二〇一七年度中」から「一八年度ごろ」に

五月	党首討論。民進党の岡田代表が消費税率一〇％への引き上げ時期の再延期を提案。「アベノミクスの失敗」を理由に
五月	伊勢志摩サミット（G7）。議長をつとめた安倍首相は「参院選前に、消費税率の引き上げの是非を公表」と明言
五月	安倍首相が会見で、消費税率一〇％への引き上げを二〇一七年四月から二〇一九年一〇月へと再延期を表明
六月	英国、国民投票で欧州連合離脱派が多数
七月	安倍首相がベン・バーナンキ前FRB議長と会談
七月	参院選で自公両党が勝利
九月	民進党代表選。蓮舫が代表に

二〇一七年		
	七月	二%の物価目標の達成時期を先送り(六回目)。「一八年度ごろ」から「一九年度ごろ」に

一一月	米大統領選。ドナルド・トランプ(共和党)が勝利
一二月	浜田宏一内閣官房参与が「文芸春秋二〇一七年新年特別号」に『アベノミクス』私は考え直した」と題する論考を投稿
一月	安倍首相が「ヘリコプター・マネー」を提唱するアデア・ターナー元英金融サービス機構(FSA)長官と面会
一月	ドナルド・トランプ(共和党)が米大統領に就任
一月	トランプ大統領、「(TPPから)永久に離脱する」という大統領令に署名
四月	自民党行革推進本部が「日銀の金融政策についての論考」を菅義偉官房長官に提出
五月	安倍首相が民間の改憲派集会にビデオメッセージ。「二〇二〇年を新しい憲法が施行される年にしたい」
七月	東京都議選。自民党が過去最低議席に

増島稔……159
舛添要一……104,304
増渕稔……91
町村信孝……67
松岡利勝……109
マッカラム，ベネット……327
松下康雄……18,28,44,121,422,423
松島正之……62,63
松永和夫……199
松原仁……206-209,215,220,232
松山健士……249,251,254,279,280
馬淵澄夫……225,227,228,229,238,239
マンキュー，ニコラス・グレゴリー……266
三重野康……27,122,123
三木武夫……56
三木利夫……85
水野温氏……157,180
溝口善兵衛……127-130,298,426,427
三谷隆博……38,39
宮崎岳志……206
宮崎徹……200
宮澤喜一……60,61,63,71,73,77,98,123
武藤敏郎……19,108,123,124,142,167,168,170-174,207,297,298,302,307,308,426
村井英樹……406
村岡兼造……45
村上誠一郎……93
村上世彰……149
村田吉隆……72-74
メルケル，アンゲラ……300,387
茂木敏充……236,238,246,340,407
森喜朗……66,67,71,77,78,86,90,99,100,102,211,220,263,424
森永貞一郎……31
門間一夫……254,280

—や行—

八代尚宏……156
保田博……173
柳澤伯夫……111,113,114,115
山岡賢次……166,170-173,220
山口廣秀……187,309,312,428
山口泰……45,77,91-94,107,423
山崎拓……18-20,51
山本幸三……75-77,79,84,104-106,197,198,209,213-216,220-222,225,247,304,310,311,343,347-349
与謝野馨……5,134,135,137,140,145,150-155,177,179
吉川洋……111,115,140
吉崎達彦……331
吉田和男……115
吉田茂……180
吉野直行……28,32

—ら行—

ラガルド，クリスティーヌ……300

—わ行—

若田部昌澄……82
鷲尾英一郎……362
渡邉恒雄……163,164
渡邊博史……60,129,130,174
渡辺喜美……75-77,79,84,104,209,215,220,232,235,293,294,304,305,307,317

西村清彦……173,176,428
西村康稔……236,238,247
西山千明……76
額賀福志郎……168
ノードハウス，ウィリアム……266
野田聖子……408
野田毅……353,408
野田忠男……157
野田佳彦……165,202,214,223,225-229,232,233,236,237,239,241,245,246,249,252-254,257,258,264-266,432-434
野中広務……57,244,245

―は行―

ハイエク，フリードリヒ・フォン……76
橋本龍太郎……4,27,28,31,44,56,57,101,102,247,336,422
鳩山邦夫……220
鳩山由紀夫……165,166,168,169,173,174,185,188,195-198,207,221,235,429
バーナンキ，ベン……182,183,219,231,267,392,402,403,427,435,437
ハバード，グレン……112,266
浜口雄幸……103,104
浜田宏一……120,160,209,221,222,224,237,263-266,274,283,285,293-297,310,314,338,341,344,345,359,392,403,404,408,434,438
浜野潤……158
早川英男……408
林正和……50
林芳正……238,247,249
速水優……3,44,45,47,48,52-54,57-66,69-72,74,77,79,84-86,90-96,98-100,105,109,111,114,115,117-121,123,124,127,259,423,424
原田泰……81,82,159,412
平沼赳夫……111
平野達男……145,146
平野博文……195,197
深尾光洋……77,79,410
福井俊彦……3,39,44,99,121-127,129,131-133,137,139-141,143,145,148-152,156-158,163,168,172,186,194,259,278,423,426,427
福川伸次……28,30,31,33
福田赳夫……163,173
福田康夫……99,124,163,164,168,171-174,180,207,291,428
福間年勝……140
藤井聡……244,368
藤井裕久……195,196
藤田勉……138
藤原作弥……45,64,66,69,71,91,92,94,98,99,423
ブッシュ，ジョージ・W……112,424
ブランシャール，オリヴィエ……266
フリードマン，ミルトン……51,67,76,77,83,182,295,309,310,323,392
フリードマン，ローズ……76
細野豪志……306
ボルカー，ポール……323,324,325
本田悦朗……259,260,274,275,283-285,297,299,301,302,309-313,336-338,341,345,348,349,354,359,364,365,370,371,376,377,379,380,405
本多佑三……160
本間正明……140

―ま行―

前原誠司……166,169,225,227,228,237,249-255,257,361,378

嶋中雄二……76,77,79,83
シムズ，クリストファー……403
下村博文……406
城島光力……254,255,257
白井さゆり……376
白石興二郎……339
白川方明……5,75,76,84,159,171-175,177-179,181,184,187,188,193-204,206,207,233,235,236,251-255,257,259,261,262,264,265,270-272,276-284,286-289,291,292,309,318,319,326,327,378,428,434,435
新保生二……50
菅義偉……242,277,284,340,342,376,385,389,393,412,434,438
杉本和行……306
鈴木亘……311
須田美矢子……28,157,181
スティグリッツ，ジョセフ……330,382,385
世耕弘成……242
仙谷由人……164,169,170,171,172,174,195,198
ソロス，ジョージ……404

—た行—

ターナー，アデア……404,438
高市早苗……242
高木祥吉……115
髙橋是清……82,280,329
髙橋洋一……82,272,293,331
武富将……52
竹中平蔵……5,102,106,108,110,112-124,136,137,141,143,146,153-156,186,251,293,296,297,426
館龍一郎……28
立花実……160
田中角栄……26,100,101,117,164
田中和德……158
田中一穂……224,225,339,369,391
田中秀明……408
田中眞紀子……101
田中康夫……220
田波耕治……172,173
谷内満……86
谷垣禎一……137,210-215,229,238,241,242,245,246,252,258,353,389,431
谷口智彦……371
田村憲久……214,215,217,275
丹呉泰健……131
津村啓介……186-188,199,315
テイラー，ジョン・ブライアン……130
渡海紀三朗……18
戸叶武……26
鳥居泰彦……28

—な行—

中尾武彦……313
中川秀直……67,70,71,74,122,124,134-138,141-143,145,157,216,220,235
中曽宏……75,297,313,315-317,319,375,435
中谷元……408
中西真彦……35,36,235
中原伸之……67,69,71,73,74,82-85,90,91,107-109,115,122,232,251,258,259,283-286,288,293,296,297,310,434
中原真……140,141
中前忠……169,170
中村清次……181,236
二階俊博……171
ニクソン，リチャード……61,62
西岡武夫……215,216,220,221,305,306

—か行—

海江田万里……225,303,304,306,317,318,434,436
貝塚啓明……54
勝間和代……188,189,208,209
加藤勝信……371
金子洋一……206,209
鹿野道彦……225
亀井亜紀子……220
亀井静香……70,101,188,192,195,220
亀崎英敏……181
鴨下一郎……307
川崎二郎……124
河出英治……73
神田秀樹……28
菅直人……165,166,168,169,186,187-192,195-203,206-208,210-217,220-223,225,226,227,429-431
木内登英……379
岸信介……156
吉川雅幸……83
木下康司……199
木村剛……115
キャメロン，デイヴィッド……387
霧島和孝……79,83
キング，マーヴィン……300
グリア，アンヘル……191
グリーンスパン，アラン……63,427
クルーグマン，ポール……49,106,354
黒木祥弘……160
黒田東彦……61,63,108,122,128,281,282,295-299,301,302,305,307-310,312-317,319,320,322-325,327,328,330,332,333,335,336,338-340,344,345,347,349-351,357-363,365,372,375-379,383,385,393-397,400-402,408,413,434,435,437
ケインズ，ジョン・メイナード……208,329,403
小泉純一郎……5,99-104,106,109,110,112,113,115,116,119,122-124,132-134,136-140,145,146,150,152-154,156,162,186,212,229,241,243,263,330,425
小泉進次郎……229,405-407
小泉又次郎……103
香西泰……82,115
河野太郎……409,410,412
河野龍太郎……236
高村正彦……242,353
古賀誠……220,242
輿石東……228,306
小林史明……406
小宮隆太郎……75,76
コール，イエスパー……79

—さ行—

齋藤潤……190,191
堺屋太一……70,71,77,84,296,297
阪田雅裕……36,37
櫻井眞……79
迫田英典……391
佐治信行……83
サッチャー，マーガレット……334
佐藤幸治……28,30,31,33
佐藤慎一……254,279,280
佐藤ゆかり……220
サマーズ，ローレンス……60,61,63,64,380,381
サミュエルソン，ポール……324
塩川正十郎……99,100,123,124
塩崎恭久……238,242,247,249,293
塩谷隆英……50
篠塚英子……52,85,92
柴山昌彦……242

人名索引

―あ行―

青木幹雄……116
安住淳……164,233
麻生太郎……86,87,88,90,101,156,180,242,245,273-287,289,292,297,307-309,312,316,340-343,351-355,388-391,394,425,428,434,435
安達誠司……82
安倍晋三……2,3,6,74,138,139,151,152,155-158,160,162,209,210,216,217,220-225,228,229,235,236,241-248,258-263,265-267,270-279,281-286,288,289,292-297,299,301,302,307-310,312-314,316,328-331,333,334,336-345,347,349,351-360,368-372,379-390,392,393,402,404-408,428,431,433-438
安倍晋太郎……156,258,259
阿部知子……217,220
雨宮正佳……297,313,322,327,376
甘利明……242,243,248,274-277,279-281,284-289,292,300,328,331-333,340-342,346,363,364,434,435
荒井広幸……109
飯田泰之……82
五百旗頭真……212
池田元久……206,220,232
石田勝之……220
石田浩二……379
石破茂……242,245,408
石橋湛山……80,82
石原伸晃……228,242,245,393
一万田尚登……26
伊藤茂……18,19,27
伊藤隆敏……156,171,172,296,297,298,
伊藤元重……49,50,277
稲田朋美……406
井上義久……228
井上義行……139
伊吹文明……19,171
今井敬……28
今井尚哉……312,313,369,380,387
岩田一政……55,86,87,91,122-124,136,141,158,190,295,297,298,300,301,309,409,426
岩田規久男……75,76,80-82,209,223,224,233-235,259,260,283,285,293,295,297,298,301,305,307-313,315-317,319,328,347,348,374,375,412,434,435
植田和男……50,51,74,92,107
牛尾治朗……123,124
江田憲司……220,305
枝野幸男……169,198
衛藤晟一……247
大島理森……170,171
大田弘子……156
大塚耕平……167,168,207,253
大平正芳……31,56,225
岡田克也……166,383,384,436,437
岡本直樹……87,88
翁邦雄……81,82,295
奥田碩……123,124,140
奥山章雄……115
小倉將信……412
小里泰弘……220
小沢一郎……66,150,162-171,174,185,198,199,201,202,215,217,221,227,229,244,245,427,428,431,433
小沢鋭仁……238,304
小野善康……200,208
小渕恵三……57,66,423
尾身幸次……157
小山田隆……391

◉著者紹介
鯨岡 仁（くじらおか・ひとし）
1976年、東京都生まれ。1999年、早稲田大学卒業、日本経済新聞社入社。2003年、朝日新聞社に移り、政治部記者として、首相官邸、防衛省、民主党などを担当。2008年、経済部記者になり、日本銀行担当としてリーマン・ショックを取材。社会保障と税の一体改革、環太平洋経済連携協定（TPP）交渉、内閣府、財務省、自民党、首相官邸（2度目）、経済産業省などを担当。景気循環学会所属。著書に、『ドキュメントTPP交渉――アジア経済覇権の行方』（東洋経済新報社、2016年）、『この国を揺るがす男――安倍晋三とは何者か』（共著、筑摩書房、2016年）などがある。

日銀《にちぎん》と政治《せいじ》
暗闘《あんとう》の20年史《ねんし》

2017年10月30日　第1刷発行

著者　鯨岡 仁
発行者　友澤和子
発行所　朝日新聞出版
〒104-8011　東京都中央区築地5-3-2
電話　03-5541-8814（編集）
03-5540-7793（販売）
印刷所　大日本印刷株式会社

Published in Japan by Asahi Shimbun Publications Inc.
ISBN 978-4-02-331628-7